L2Ln
23151
B

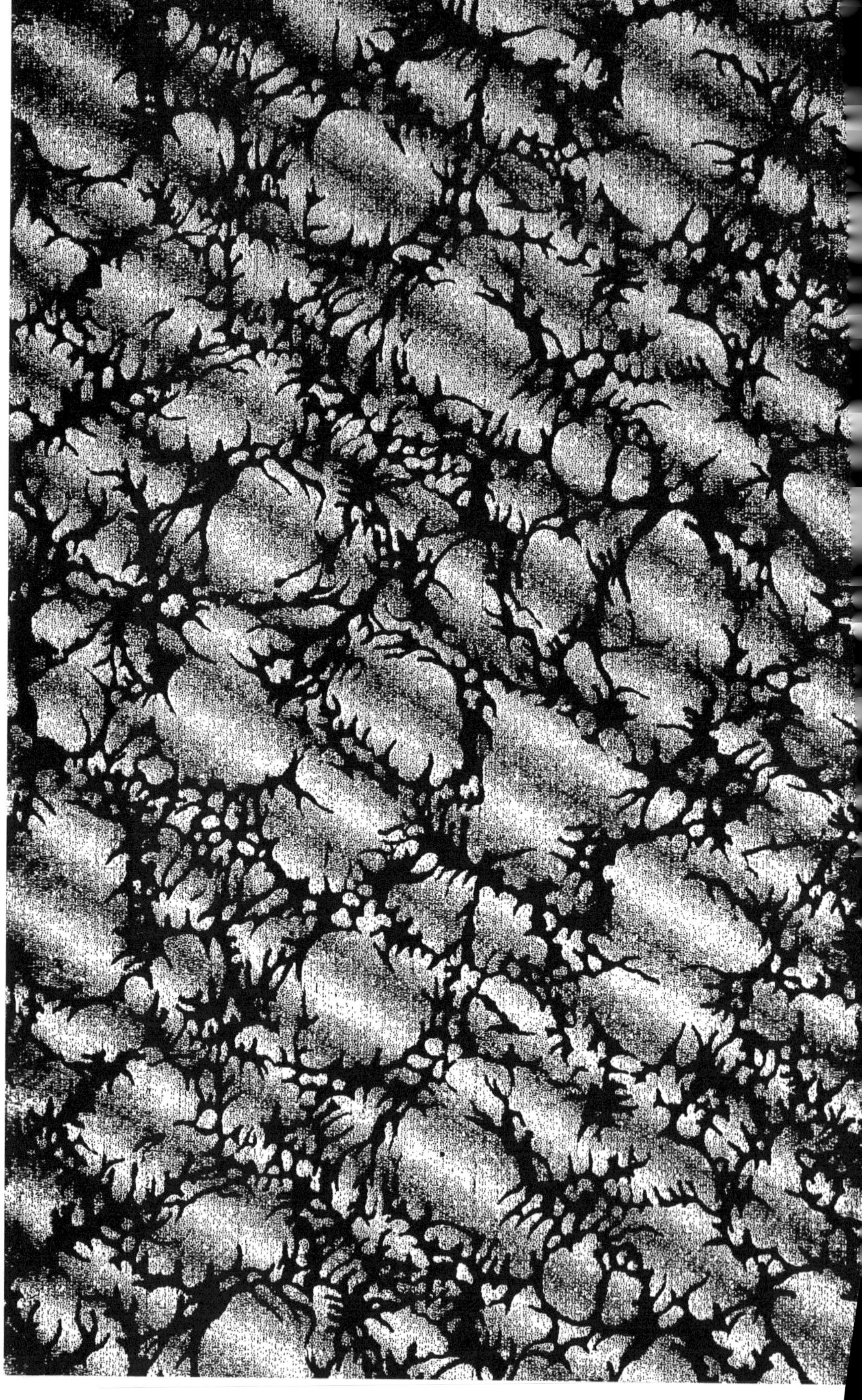

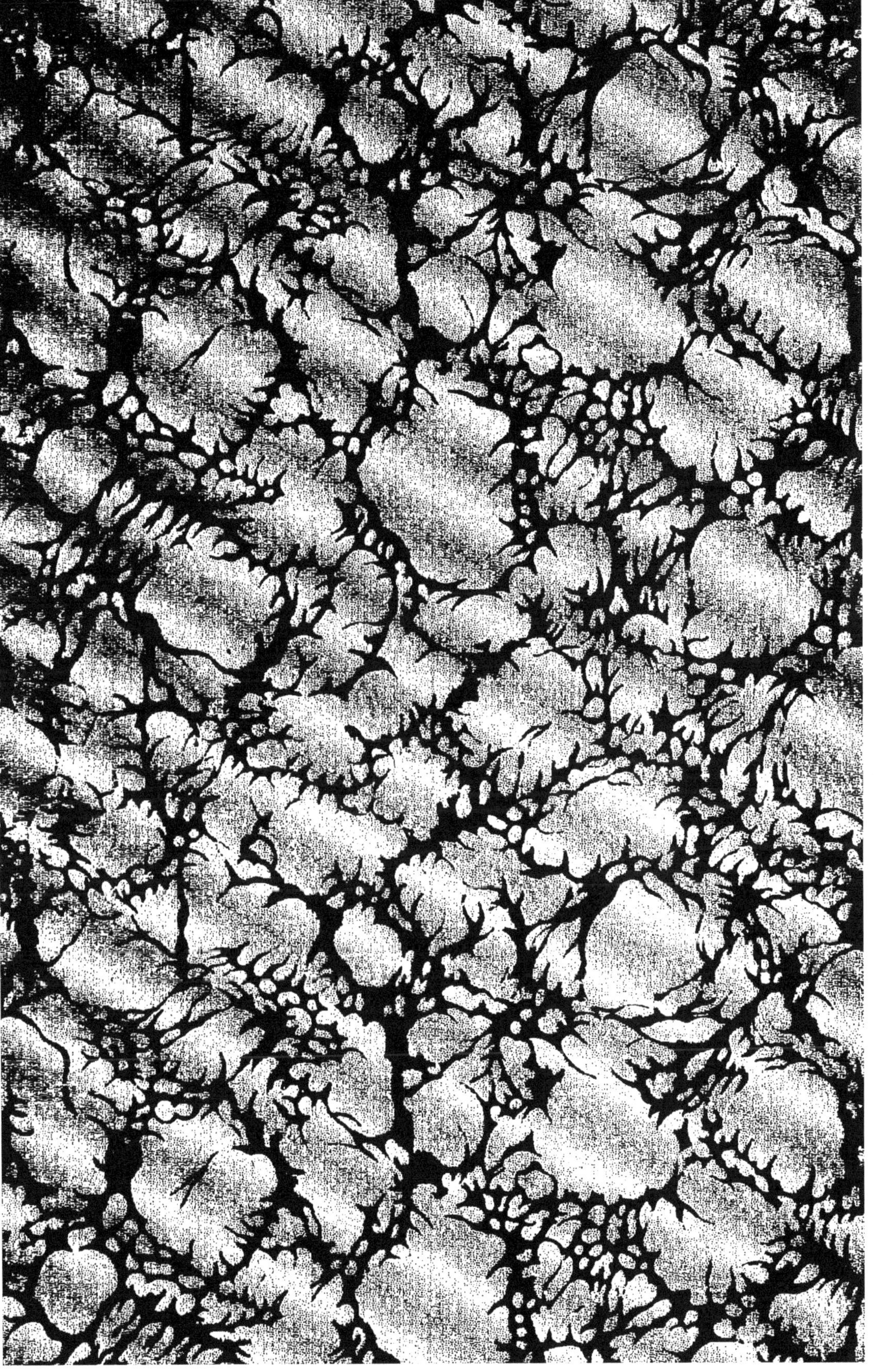

BIBLIOTHEQUE
CHRÉTIENNE ET MORALE,

APPROUVÉE

PAR MONSEIGNEUR L'EVÊQUE DE LIMOGES.

PREMIÈRE SÉRIE.

25315

Tout exemplaire qui ne sera pas revêtu de notre griffe, sera réputé contrefait et poursuivi conformément aux lois.

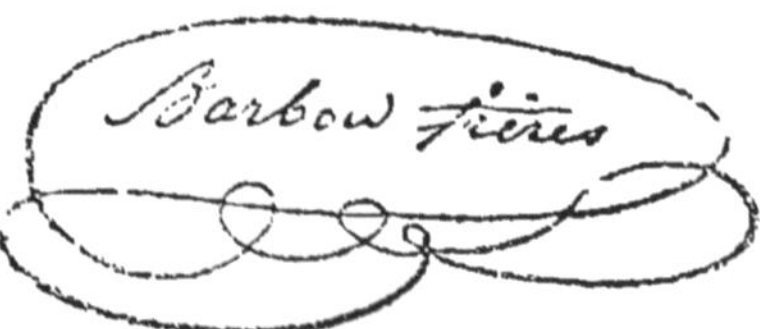

SAINT AUGUSTIN.

SAINT AUGUSTIN.

BIBL. IMPR.

SAINT AUGUSTIN

OU

L'AFRIQUE AU Ve SIÈCLE

PAR AMAND BIÉCHY

PROFESSEUR DE PHILOSOPHIE.

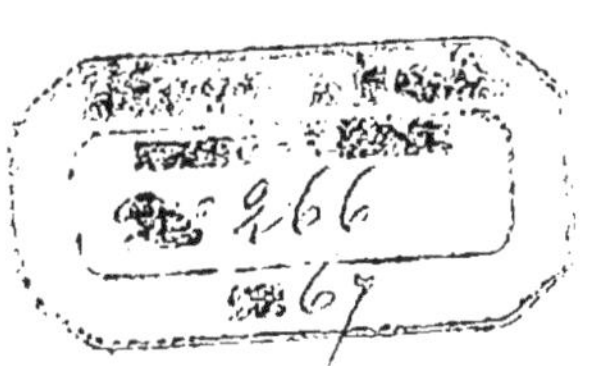

LIMOGES

BARBOU FRÈRES, IMPRIMEURS-LIBRAIRES.

1867

INTRODUCTION.

Le quatrième et le cinquième siècle ont été à juste titre surnommés l'âge d'or du christianisme : une foule de grands génies apparaissent alors florissant presque simultanément sur presque tous les points de l'empire romain.

Ces hommes, appelés tous à la même mission, semblaient s'être donné un solennel rendez-vous pour travailler ensemble à la reconstruction du vieux monde, qui s'en allait croulant de toutes parts sous sa propre vétusté, plus encore que sous la hache des barbares. On dirait qu'une voix mystérieuse et puissante avait réveillé à la fois toutes ces fières intelligences pour l'accomplissement du plus grand œuvre dont les fastes humains fassent mention.

Jamais spectacle semblable ne se présenta : c'est au moment même où tout s'en va, les lumières, le travail de la pensée, le courage moral, les croyances, les institutions politiques et la société elle-même ; c'est alors que, comme s'il eût voulu offrir un contraste plus frappant entre sa jeunesse, sa force et son inépuisable fécondité, d'une part, et la caducité et la stérilité du monde païen, d'autre part, le christianisme produit les hommes les plus éminents : en Orient, un Athanase, un Chrysostôme, un Basile, un Jérôme; en Occident. un Ambroise, un Augustin, etc.

Tandis que la société politique succombe sous un affaissement général, dans une décomposition qui atteint et pénètre juusqu'à ses fondements, le mouvement, la vie, une vie exubérante anime le christianisme, fermente et bout dans ce vaste corps. Le travail intellectuel, les profondes et savantes recherches, la polémique avec toutes ses conséquences, y sont à l'ordre du jour. On écrit, on correspond, on discute, on s'échauffe sur des questions de dogme et de discipline, au bruit du monde romain qui tombe en ruines, au bruit des armées barbares qui, de tous les points de l'horizon, s'abattent sur lui ; rien ne trouble ces étranges penseurs, rien ne les distrait, pas même les effroyables révolutions qui s'accomplissent autour d'eux et qui souvent les emportent, attirant à peine leur attention.

Il est vrai que la religion avait plus à espérer qu'à craindre de ces révolutions ; elles lui permettaient plus qu'elles ne pouvaient lui enlever. Un nouvel ordre de choses, un magnifique avenir, devaient en naître pour elle.

C'était sans doute une chose déplorable et qu'on ne pouvait pleurer avec trop de larmes et de gémissements, que les calamités sans exemple au prix desquelles ce résultat devait être acquis. Mais la Providence a condamné l'humanité au travail, à la peine : c'est à la condition de la vie. Il faut que l'homme gagne son pain à la sueur de son front : Dieu lui-même l'a ordonné ainsi. La voie du progrès a été de tout temps baignée de son sang et semée de ruines.

A une religion jeune et immortelle il fallait des peuples jeunes et pleins d'avenir. La Providence s'était plu à les former depuis des siècles ;

elle avait aiguisé leur fer contre celui des Romains, et dans un long et sanglant apprentissage, elle leur avait enseigné à les vaincre.

Puis, quand son jour fut venu, quand l'empire romain fut assez vieux, assez décrépit ; quand il ne fut plus possible de douter que toute vie s'en était retirée, et qu'il n'était plus capable de recevoir la forte nourriture du christianisme et de s'associer à son avenir, alors la Providence détourna un instant sa force de lui et le livra aux barbares...

Quant à ceux-ci, exécuteurs aveugles et implacables de la justice divine, ils s'acquittèrent de leur tâche avec une ardeur prodigieuse, pleins de confiance au chef invisible et tout-puissant dont ils se proclamaient les instruments. Mais, de même que Dieu, en livrant au démon le corps et les biens de son serviteur Job, lui avait défendu de toucher à sa vie et à son âme, de même il avait défendu aux barbares de toucher à ce qui devait être l'âme et la vie de la société nouvelle, au christianisme, qui presque seul devait survivre au vieux monde.

Celui-là n'avait donc point à s'inquiéter ou à se troubler de la mort de celui-ci : il continuait paisiblement sa mission, presque étranger à ce qui s'opérait autour de lui, ou plutôt contemplant avec épouvante, mais avec une espérance inaltérable, l'œuvre de justice que la Providence accomplissait sous ses yeux : Salvien (1) est le représentant le plus énergique de cette pensée.

Quels étaient les hommes qui présidaient alors aux destinées du christianisme ?

Les uns vivaient dans le désert, d'une vie pauvre, austère, laborieu-

(1) Prêtre de Marseille qui vivait au commencement du ve siècle. Dans son ouvrage : DU GOUVERNEMENT DE DIEU, il expose, avec d'admirables développements, les idées qui sont résumées dans ces pages.

se, méditant sur les anciens jours et sur la vie éternelle (1), ou, du fond de leur solitude, se mêlant au mouvement et aux intérêts spirituels de la société, gouvernant les âmes et les instruisant, réfutant et convertissant par leurs écrits les hérétiques et les païens. D'autres, du haut des chaires chrétiennes, répandaient à flots sur la foule pressée la lumière de leur génie, protégeaient leurs peuples contre des maîtres cruels, abaissaient devant leur bâton pastoral le sceptre orgueilleux des Césars; enfin, athlètes infatigables, toujours présents où il y avait un ennemi à combattre, une infortune à soulager, un opprimé à défendre, un enseignement à donner. Les études, les travaux, les veilles, la vie entière de ces hommes éminents, sont voués à une mission : l'établissement et le triomphe de la religion du Christ. C'est là leur but constant, l'étoile polaire autour de laquelle ils gravissent, comme autant de phares lumineux destinés à éclairer la route de l'humanité.

Ces nobles intelligences, ces âmes si fortement trempées, après s'être élevées vers Dieu, après avoir puisé à longs flots dans la contemplation de ses œuvres et dans l'étude incessante de sa parole, semblaient ensuite comme descendre du ciel sur la terre pour y apporter aux hommes les principes de justice, d'humilité, de dévouement, de charité et de piété dont ils eussent voulu assurer l'empire parmi leurs frères. Dans ces temps d'erreur, de corruption, de crimes et de despotisme, ils parlaient de l'égalité ou plutôt de l'égale misère de tous les hommes devant Dieu; ils relevaient le pauvre et l'esclave par la charité; ils protégeaient le faible opprimé; ils recommandaient, en prêchant d'exemple, le pardon des injures, l'amour du prochain, le désintéressement, l'abnégation la

(1) Meditari dies antiquos et annos æternos in mente habui.

plus complète de soi-même, et rappelaient enfin sans cesse à tous, comme consolation pour les uns, comme avertissement pour les autres, combien sont instables et de peu de valeur les biens et les honneurs de ce monde.

Quelle autorité que celle de ces hommes qui parlent au nom d'un Dieu mourant pour les hommes! quelle éloquence qui fait sans cesse retentir les voûtes des basiliques de ces mots formidables de temps, de mort, d'éternité, de ciel et d'enfer! quelle éloquence que celle de ces martyrs proclamant les vérités de l'Evangile au milieu des tortures, sur les bûchers incandescents! quelle éloquence que celle de saint Jean-Chrysostôme s'écriant en présence d'un premier ministre disgracié, fugitif, implorant ùn asile de l'Eglise ; pâle et tremblant en présence de la foule irritée qui demande vengeance des crimes de cet homme; quelle éloquence, disons-nous, que celle de ce sublime orateur s'écriant : « Vanité des vanités, tout n'est que vanité! » Si l'on a jamais dû prononcer ces paroles, c'est certes dans la conjoncture présente? Où est maintenant tout ce faste du consulat, où sont ces marques d'honneur et de distinction? qu'est devenu cet appareil des festins et des jours de réjouissance? où sont ces chœurs de musiciens et de danseurs, ces habits précieux et ces couronnes? où est cette agitation de toutes les villes, et ces applaudissements du cirque, ces acclamations des spectateurs, prodiguées par la flatterie? Tout s'est évanoui. Un vent impétueux a soufflé, et l'arbre superbe, ébranlé dans ses racines, s'est vu dépouillé de toutes ses feuilles, et ne montre plus que des rameaux nus et flétris. La violence du vent a été si grande que le tronc même a reçu de terribles secousses, et que l'arbre est menacé d'être arraché entièrement de la terre. Où est maintenant cette foule de faux amis? où sont maintenant ces repas animés par la joie? où sont ces vins exquis, versés avec abondance, et ces apprêts d'une table recherchée? où sont ces hommes attachés à la fortune, dont toutes les paroles et toutes les actions ne tendaient qu'à plaire? Tout cela n'était qu'un songe de la nuit, qui s'est évanoui avant le jour; ce n'était qu'une fleur du printemps, qui s'est toute séchée et qui a passé avec la saison; c'était une ombre qui a disparu, une vaine fumée qui s'est dissipée, une vapeur légère qui s'nst exhalée, une vile poussière que le vent a emportée. Aussi ne nous lasserons-nous pas de répéter ces paroles de l'Esprit saint. « Vanité des vanités, tout n'est que vanité. » Il faudrait que ces paroles fussent écrites partout, dans les carrefours, dans les places publiques, sur les murs et sur les portes des maisons, sur nos vêtements mêmes; mais principalement qu'elles fussent gravées dans tous les cœurs, et qu'on les méditât sans cesse. Aussi, puisque les fausses apparences des choses, puisque des masques vains et trompeurs sont, aux yeux de presque tous les hommes, des objets réels et solides, il faudrait que, tous les jours, dans tous les repas, dans toutes les assemblées, ont dit aux autres et qu'on entendit de toutes parts ces mots: « Vanité des vanités, tout n'est uue vanité (1). »

Quel spectacle! Que toutes les magnificences du paganisme sont pâles et froides en présence de ces scènes du christianisme naissant!

Et ces œuvres, enfantées au sein des luttes et de la douleur; peut-être craindra-t-on que l'art n'y fasse défaut; qu'abruptes et grossières, elles n'aient point les charmes et la beauté des monuments de l'antiquité; que le souffle qui anima Homère et Platon, Cicéron et Virgile, n'ait manqué aux divins artistes qu'inspira l'Evangile. Ce serait partager l'opinion commune, mais ce serait se tromper avec elle. Où trouver plus

(1) Saint Jean Chrysostôme, Exorde du discours pour Eutrope, Patrice et Lénateur.

de grâce et de fraîcheur que dans saint Ambroise, une éloquence sublime et plus émouvante que dans saint Jean-Chrysostôme, un talent de description plus remarquable que dans saint Basile, plus de chaleur et de fougue que dans Tertullien, ce Bossuet africain; un style plus limpide et plus coulant que dans Lactance, des vues plus hautes et plus audacieuses que dans Salvien? où trouver enfin plus de science, plus de profondeur, une aussi prodigieuse variété de connaissances que dans saint Augustin; plus de charmes, plus de souplesse dans le style, plus d'art de relever le fait et la pensée par la grâce et la vivacité pittoresque de l'expression, une mélancolie plus douce et plus rêveuse, une poésie aussi intime et aussi vraie, que dans les chefs-d'œuvre de l'évêque d'Hippone? Quel livre comparera-t-on aux Confessions, aux Méditations?

Les chefs-d'œuvre de l'antiquité païenne sont recherchés et plus avidement; ils font la base de notre éducation littéraire, et il n'en est aucun qui n'ait eu plusieurs fois, et avec raison, les honneurs de la traduction; tandis que ceux des Pères de l'Eglise en sont encore à attendre cette justice, et qu'ensevelis dans la poudre des bibliothèques, perdus dans de hideux in-folio, ils sont inconnus et presque inaccessibles à la plupart des lecteurs.

La religion ne peut que souffrir d'un tel état de choses, de même qu'elle ne pourrait que gagner à ce que ces titres glorieux de son passé fussent exhumés des retraites où ils dorment dans l'oubli.

En attendant cette résurrection si désirable, puissent nos faibles paroles attirer l'attention de la jeunesse studieuse sur des monuments qui en sont dignes à tous égards!

L'auteur de ce livre, s'il lui est permis de parler ici de ses propres impressions, a long-temps aussi partagé le préjugé commun à l'égard des Pères de l'Eglise, et notamment de ceux de l'Eglise latine. Un jour vint enfin où, las d'accepter ainsi sans contrôle une opinion toute faite, il voulut savoir, par sa propre expérience, ce qu'il pouvait y avoir de fondé dans cette opinion. Il aborda donc ces écrivains, que jusqu'alors, sur la foi d'autrui, il avait considérés comme les moins barbares, des écrivains sans goût, sans style, hérissés de syllogismes, aussi hideux à aborder et lire que les lourds et informes in-folio dans lesquels on les laissait relégués. Avec un courage qui lui sembla héroïque, il secoua la poussière séculaire de quelques-uns de ces volumes; il défit les liens qui depuis tant d'années resserraient leurs lourdes couvertures; il ouvrit enfin un de ces volumes, poudreux, énorme, à demi-rongé par les vers; il l'ouvrit et en lut les premières lignes. Il les lut et les relut à plusieurs reprises, n'en pouvant croire ses yeux; à la place d'un barbare tourmentant de vaines susceptibilités, il trouvait un penseur éminent et un grand écrivain. Un monde nouveau était devant lui, dont il n'avait point jusque-là soupçonné l'existence.

Mais ce qu'il y a de plus étrange dans cette proscription qui frappe généralement les Pères de l'Eglise, c'est qu'elle a fait bannir leurs œuvres mêmes des lieux où il semblerait qu'elles eussent dû trouver leur dernier asile. Pourquoi, sans rejeter aucunement des études les monuments immortels de littérature classique, ne pourrait-on faire leur part un peu moins exclusive? Quoi! nous avons dans les origines de notre religion de grands écrivains, de grands penseurs, des hommes de tête, de goût et de style, et nous les bannissons de nos écoles! nous souffrons qu'une des gloires les plus pures et les plus brillantes du christianisme demeure ainsi voilée aux yeux des générations naissantes; qu'une des faces de l'esprit humain, que l'antiquité chrétienne leur demeure inconnue, travestie même par de honteux préjugés! Ne dirait-on pas que le christianisme a été stérile; qu'il n'a point eu ses Virgiles, ses Tacites, ses Cicérons? Où il y a-t-il plus de richesse, des sources plus fécondes de pathétique, de plus nobles et de plus graves enseignements? Quel tableau plus émouvant pourrait-on mettre sous les yeux de la jeunesse que celui des premiers jours de l'Eglise, de ses travaux, de ses combats, de ses angoisses, de ses triomphes; que l'histoire du paganisme expirant et du christianisme s'élevant glorieux sur ses ruines? Quels événements et quels historiens! un Tertullien, un Cyprien, un Ambroise, un Salvien, un Augustin!

Sans doute, quelque éminents qu'ils soient, ces écrivains n'ont pu se soustraire à l'influence et au goût de leur siècle; sans doute plus d'une fois leur plume trahit les temps de décadence où ils vivaient; mais, à côté de ces passages qu'un goût sévère ne recommandera point à la jeunesse studieuse, que de beaux morceaux, aussi bien pensés et bien écrits, et que l'on ne saurait, sans un notable dommage, proscrire plus long-temps de nos écoles!

Néanmoins l'auteur de cet ouvrage n'ose se flatter de voir cesser bientôt un état de choses aussi fâcheux : il ne se dissimule aucun des obstacles qui s'y opposent, et sur lesquels il n'insistera pas; mais il s'estimerait heureux s'il pouvait appeler un instant l'attention des hommes sérieux sur une question qu'il considère comme on ne peut plus importante pour l'avenir de la religion et des générations futures, et pour le développement normal de l'esprit humain. L'introduction des Pères de l'Eglise dans les études classiques, outre l'avantage qu'elle aurait en vulgarisant davantage l'histoire de l'Eglise, en intéressant les hommes aux principales questions qu'elle a soulevées et aux grands monuments qu'elle a produits, aurait encore pour résultat de jeter dans les âmes plus de sérieux et de gravité, et d'ouvrir aux intelligences une mine nouvelle, nous ne craignons pas de le dire, presque vierge encore aujourd'hui, et au moins inconnue, sinon méconnue du plus grand nombre de ceux auxquels elle serait accessible.

Long-temps les mêmes préjugés subsistèrent à l'égard du moyen-âge tout entier ; long-temps on se plut à n'y voir qu'une époque stérile et barbare, indigne d'occuper les loisirs d'un homme de goût. Une réaction sérieuse s'est enfin opérée à cet égard, au moment même où peut-être on pouvait le moins l'espérer. On se fatigua de croire que d'Auguste à Louis XIV l'imagination avait dormi ou était demeurée presque stérile : quelques hommes eurent le courage de franchir ce XVIIe siècle, au-delà duquel on était allé jusqu'à croire qu'il n'y avait plus trace de lettres et d'arts ; ils abordèrent ces époques qui avaient été jusqu'alors dépeintes comme des steppes incultes et sauvages, domaine hideux du mauvais goût. Quelle ne fut pas leur surprise quand, au lieu de ce dont on les avait menacés, ils trouvèrent des littératures riches et fécondes, des œuvres de génie, des penseurs originaux, profonds et pleins d'atticisme. Ils proclamèrent leur découverte, et le moyen-âge fut réhabilité.

Une réparation semblable et tout aussi juste est due aux Pères de l'Eglise. Mgr l'évêque de Maroc et M. Villemain en ont donné le signal ; le docteur Henri Ritter a marché largement dans cette voie par la savante *Histoire de la Philosophie chrétienne*, qu'il vient de publier. Dans son dédain injuste et intelligent, l'histoire de la philosophie avait jusqu'à ce jour à peine nommé les penseurs qui avaient changé la face du monde intellectuel : le docteur Ritter a réparé cette étrange lacune ; il a exhumé et classé quelques-uns de plus beaux titres de gloire de la religion et de l'humanité tout entière. La glorieuse image des Pères de l'Eglise commence aujourd'hui à nous apparaître dans une partie de sa splendeur. Approchons-nous-en donc, et contemplons-la avec le respect et l'admiration qu'elle mérite.

Cette image, nous aimerions à l'exposer dans toute son étendue, dans toute sa magnificence. Nous aimerions à faire connaître à la jeunesse studieuse de la France la vie et les travaux des chefs et des fondateurs de la primitive Eglise ; mais une telle tâche excèderait nos forces : nous nous restreindrons donc, bien qu'à regret, et nous n'envisagerons qu'une partie d'un aussi vaste sujet, sans cependant en perdre de vue l'ensemble : l'histoire de saint Augustin le résumera pour nous. Considérée ainsi dans une sphère moins ample, l'histoire des Pères de l'Eglise, par cela même qu'elle sera plus facile à saisir, n'en paraitra que plus belle et plus intéressante.

PREMIÈRE PARTIE.

DE L'AFRIQUE AU TEMPS DE SAINT AUGUSTIN.

Le nom d'Afrique avait, dans l'antiquité, trois acceptions bien distinctes : tantôt il désignait, comme aujourd'hui, le vaste continent que l'isthme de Suez unit à l'Asie; tantôt il ne s'étendait qu'au pays compris entre la mer Méditerranée, au nord, et à la mer de sable ou le Sahara, au sud ; tantôt enfin il avait une acception plus restreinte encore, et ne s'appliquait plus qu'à la province dont Carthage était la capitale. Mais l'usage de ce dernier sens ne date que de la domination des Romains en Afrique; ceux-ci avaient en effet nommé cette province Afrique propre, ou plutôt Afrique proconsulaire.

Au premier regard que l'on jette sur la carte, ce qui frappe tout d'abord c'est cette situation particulière de l'Afrique septentrionale, qui, placée entre la Méditerranée, l'océan Atlantique et le grand désert, forme, pour ainsi dire, une grande île entre l'Europe et la véritable

Afrique : aussi les géographes de l'Orient l'appellent-ils l'Ile d'Occident (1).

De même que la partie de l'Asie qui penche vers la Méditerranée, l'Asie mineure, se rattache à l'Europe par sa géographie et son histoire, de même l'Afrique septentrionale, qui pourrait aussi s'appeler l'*Afrique mineure*, penche vers l'Europe et s'y rattache par sa configuration géographique et par sa destinée historique. L'Espagne, la Sardaigne, la Sicile et l'Italie, qui sont ses voisines géographiques, sont aussi mêlées à son histoire d'une manière on ne peut plus étroite. Le climat, les animaux, la végétation de l'Afrique septentrionale, témoignent de la même parenté avec le sud de l'Europe. Au-delà du Sahara seulement commence un autre monde, le véritable monde africain; et, comme si la nature elle-même avait voulu exprimer aux yeux cette apparition, les escarpements les plus abrupts de l'Atlas sont du côté du désert, et l'Atlas s'élève en face du Sahara, comme un mur innaccessible, où s'entrevoient à peine quelques défilés, quelques portes laissées ouvertes du côté du monde nègre; tandis qu'au nord et vers la Méditerranée l'Atlas s'abaisse plus complaisamment et descend par étages, comme pour appeler et admettre les peuples de l'Europe. Ceux-ci n'ont point manqué de répondre à cet appel (2).

L'Atlas sépare l'Afrique septentrionale du reste du continent : commençant à la petite Syrie, cette chaîne de montagnes se prolonge de l'est à l'ouest jusqu'à l'Océan auquel elle a donné son nom, et au bord duquel elle se termine brusquement en rochers presque perpendiculaires. Elle n'atteint la région des neiges que dans l'intérieur du pays, dans les contrées connues aujourd'hui sous les noms de royaumes de Fez et de Maroc, où l'on aperçoit des cônes d'une prodigieuse hauteur.

Du côté du nord l'Atlas forme tout un système de hauteurs, qui vont se dégradant, jusque vers la mer, en plusieurs chaînes de montagnes de moins en moins hautes, mais très-escarpées. Aussi toute cette contrée n'est-elle qu'un vaste plateau. La plus remarquable de ces chaines est celle du Haut-Atlas, ou de l'Atlas occidental. Vue de profil, elle appa-

(1) Ritter, Géographie de l'Afrique.

(2) M. de Saint-Marc-Girardin, l'Algérie. — Ritter, Géographie de l'Afrique, t. III, p. 156 de la traduction française.

rait, à cause de son peu d'étendue en largeur, comme une haute muraille, comme une colonne aérienne isolée, supportant la voûte du ciel. Elle est presque partout hérissée d'énormes rochers en marbre et de précipices infranchissables.

Plusieurs défilés traversent l'Atlas, mettant en communication les habitants du plateau avec ceux des basses terres de la frontière du Sahara, et servent de passage aux caravanes qui viennent du Sud amener dans les villes du Nord l'or et les esclaves du centre de l'Afrique. Ces défilés ont depuis quatre jusqu'à dix-huit et vingt lieues de long : l'un d'eux, celui de Behavan, dans le Haut-Atlas, est encaissé entre des rochers perpendiculaires d'une prodigieuse auteur, et est tellement étroit qu'un cheval n'y passe qu'à grand'peine, et que le cavalier est toujours obligé de descendre.

Au sud de l'Atlas, resserrées entre les montagnes et l'océan de sables, s'étendent, depuis les Syrtes jusqu'à l'extrémité occidentale de l'Afrique, des plaines et des steppes dans lesquelles ont de tous temps erré des peuples nomades et cavaliers; pays sauvage, riche en bétail, et qui nourrit dans ses pâturages de nombreux troupeaux de bœufs, de chevaux et de chameaux, et aussi, sans doute, un fort grand nombre de bêtes féroces. Toute cette contrée ne se distingue guère du désert qui l'avoisine que parce qu'elle est arrosée par plusieurs courants d'eau qu descendent de l'Atlas et vont se perdre dans les sables brûlants du Sahara; où il y a de l'eau, il y a une végétation puissante et de riches pâturages, parcourus par des tribus nomades; le reste, c'est-à-dire la plus grande partie du pays, est aride et inhabitable. Au moyen-âge, à l'époque glorieuse du khalifat d'Occident, cette région était célèbre par ses forteresses, ses grandes villes, leur richesse, leur commerce, leurs villas, leurs jardins et leurs bosquets de palmiers. Toute cette magnificence a disparu, et l'on n'y voit errer, de nos jours, que des hordes d'Arabes nomades, qui établissent leurs tentes tantôt dans un endroit, tantôt dans un autre (1).

Plusieurs routes parcourent ou traversent cette contrée, et quelques-unes d'elles existent depuis la plus haute antiquité. Il n'en est point en effet des routes du désert comme de celles des autres pays : elles ne changent pas selon le caprice ou le génie de l'homme; c'est la nature

(1) Ritter.

des lieux qui en détermine la direction, les points de départ et d'arrivée étant d'ailleurs donnés. Il ne s'agit point, dans le désert, de choisir la route la plus courte ou la plus droite ; il faut prendre celle que la nature a faite, celle où elle a mis des puits et quelques îlots de verdure. Malheur aux voyageurs qui ne savent pas les trouver au milieu du désert ! malheur à ceux qui n'ont pas étudié la position des astres, seuls guides sûrs que l'homme trouve dans cet autre océan. De là, dit à ce sujet M. de Saint-Marc-Girardin, la vieille tradition d'Atlas, qui, selon la fable, soutenait le ciel sur ses épaules, et, selon la science, étudiait l'astronomie. Atlas était un chef de tribu qui savait les astres qui pouvaient guider les caravanes à travers le désert. L'astronomie est pour les tribus africaines voisines du grand désert une science indispensable ; aussi, dans ces tribus, quand la nuit vient, le plus ancien du village enseigne-t-il aux enfants le nom, la position et la marche des étoiles ; il leur dit ce que ses pères lui ont dit, et ce qu'eux rediront à leurs fils. Et c'est ainsi que s'enseigne l'astronomie dans le désert, sans instrument, sans observatoire, sans télescope, mais sous un ciel toujours pur, qui laisse voir toutes ses constellations (1).

La plus importante et en même temps la plus curieuse de ces routes du versant méridional de l'Atlas, c'est celle qui, allant de l'ouest à l'est, part de Mogador sur l'Océan, et se prolonge jusqu'à l'Egypte, en traversant les oasis qui forment, au nord, la lisière du grand désert : c'est un immense chemin de ronde. Hérodote connaissait déjà cette voie et la décrit (2) ; et de nos jours encore elle est suivie par la grande caravane qui va, chaque année, de Maroc à la Mecque. Dans son vaste parcours, elle est coupée par toutes les routes qui traversent le désert, et unissent l'Afrique centrale à l'Afrique septentrionale, et chacun de ces itinéraires amène à l'artère principale des flots de pèlerins, qui viennent se joindre à la caravane de la ville sainte des mahométans. Par ces routes transversales viennent aussi les caravanes du Soudan, le pays des esclaves noirs et de l'or, qui se rendent aux divers ports de la mer Méditerranée, où les attend le commerce de l'Europe. Ce mouvement, aujourd'hui en décadence, grâce aux lois répressives de la traite coupable des nègres, était fort important pendant toute l'antiquité : les

(1) Pacho, Voyage dans la Marmarique.

(2) Hérodote, IV, 181—185.

esclaves noirs étaient alors très-recherchés, et c'était par cette voie seule qu'on pouvait s'en procurer.

L'Atlas partage en deux parties presque égales toute la contrée qui s'étend entre le Sahara et la mer Méditerranée, et qui porte aujourd'hui le nom générique de Magreb, en Orient, et de Barbarie, en Europe. Au nord, l'Atlas descend vers la mer par une suite de chaines en forme de gradins : c'est un vaste plateau, d'une fertilité prodigieuse, parcouru par quelques fleuves qui, après un cours très-borné, vont porter le tribut de leurs eaux, les uns à l'océan Atlantique, les autres à la mer Méditerranée. Une partie de ce sol paraît avoir été profondément travaillée par des révolutions physiques : c'est ainsi que l'on croit, avec beaucoup de vraisemblance, que toute la côte plane qui borne l'océan Atlantique serait l'œuvre de la mer, et formée de masses d'argile cohérentes et de sables arrachés aux abîmes de la mer par des secousses volcaniques, et poussés ensuite sur le rivage par la violence des vagues. Des phénomènes analogues se représentent sur tout le bord méridional de l'Atlas, le long du Sahara, et jusque près des Syrtes : toute cette vaste étendue de terrain était sans doute jadis couverte par la mer, et tout le plateau du Magreb ne formait peut-être qu'une île immense, l'Atlantide de Platon. Le principal fleuve de cette contrée, aux yeux des anciens, c'était le Bagradas, aujourd'hui Déjérdah ; il coulait entre Utique, à l'ouest, et Carthage, à l'est. Il prend naissance à quarante ou cinquante lieues dans l'intérieur et dans les montagnes du sud-ouest. Le pays qu'il parcourt est très-riche en blé, en oliviers, en bestiaux et en abeilles. Les montagnes qui le bornent à l'est ont des mines très-abondantes d'argent, de cuivre et de plomb, et même de mercure, que les Carthaginois exploitaient avec beaucoup d'avantage, mais qui sont aujourd'hui abandonnées.

Dans l'antiquité, l'Afrique passa successivement sous la domination des Carthaginois, sous celle des Romains et enfin sous celle des Vandales. Sa division politique et administrative varie avec celle des autres provinces de l'empire. Du temps de Théodose-le-Grand, elle était divisée en six grandes provinces ; savoir, en commençant par l'ouest, la Mauritanie Tingitane (capitale Tingis, aujourd'hui Tanger) ; la Mauritanie Césarienne (capitale Julia Cæsarea, à cent six kilomètres environ au nord-ouest de Miliana) ; la Mauritanie Sitiféenne (capitale Sitif) ; la Numidie (capitale Cirta, aujourd'hui Constantine) ; l'Afrique proconsulaire (capitale Carthage); la Bysacène (capitale Adrumetum), et la Tripolitaine (capitale Leptis).

Rome, lorsqu'elle s'empara de l'Afrique, la trouva fertile et cultivée, grâce aux soins des Carthaginois, qui y avaient encouragé l'agriculture. C'était alors un pays à blé, d'une admirable fertilité. Les campagnes de l'Italie, transformées en jardins de plaisance pour satisfaire au luxe des riches romains, ne pouvant plus suffire à nourrir leurs habitants, l'Afrique devint, avec l'Egypte et la Sicile, la nourrice de Rome, et, pendant plus de cinq siècles, jusque dans les derniers temps de l'empire, elle garda cette fonction. De là l'extrême importance de cette province pour les empereurs, dont elle tenait, pour ainsi dire, la destinée entre ses mains. Les deux seules choses que le peuple romain leur demandât, le pain et les combats de bêtes féroces (1), l'Afrique les leur fournissait. La tranquillité de Rome et de son peuple dépendait des récoltes de l'Afrique, ainsi que des vents et des flots qui devaient les amener au port d'Ostie. Ce fut une femme qui, vers la fin du règne de Néron, révéla ce secret d'Etat : Crispinilla, voulant faire tomber Galba, se rendit à Carthage pour engager le gouverneur de l'Afrique à affamer Rome en arrêtant l'annone, envoi annuel du blé destiné à la nourriture du peuple (2). L'année suivante, Vespasien se servit avec succès du même moyen. Aussi l'historien de la chute de l'empire, Salvien, dit-il, avec une vérité et une ironie cruelles, que les barbares, en prenant l'Afrique, avaient pris l'âme de la république.

Les Romains couvrirent l'Afrique de leurs colonies : sous Vespasien, il y en avait treize dans la seule Mauritanie Césarienne, et douze dans la Numidie. La plus grande partie du sol ne tarda même pas à passer entre leurs mains, et Pline assure que, du temps de Néron, il y avait six propriétaires qui possédaient à eux seuls la moitié de l'Afrique. Néron les fit périr pour se débarrasser d'hommes qui pouvaient, à leur gré, exciter par la famine une sédition à Rome, et aussi, sans doute, pour se substituer à cette énorme influence, et se mettre en état de satisfaire par lui-même à la faim du peuple romain. Par suite de ces confiscations et de celles qui vinrent après, le domaine impérial prit de vastes proportions en Afrique. Il devint l'objet d'une administration spéciale,

(1) Panem et circenses.

(2) Tacite, Hist. I.

dont le chef portait le titre de *préfet des fonds patrimoniaux*, c'est-à-dire des patrimoines confisqués.

Au IIIe et au IVe siècle, tout est romain en Afrique sur les côtes de la mer : magistrats, habitants, lois, mœurs, idées, institutions, tout est moulé sur la capitale (1). Mais il n'en est pas de même dans l'intérieur du pays. Là le gouvernement est mixte, comme la population. Le pays, surtout dans les deux Mauritanies, quand il n'est pas propriété domaniale, est divisé en principautés, désignées sous le nom de *fundi*, dans chacune desquelles se trouve une petite forteresse habitée par le chef. Celui-ci gouverne le pays, et ne dépend guère des Romains que par le tribut qu'il leur paie. Les indigènes, les Italiens et les Romains eux-mêmes obéissent à ce chef dans sa terre ; mais il a besoin d'être investi de son pouvoir par l'empereur ou l'un de ses délégués. Ceux même qui secouent le joug de Rome se soumettent à cette condition : ainsi, quand, sous le règne de Valentinien, Firmus se révolte, c'est un tribun des troupes romaines, passé dans les rangs des rebelles, qui le couronne avec un collier militaire. Les tribus indépendantes des montagnes ne reconnaissent pour chef que celui à qui l'empereur a conféré les insignes du commandement. « C'est, dit Procope, la loi chez les Maures, de ne prendre pour chef, même quand ils sont en guerre avec les Romains, que celui que l'empereur a investi de ce titre (2). Les Romains eurent cet art merveilleux de toujours se poser devant les peuples qu'ils avaient soumis, comme nés pour l'empire : eux-mêmes d'ailleurs avaient les premiers foi en cette haute destinée, et ont toujours paru penser qu'il y avait en eux comme un droit mystérieux de commandement (3). Ils l'ont cru, et, ce qui plus est, ils l'ont fait croire aux autres. Un siècle encore après la chute de leur empire, les rois barbares qui en occupaient quelque partie se faisaient gloire d'être les délégués du pouvoir impérial, et étaient fiers d'échanger leur vêtement de fourrure contre la pourpre romaine.

Il n'y avait pas du reste que les chefs indigènes qui représentassent,

(1) Saint Augustin, haranguant les habitants d'Hippone, traduisait en latin les proverbes puniques, parce que son auditoire n'entendait pas le punique. (Serm. 25.)

(2) Procope, de Bello vandalico, I, 25.

(3) Tu regere imperio populos, Romane, memento. (Virgile, I.)

en Afrique, la domination romaine[1] : le gouvernement, comme on l'a vu ci dessus, y était mixte : des préfets romains se trouvaient aux lieux les plus importants ; souvent une même peuplade avait un chef indigène et un préfet romain, et ces autorités diverses se mêlaient, se croisaient, et maintes fois se combattaient l'une l'autre. Il y avait en outre sur les frontières des colonies militaires, sous le nom de *milites limitanei*, qui cultivaient et défendaient le sol. Ces soldats se confondaient par leur vie et par des mariages avec les habitants du pays, et formaient une population entre les Romains et les indigènes.

Il y avait ainsi, en Afrique, trois zones différentes : la zone civilisée, celle de la côte, où se trouvaient les villes, où tout était romain ; la zone demi civilisée, ou demi-barbare, la terre des *fundi* et des colonies militaires ; et enfin, au-delà de cette terre, la zone barbare, habitée par les Maures nomades, par des tribus indépendantes, qui n'avaient avec Rome aucune relation, n'était que celle-ci investissait leurs chefs du commandement.

Telle était, dans ses traits principaux, l'organisation de l'Afrique sous la domination romaine. Qu'il s'en fallait cependant que cette domination fût paisible et incontestée ! L'Afrique civilisée se plaignait sans cesse de ses gouverneurs, accusant parfois leur cruauté, mais presque toujours leur avidité : car c'était là le vice générique des magistrats romains dans les provinces. On obtenait parfois justice de ceux qui s'étaient montrés trop cruels ; quant aux autres, l'empereur se contentait ordinairement de les dépouiller, à moins qu'il n'eût la patience d'attendre leur mort pour en hériter. Mais la province pillée ne s'en trouvait pas mieux.

L'Afrique barbare se révoltait. Elle se révolta au moment où la puissance romaine semblait le mieux affermie. Tacfarinas, un Numide qui, après avoir servi dans les troupes de Tibère, avait déserté et s'était mis à la tête d'une bande de pillards, devint le chef d'une nation puissante et nomade, qui habitait sur la lisière des déserts. Vaincu sans cesse, il reparaissait toujours, évitant le combat, fuyant quand il était attaqué, attaquant dès que les Romains faisaient mine de se retirer, fatiguant leurs armées et usant leurs généraux. L'un d'eux enfin imita son art pour le vaincre : il partagea son armée en une multitude de petits corps de troupes, et couvrit le pays d'un réseau de soldats. Tacfarinas fut refoulé un instant dans ses déserts, et son vainqueur, de retour à

Rome, eut une statue couronnée de lauriers. Mais Rome avait déjà vu décerner un triomphe et trois statues couronnées de lauriers aux vainqueurs de Tacfarinas, et celui-ci n'en ravageait pas moins la province. Il fallut encore une campagne pour le réduire : il périt dans un combat, et sa mort mit fin à la guerre.

Plusieurs autres révoltes importantes ensanglantèrent encore l'Afrique. Dans les intervalles de ces grandes agitations, de ces crises générales, les tribus nomades venaient, presque périodiquement, envahir en courant la province civilisée, pillant les villages et les petites villes ouvertes, emmenant les femmes, les enfants, les bestiaux, enlevant tout ce qu'ils pouvaient, détruisant et brûlant le reste, puis s'en retournant dans le désert pour se partager les dépouilles conquises et attendre que la surveillance des garnisons et des colonies romaines, se relâchant sur quelque point, leur offrit une nouvelle occasion d'invasion et de pillage.

Cependant les relations des colons avec les barbares n'étaient pas toutes hostiles : ceux ci servaient aux premiers de commissionnaires et d'expéditeurs pour le transport de leurs denrées ou de leurs marchandises ; ils étaient aussi les conducteurs des caravanes, toutes fonctions qu'ils remplissent encore aujourd'hui. Ils se chargeaient aussi moyennant salaire, de défendre les récoltes des colons contre les incursions. Ces conventions se faisaient sous la foi du serment ; et, comme ces barbares étaient généralement païens, ils invoquaient leurs dieux ou leurs démons, ce qui ne laissait pas que d'inquiéter parfois la conscience des chrétiens scrupuleux qui traitaient avec eux (1).

La religion ne laissait pas que de gagner fréquemment, et beaucoup plus qu'elle ne pouvait perdre, à ce mélange des païens barbares avec les chrétiens. Nul de ceux ci n'était séduit par la tentation de changer sa croyance contre celle de ses voisins, nomades et grossiers, et, dans ce contact de la barbarie païenne avec la civilisation chrétienne, il n'y avait pas à craindre que celle-ci reculât devant celle-là. Le contraire devait arriver, selon toute vraisemblance, et arriva en effet. La paix comme la guerre, non moins que le commerce, tout y contribuait. Sou-

(1) Voir, pour tout ce paragraphe, les curieux articles insérés par M. Saint-Marc-Girardin dans la Revue des Deux-Mondes, 1841 et 1842.

vent les chrétiens enlevés et réduits en captivité dans les incursions des barbares, convertissaient leurs maîtres, comme autrefois, dans les temps de persécution, les martyrs avaient converti leurs geôliers et leurs bourreaux.

Une femme de Sétif avait été emmenée captive par les barbares, et en avait d'abord été fort maltraitée. Cependant, les trois fils de son maître étaient tombés malades, et deux étaient morts successivement; la mère de ces jeunes gens, voyant son esclave prier Dieu avec une ferveur qui lui adoucissait les tourments de la servitude, lui demanda de l'invoquer pour qu'il sauvât son dernier enfant. L'esclave obéit, et, le jeune homme ayant guéri, toute la famille païenne se convertit au christianisme.

Du reste, à cette époque, le paganisme subsistait encore au sein même de l'Afrique civilisée, et y avait conservé d'assez nombreux adorateurs : il avait, malgré les édits impériaux, ses temples, ses prêtres et ses sacrifices. Il y avait même revêtu un caractère étrange, que l'on comprendra facilement si l'on fait attention que c'était de la terre des vainqueurs, de Rome, que la doctrine chrétienne était venue en Afrique; aussi les païens y donnaient-ils aux chrétiens, même nationaux, le nom de *Romains*. La cause du paganisme s'était identifiée, à leurs yeux, avec celle de l'indépendance de leur patrie. C'est là d'ailleurs le caractère de presque toutes les querelles religieuses de l'Afrique : cette terre hait l'unité, la subordination, sous quelque forme qu'elle se présente; elle a toujours eu le goût de l'indépendance et de l'isolement; et cependant, jusqu'à ce jour, il ne lui a pas été donné de le satisfaire. C'est en vain qu'elle l'a essayé, jamais elle n'a pu s'affranchir du joug de l'étranger : elle a été successivement la proie des Carthaginois, des Romains, des Vandales, des Grecs, des Arabes, des Turcs et enfin des Français, et n'a fait que passer d'un joug sous un autre, que changer de maîtres sans jamais s'appartenir. Mais, sous la main qui l'opprime, elle proteste sans cesse, et par toutes les voies. Au premier siècle, sa protestation se manifeste par la révolte de Tacfarinas; au quatrième, par le schisme des donatistes et des pélagiens. Cet esprit se manifeste même au sein de l'orthodoxie : l'église d'Afrique, tout en demeurant unie et soumise au Saint-Siége, fait ses conditions, et prétend limiter et déterminer l'étendue de cette soumission. Le même esprit qui existait dans les relations des évêques avec le Saint-Siége se reproduisait dans les relations de chaque province, de chaque ville, de chaque village, envers la métropole. L'Afrique comprend difficilement l'unité, la centralisation puissante de l'église et de l'empire romain : son esprit à elle, c'est celui de l'isolement. La population n'y est point divisée en nations, mais plutôt en tribus, indépendantes l'une de l'autre et souvent ennemies. En 397, dans un Concile tenu à Carthage, les Pères du concile se plaignirent de ce que chaque petite ville voulut faire de son prêtre un évêque, ce qui morcelait les diocèses à l'infini, et en avait porté le nombre au-delà de cinq cents. L'organisation de la tribu avait triomphé un moment de la hiérachie de l'église, et en avait brisé le réseau, ou plutôt en avait multiplié les mailles à l'infini, non sans l'affaiblir.

Le génie particulier de l'Afrique se manifeste sous une face non moins intéressante dans la question du pélagianisme. Ce n'est pas encore ici le lieu d'aborder à fond cette question ; il suffira de la considérer sous le point de vue qui lui est commun avec le sujet qui nous occupe en ce moment. Dans la polémique ardente que souleva cette question, la tendance générale des esprits, en Afrique, vers le fatalisme et le dogme de la prédestination se montra, pendant quelques instants, d'une manière inquiétante. Saint Augustin lui-même eut peine à s'en défendre. En Afrique, comme dans l'Orient, l'homme n'a ni l'inquiétude ni surtout la vanité qui le tourmentent en Europe ; il n'a pas la prétention de ne relever que de lui-même : il sent mieux sa faiblesse, parce qu'il est moins habitué à lutter contre les forces hostiles de la nature et à en triompher ; il s'incline avec une rare et paisible résignation devant elles, et sous la main de celui qui les a créées et qui les dirige. Bien loin d'exalter la force, la puissance, la liberté, l'intelligence humaines, il les prend en dédain, les déprécie, les révoque en doute, les nie même, pour se jeter avec une aveugle confiance dans les rêves désolants du fatalisme.

Carthage, détruite par Scipion, 129 ans avant Jésus-Christ, avait été rebâtie par Auguste Gracchus et Jules César y avaient déjà précédemment amené des colonies romaines. Ses progrès avaient été rapides, merveilleux, au point d'inspirer, sinon de l'inquiétude, au moins quelques mouvements de jalouise à son orgueilleuse et triomphante rivale. Reconstruite au plus beau moment de la civilisation romaine, elle n'avait rien de la physionomie des villes qui sont nées et se sont formées peu à peu : tout y était disposé et bâti avec uniformité et symétrie ; ses rues et ses places étaient larges et alignées, ses édifices magnifiques.

Une de ses rues, que l'on appelait la rue *Céleste*, était remplie de temples : une autre, celle des *Banquiers*, étincelait de marbre et d'or. Son industrie était celle des grandes villes : elle fabriquait et vendait des bijoux, des étoffes et des vêtements précieux. Ses mœurs enfin étaient celles des capitales ; sa population était remuante, vive, spirituelle et avide de plaisirs.

Elle aimait passionnément les spectacles de gladiateurs et les combats de bêtes féroces; le peuple y assistait avec une avidité prodigieuse; il prenait parti pour ses acteurs chéris, se divisait pour eux, et mainte représentation se termina par une émeute (1).

A la tête de ces cabales se plaçaient les jeunes gens les plus élégants de la ville, ceux qui donnaient le ton à la folie publique ; ils se désignaient sous un sobriquet dont ils tiraient vanité : ils s'appelaient les *renverseurs*, en latin *eversores*.

Mais au moins les Carthaginois ne faisaient-ils point, comme les Romains, l'injure aux poètes de préférer à leurs œuvres dramatiques le spectacle des danses des ours ; ils accueillirent, au contraire, avec faveur les muses négligées en Italie, et les comédies que l'africain Térence avait fait admirer aux Romains, étaient maintenant accueillies et applaudies sur la scène de Carthage. Les lettres virent même pour un temps revivre en Afrique une ombre des beaux jours de la Grèce : elles y trouvèrent des imaginations ardentes et un enthousiasme moins éclairé, sans doute, mais tout aussi vif que dans la patrie de Périclès. Au second siècle, Carthage était appelé la Muse d'Afrique : les poètes y abondaient. Tertullien, saint Cyprien, y défendaient et y enseignaient avec éloquence la doctrine chrétienne. On se pressait en foule autour des chaires des orateurs et des sophistes. « Quelle gloire plus grande et plus sûre peut-il y avoir, disait Apulée, que de plaire par ses discours au peuple de Carthage, de cette ville où tout citoyen s'occupe des lettres ? » Il y avait des écoles nombreuses où l'on enseignait les lettres et les sciences. De longs voiles blancs, suspendus à la porte de ces écoles, annonçaient, par une ingénieuse allégorie, que sous les fables des poètes se cachent d'utiles vérités (2).

(1) Palimpsestes du cardinal Angélo Maï, t. III, n° 37. — M. Saint-Marc-Girardin et M. Villemain, Mélanges, t. II, p. 453.

(2) M. Villemain.

Mais, comme l'antique Carthage, la nouvelle était avant tout commerçante : la mer éveillait et ravivait sans cesse l'avidité de ses habitants. Auguste l'avait dotée d'un port magnifique et d'une sécurité parfaite, et c'était le seul de toute la côte septentrionale de l'Afrique, de ce rivage sans ports, comme dit Salluste. Les objets de ce commerce étaient les riches étoffes que l'on fabriquait à Carthage, les figues que l'on recueillait sur son territoire, le blé dont elle nourrissait Rome, les bêtes féroces qu'elle fournissait à ses plaisirs, et enfin les esclaves noirs.

Une vaste et puissante corporation avait le privilége et la charge de transporter le blé de Carthage à Rome ; elle répondait des pertes, à moins qu'elle ne pût justifier qu'elles avaient été causées par la tempête ou par force majeure, et non par la faute de l'équipage : dans ce cas, les déclarations des matelots étaient justifiées par la torture. Les membres de la corporation des naviculaires ne pouvaient en sortir ; leurs héritiers en faisaient partie de droit, à moins qu'ils ne renonçassent à leur héritage. Aussi saint Augustin répudia-t-il pour l'église qu'il administrait la succession de Boniface, l'un des plus riches naviculaires d'Hippone. « Je n'ai pas voulu, dit-il, faire de l'Eglise du Christ une actionnaire de la compagnie ; je n'ai pas voulu, s'il y avait un naufrage, qu'elle fût obligée de livrer à la torture les matelots à peine échappés à la mort (1). »

Carthage avait accueilli avec empressement la prédication de l'Evangile. Ce même peuple, qui se pressait en foule autour de la tribune des rhéteurs, et écoutait avec des transports d'enthousiasme leurs pâles et futiles discours, lorsqu'il eut entendu l'éloquence mâle et sérieuse de ces orateurs nouveaux, qui devaient lui annoncer la venue du Christ et les sublimes vérités de l'Evangile, ce peuple, disons-nous, les suivit dans les tombeaux et dans les cavernes, et jusque sous le fer des bourreaux. Le culte nouveau grandit rapidement dans l'opulente Carthage ; il s'étendit sous la persécution : dès le IIe siècle, presque toute la ville était conquise. « Que ferez-vous, disait Tertullien (2) aux persécuteurs, que ferez-vous de tant de milliers d'hommes, de femmes de tout âge, de tout rang, qui

(1) Sermons, t. V, p. 2040 de l'édit. des Bénédictins.
(2) Apologétique.

présentent leurs bras à vos chaînes? de combien de feux, de combien de glaives n'aurez-vous pas besoin? Décimerez-vous Carthage? » Bientôt la cruauté des bourreaux dut s'avouer vaincue devant la multitude sans cesse croissante de ceux qui s'offraient à leurs coups. Mais du sein même de ce triomphe jaillit le mal qui devait en arrêter l'essor et en tempérer l'éclat : ainsi qu'il arrive à toutes les époques de foi ardente et profonde, des polémiques religieuses s'engagèrent, des schismes et des hérésies se formèrent et pullulèrent sur toute la surface de l'Afrique : les opinions les plus étranges trouvèrent des partisans; les questions les plus subtiles furent le champ de bataille de luttes acharnées. Dès le IIe siècle, des schismes se déclarèrent en Afrique; ils y duraient peu, sans doute, mais ils s'y multipliaient, y renaissaient et se succédaient sans relâche. L'un des plus beaux génies de la primitive Eglise, Tertullien, y succomba.

Le premier évêque de Carthage dont l'histoire fasse mention est Agrippinus. Saint Cyprien en parle avec éloge dans plusieurs passages de ses œuvres, notamment à propos de la discussion qu'il soutint contre ceux qui pensaient qu'il ne fallait point baptiser les hérétiques qui entraient dans le sein de l'Église : il repousse cette opinion, en s'appuyant du témoignage d'Agrippinus et de ses *co-évêques* de l'Afrique (1).

L'histoire a conservé les noms des dix-sept pontifes qui occupèrent le siége de Carthage. Plusieurs d'entre eux confessèrent leur foi dans les supplices : parmi eux on compte saint Cyprien, l'une des lumières de l'église.

Tout en conservant intact et inaltérable le dépôt sacré de ses doctrines, l'église a toujours eu cet art admirable d'accommoder sa discipline extérieure au génie des peuples au sein desquels elle se trouvait. Inflexible en fait de dogmes et de morale, elle a une souplesse merveilleuse pour tout ce qui ne touche point à ses bases fondamentales; elle réalise au plus haut degré ce qu'une des plus puissantes intelligences de l'antiquité considérait comme l'idéal de la perfection : la variété dans l'unité. C'est ainsi que nous l'avons vu faire céder, devant les exigences impérieuses des caractères africains, les règles de sa hiérarchie, et permettre que les évêchés se multipliassent presque à l'infini

(1) Cœpiscopis, Epistola ad Quintum, 7. — Voyez encore Epist. 73.

sur la terre d'Afrique. Elle ne permit point cependant que cette augmentation numérique se fît d'une manière arbitraire. « Lorsque, dit le Ve canon du second concile de Carthage, lorsque la population chrétienne d'un diocèse sera devenue trop considérable pour qu'un seul évêque puisse l'administrer, si elle le désire et que l'évêque y consente, on pourra diviser le diocèse et y établir un second évêque. »

La principale cause de cette tendance au fractionnement dans l'administration religieuse comme dans l'administration civile, en Afrique, se trouvait, comme on l'a vu plus haut, dans la division de la population en tribus et en familles. Tant que l'union régnait entre deux ou plusieurs tribus, il était possible quelquefois de les maintenir sous la houlette d'un même pasteur; mais cette union était une chose rare et bien fragile; presque toujours même des haines irréconciliables divisaient les tribus voisines: il fallait éviter alors de les réunir dans la même basilique, et leur donner à chacune un autre évêque. De là ce grand nombre d'évêques que l'on trouve en Afrique. Dès le IIe siècle, il en devait être déjà de même, puisque nous lisons dans saint Augustin que saint Cyprien fut le soixante-dixième évêque de l'Afrique qui souffrit le martyre; et que, sous le prédécesseur de saint Cyprien, quatre-vingt-dix évêques assistèrent à un concile. Il est constant qu'au IVe siècle, le nombre des évêques, en Afrique, s'élevait à plus de six cent quatre-vingt-dix (1).

Cette étonnante prospérité dura peu: l'invasion des Vandales en commença la décadence; la conquête de l'Afrique par les Sarrasins acheva de la détruire: au temps de Grégoire VII, on peut à peine trouver en Afrique trois évêques pour procéder à la consécration d'un quatrième (2).

Au-dessus des évêques se trouvaient les primats: il y en avait un pour chacune des six grandes provinces dans lesquelles se divisait l'Afrique; mais ici encore se manifestait le génie de cette contrée: il n'y avait point, comme dans les autres pays de la chrétienté, des siéges auxquels fût attachée spécialement la dignité de prélat métropolitain; mais, dans chaque province, l'évêque le plus âgé portait le titre et

(1) Geographia sacra Africæ, par Ellies Dupin, p. 60.

(2) Epist. de Grég. VII, lib. Epist. 19.

exerçait les fonctions de primat. Le siége de Carthage faisait seul exception à cette règle, parce que cette ville était la capitale non-seulement d'une province, mais de l'Afrique tout entière.

Il jouissait de ce privilége dès le temps d'Agrippinus, long-temps avant saint Cyprien, ainsi que l'atteste ce père. L'évêque-primat de Carthage présidait les conciles, parlait et écrivait en leur nom, publiait leurs décrets et leurs canons, et veillait à ce que ceux-ci fussent observés dans toute l'Afrique. Il était tenu d'en visiter toutes les provinces; enfin, outre ces honneurs et ces pouvoirs de primat-général de toutes les provinces, il était encore primat particulier de l'Afrique consulaire.

Nous venons de voir que la vie religieuse était très-active en Afrique; mais il en était de cette activité comme de toutes les choses humaines: il y avait la part du mal, comme celle du bien. A côté de ce grand nombre d'évêques, malgré la fréquence des conciles, les schismes et les hérésies se multipliaient, ainsi qu'on l'a déjà vu plus haut, avec une effrayante fécondité. Les principaux d'entre eux sont ceux des pélagiens et des donatistes.

L'an 303, l'empereur Dioclétien avait, par un édit, sommé les chrétiens de livrer leurs livres sacrés aux magistrats civils (1). La plupart des évêques et des prêtres préférèrent mourir dans les angoisses des supplices plutôt que de livrer ce précieux monuments. L'histoire a conservé les noms de ces généreux athlètes (2). Le premier qui donna ce noble exemple fut saint Félix, évêque de Tubysacène. Envoyé à Rome par le proconsul d'Afrique pour y être jugé, il fut de là transporté à Noles, où il fut condamné à avoir la tête tranchée, le 12 janvier 303. Jaloux de suivre les traces du saint martyr, « une foule de confesseurs se précipitèrent sur-le-champ du combat, selon l'énergique expression du Martyrologe, et partout où ils trouvaient un ennemi, ils dressaient la tente du Seigneur. » Non-seulement des évêques et des prêtres bravèrent les supplices plutôt que d'obéir à l'édit de Dioclétien, mais des femmes et des enfants voulurent aussi donner leur sang et leur vie pour cette sainte cause. Quarante-sept personnes, de tout âge, de toute con-

(1) Lactance, de Morte persecutorum, 12. — Eusèbe, Hist. Eccls., 2.

(2) Voir Monuments anciens pour servir à l'histoire du Donatisme, à la suite de Œuvres de saint Optat, édit. Ellies Dupin.

dition, de tout sexe, furent prises, à Alutine, dans une maison où elles étaient réunies pour prier, et conduites devant les magistrats pour y être sommées de remettre leurs livres sacrés. Pas un d'eux ne faiblit dans l'héroïque épreuve : pendant plusieurs jours ils furent martyrisés sous les yeux les uns des autres; les bourreaux s'ingéniaient à inventer des supplices; ils passaient alternativement de l'un des martyrs à l'autre, ne les faisant point mourir de suite, mais se plaisant à prolonger leurs angoisses et leur agonie. Dativus, l'un d'eux, attaché verticalement à un chevalet, comme les autres, avait été martyrisé le premier : tandis que les bourreaux le déchiraient avec des fouets et des tenailles ardentes, il ne poussait pas même un gémissement, et ne faisait que répéter ces mots : « O Christ, je ne serai point confondu. *O Christe, non confundar*. O Christ, viens à mon secours, fortifie mon âme, sauve-la, je t'en conjure. »

Quand on lui eut donné quelque relâche pour passer aux autres martyrs, Dativus, leur montrant, comme des ornements de triomphe, ses plaies béantes, ses chairs consumées ou palpitantes, les exhortait à persévérer jusqu'à la fin, et à ne pas préférer, à cause de quelques instants de douleur, les misères de ce monde à une couronne immortelle.

Les scènes de sang et de supplices se reproduisirent dans presque toutes les villes de l'empire; mais tous ceux qui en furent victimes ne firent pas éclater le même courage : plusieurs faillirent et livrèrent le dépôt sacré des livres saints. Des évêques mêmes succombèrent aux tortures, et cédèrent. Quand la persécution se fut calmée, ceux qui avaient faibli furent appelés du nom de *traditeurs*, *traditores*, qui veut aussi dire *traîtres*. Les hommes sages blâmaient leur faiblesse, mais ne voulaient point qu'on les flétrît. Un autre parti s'était formé, le parti des zélés : ceux-ci étaient inexorables; et, comme il arrive presque toujours, les plus violents de ce parti étaient précisément ceux qui, sous la persécution, avaient été faibles, et qui croyaient racheter leur faiblesse de la veille par la violence du lendemain. Ils considéraient les *traditeurs* comme excommuniés, et ne voulaient plus leur reconnaître aucun caractère religieux. Des ambitieux se mirent dans leurs rangs, et voulurent se servir d'eux comme instruments, et, leurs intrigues aidant, un parti compact, c'est-à-dire un schisme, se forma peu à peu dans l'église d'Afrique. Voici à quelle occasion il éclata.

Mensurius, primat de Carthage, homme d'un zèle et d'une piété aussi éclairés que sûrs, avait été pendant toute sa vie en lutte avec Secundus Tisigitanus, homme fort puissant dans le clergé d'Afrique, et qui, séduisant plusieurs évêques par des dehors trompeurs, s'était fait un parti considérable. Il avait adopté les idées des plus violents dans la question des traditeurs; mais il avait été condamné par la majorité des évêques au concile provincial de Cirta. Il en conserva rancune. A la mort de Mensurius, les mêmes évêques qui avaient condamné Secundus donnèrent pour successeur à ce primat un prêtre nommé Cécilien. Il avait des compétiteurs, et s'était en outre attiré l'inimitié d'une femme puissante et riche, nommé Lucilla, en lui reprochant sa dévotion superstitieuse pour de fausses reliques. De plus, dès les premiers jours, il avait dû faire une cruelle blessure à l'avarice de quelques personnes auxquelles, dans le feu de la persécution, Mensurius avait confié le trésor de la basilique, et qui s'étaient flattées de le conserver. Ses compétiteurs, Lucilla et ces dépositaires infidèles se liguèrent ensemble contre Cécilien; mais sa vie et sa doctrine étaient si pures qu'ils furent réduits à l'accuser d'avoir été sacré par un traditeur, Félix, évêque d'Aptonge. L'accusation n'était point fondée; ils n'en élurent pas moins un autre évêque à la place de Cécilien (1). Il y eut donc à Carthage un évêque orthodoxe, Cécilien, et un évêque schismatique, nommé Majorin. Celui-ci eut des successeurs, dont le premier fut Donat, d'où le parti prit son nom.

Pour accréditer leurs prétentions, ils se servirent de la fourbe, et, surprenant la bonne foi de quelques évêques, ils s'appuyèrent de leur témoignage et de leur influence pour former contre Cécilien un parti puissant dans l'Afrique. Toute la province se divisa à cette occasion : les uns, se rangeant du parti de Cécilien, proclamaient et défendaient la légitimité de son ordination, et demeuraient en communion avec lui; d'autres, au contraire, se rangèrent du côté de Majorin, et firent cause commune avec lui.

Quand la nouvelle de cette scission eut été transmise aux autres églises de la chrétienté, et notamment au pape, Majorin fut universellement condamné, et ne trouva pas un partisan hors de l'Afrique; et l'empereur Constantin, en envoyant aux évêques de cette province l'argent

(1) L'an 311 après J.-C.

destiné à l'entretien du culte, l'adressa à Cécilien, et y joignit une lettre dans laquelle il blâmait vivement le schisme de Majorin, et l'informait que, si les schismatiques persévéraient dans leur faute, les autorités civiles de la province avaient reçu des ordres pour réprimer ces partisans. Ce prince décréta en même temps que les ecclésiastiques qui étaient demeurés fidèles à la communion de Cécilien participeraient désormais seuls aux priviléges et aux immunités attachés à leur caractère. Enfin, dans l'espoir de mettre un terme à ce conflit, qui l'affligeait, Constantin chargea les évêques d'Arles et de Cologne de se rendre à Rome pour y constituer un tribunal et juger l'affaire sous la présidence du pape Miltiade; quinze évêques italiens se joignirent à eux, et les assistèrent.

Cécilien, accompagné de dix évêques de son parti, et Donat, avec dix de ses partisans, comparurent devant ce tribunal, ou plutôt devant ce concile. L'innocence de Cécilien, la justice de sa cause et la légitimité de son ordination furent pleinement reconnues et hautement proclamées par les Pères du concile. Donat fut contraint d'avouer sa faute, et fut condamné. Cependant, pour ne point jeter trop de troubles dans l'église d'Afrique, où un grand nombre d'évêques et de prêtres avaient été ordonnés par Majorin ou par ses partisans, le concile, dans sa sagesse, décida que ces évêques et ces prêtres conserveraient leurs titres et leurs honneurs, et que, dans les diocèses où se trouveraient à la fois un évêque du parti de Cécilien et un autre du parti de Majorin, celui qui aurait été élu le premier demeurerait dans le diocèse et le gouvernerait seul, sauf à pourvoir l'autre pontife d'un diocèse. Donat seul fut retenu en exil en Italie.

Malgré cette extrême modération du concile, les donatistes ne furent point satisfaits. Donat s'échappa d'Italie, revint en Afrique et y renouvela ses intrigues.

Fatigué de ces troubles interminables, Constantin convoqua dans la ville d'Arles un nouveau concile, beaucoup plus nombreux que le précédent. Trente-quatre évêques et quarante prêtres et diacres y assistèrent (1). La sentence du concile de Rome en faveur de Cécilien fut renouvelée; quant aux donatistes : « Au jugement de Dieu, » dit le

(1) L'an 314 après J.-C.

concile, « et à celui de notre mère l'Eglise, qui connaissent et approuvent ceux qui sont avec eux, » les auteurs du schisme furent condamnés, et leurs partisans privés de la communion de l'église jusqu'à ce qu'ils fussent rentrés dans son sein.

Beaucoup de donatistes eurent la sagesse de suivre ce dernier parti, et se réconcilièrent avec Cécilien; les plus endurcis en appelèrent du jugement de Cécilien à celui de l'empereur. Constantin hésita d'abord à accueillir cet appel; voulant cependant épuiser toutes les voies de la conciliation, il fit de nouveau examiner mûrement l'affaire en sa présence. Le résultat fut le même pour les donatistes; et, comme, dans l'intervalle, ils avaient causé toutes sortes de troubles en Afrique, l'empereur ordonna que leurs basiliques fussent vendues au profit du fisc, et que leurs réunions fussent interdites et dispersées. Ces mesures ne firent qu'allumer davantage les fureurs des donatistes; lorsqu'ils furent les plus forts, ils persécutèrent les catholiques, envahirent leurs basiliques, et les en chassèrent. Les évêques s'en plaignirent à l'empereur; ils ne demandaient pas qu'on les vengeât, se souvenant que le Christ a défendu la vengeance : ils demandaient seulement qu'on leur rendît leurs basiliques. Constantin s'empressa de satisfaire à ces justes réclamations (1). Pour répondre aux arrêts dont ils se voyaient accablés, les donatistes proclamèrent que l'Eglise tout entière, hors leur parti, était entachée d'erreur ; qu'eux seuls avaient conservé le dépôt de la vérité chrétienne; et, pour donner plus de poids à cette étrange assertion, ils assemblèrent un concile de leurs partisans. Deux cent soixante et dix évêques consacrés par Donat et les siens s'y réunirent. Mais ils ne purent s'entendre pour établir leur symbole, et durent se séparer au milieu de la plus extrême confusion.

Soit qu'ils voulussent avoir un pape de leur parti, soit seulement pour que les Africains donatistes qui se trouvaient accidentellement à Rome ne fussent pas privés d'évêque de leur parti, ils envoyèrent furtivement dans cette ville un des leurs pour y remplir cette fonction. Ces anti-papes se maintinrent et se succédèrent, à Rome, pendant plusieurs années, jusque peu après le sac de la ville par Attila, en 410.

(1) Voyez Code Théodosien, Loi VII.

Enfin, après la mort de l'empereur Constantin, Constant, celui de ses fils auquel l'Afrique échut en partage, après avoir essayé en vain les voies de la douceur et de la conciliation pour faire rentrer les donatistes dans l'unité catholique, irrité par les troubles qu'ils excitaient sans cesse en Afrique, résolut d'employer contre eux la force et les armes. Ursatius et Léontinus, l'un comte et l'autre duc d'Afrique, reçurent l'ordre de renverser les basiliques des schismatiques, de se saisir de leurs chefs et de les envoyer en exil.

Ainsi que les empereurs chrétiens en avaient l'habitude, Constant avait envoyé deux seigneurs de sa cour en Afrique pour y distribuer en son nom des secours aux indigents ; des ornements et de l'argent aux églises. Paulus et Macarius, chargés de cette noble mission, voulurent s'en acquitter non-seulement près des catholiques, mais même envers les donatistes. Ceux-ci, au lieu de s'en montrer reconnaissants, repoussèrent avec injure ces largesses, en disant : « Qu'y a-t-il de commun entre nous et l'empereur ? » Ils ne craignirent même pas de soulever contre les envoyés de l'empereur les bandes féroces des circoncellions. Ceux-ci se composaient de la lie de la populace ; ils représentaient, dans le donatisme, l'Afrique barbare : c'étaient les ardents, les fanatiques du parti, dont les donatistes étaient les docteurs et les diplomates ; ceux-ci représentaient l'Afrique civilisée. Les circoncellions étaient des bandes nomades qui parcouraient le pays sous la conduite de chefs de leur choix, dont les deux plus célèbres étaient Axidus et Fasir. Ils se désignaient entre eux sous le nom de *saints*, et faisaient, dit-on, profession de continence. Mais le vagabondage amena la débauche dans leurs rangs. Le but de leurs courses était de faire renaître la sainteté de leur église. Leur cri de guerre, était : *Laudes Deo*, louanges à Dieu ; partout où il retentissait il annonçait le pillage et la mort.

Les bandes de circoncellions s'étaient formées principalement d'esclaves fugitifs et de laboureurs qui avaient quitté la glèbe pour le désert : aussi haïssaient-ils les maîtres et les riches, et, quand ils rencontraient un maître monté sur un chariot et suivi de ses esclaves, ils l'en faisaient descendre, y faisaient monter les esclaves, et forçaient le maître de courir à pied. Ils se vantaient d'être venus pour rétablir l'égalité sur la terre, et appelaient les esclaves à la liberté au nom des principes du christianisme, qu'ils dénaturaient et ne comprenaient pas. Cruels et impitoyables envers les autres, ils ne l'étaient pas moins envers eux-mêmes : ils se tuaient avec une facilité incroyable, afin, disaient-ils, d'être martyrs et de monter au ciel. Quelques-uns d'entre eux cependant avaient des scrupules, et ne savaient s'ils avaient le droit de se tuer : alors ils forçaient le premier venu à les frapper, afin de ne pas compromettre le mérite du martyre par le péché du suicide. Malheur à celui qui hésitait à leur rendre ce triste service ! il périssait sous les coups de leurs longs bâtons, qu'ils nommaient *israélites*, à moins qu'il n'eût la présence d'esprit de ce jeune homme de Madaure qui rencontra un jour une de leurs bandes. Les circoncellions, courant à lui avec de grands cris, le menacèrent de le percer de leurs épées s'il ne voulait les percer eux-mêmes.

Mais, leur dit-il, qui me répond, quand j'aurai tué deux ou trois d'entre vous, que les autres ne changeront pas d'idée et ne me tueront pas ? Il faut que vous vous laissiez lier.

Ils y consentirent, et, quand ils furent liés, il les laissa sur le chemin et s'enfuit (1).

Tels étaient les hommes que les chefs des donatistes soulevèrent contre les envoyés de l'empereur, Paulus et Macarius. Mais leur tentative échoua, et un grand nombre d'entre eux périrent.

Le règne de Julien l'Apostat, qui succéda, en 361, aux fils de Constantin, fut pour les donatistes un moment de triomphe, qu'ils signalèrent par la persécution, l'incendie et le meurtre. L'empereur, dans sa haine contre le Christ et son culte, enchanté de trouver des auxiliaires aussi ardents et aussi utiles, les combla de ses faveurs. Mais son règne ne dura qu'un moment.

La division s'était, du reste, déjà mise dans leurs rangs, et une foule innombrable de sectes s'y étaient formées. Les principales de ces sectes furent celles des rogatistes et des Maximiens, dont les chefs étaient Rogatus et Maximus. Les questions de personnes, plus que celles de dogme, donnaient naissance à ces sectes, comme elles avaient fait d'ailleurs au donatisme en général. Elles se haïssaient, se calomniaient et se persécutaient entre elles avec le même acharnement qui les animait contre l'église orthodoxe, et chacune d'elle se prétendait, à l'exclusion des autres, seule dépositaire de la véritable doctrine.

Malgré ces divisions intestines, le donatisme n'avait pas laissé de pros-

(1) M. de Saint-Marc-Girardin.

pérer et de s'étendre en Afrique, au point qu'en 394, bien que la secte des Maximien eût détaché cent évêques du parti donatiste, trois cent dix évêques de ce parti assistèrent au concile de Bagaïe. Un écrivain sacré assure que la plus grande partie des habitants de l'Afrique s'était rangée du côté du schisme, et l'on voit, dans saint Augustin, qu'au moment où ce Père monta sur le siége d'Hippone, il n'y avait presque plus de catholiques dans cette ville, et que les donatistes y régnaient si absolument que Faustin, leur évêque, avait défendu aux artisans et aux domestiques de rendre aucun service aux orthodoxes. On a pu voir précédemment l'explication de ce prodigieux succès : le donatisme n'avait par lui-même aucun fondement dogmatique; et l'on ne saurait douter que les intérêts qui s'y agitaient ne fussent plutôt politique que religieux. La cause du donatisme, proscrite par les empereurs, s'identifia avec la cause de l'indépendance de l'Afrique; elle obtint les mêmes sympathies, et l'Eglise orthodoxe, protégée par le pouvoir impérial, vit s'éloigner d'elle des populations qui nourrissaient encore au fond de leurs cœurs des pensées d'affranchissement. C'est du moins, il nous le semble, la seule manière d'expliquer ce fait étrange, comment une question de personne, d'un intérêt tout-à-fait local et éphémère, devint la base d'un schisme qui couvrit toute l'Afrique romaine et dura plus d'un siècle.

Si la question du donatisme était plus politique que religieuse, il n'en était pas de même de celle du pélagianisme : ce n'était plus ici un schisme suscité pour un intérêt tout personnel : c'était une hérésie qui s'en prenait à la racine même de la religion, à tout ce qu'il y a de plus profond à la fois et de plus délicat dans le dogme. Il s'agissait d'expliquer l'alliance de la liberté et de la grâce dans l'homme, et de faire à chacun de ces deux grands faits sa juste part d'influence dans la production de nos actions.

Tel fut le problème redoutable que souleva et résolut à sa manière le pélagianisme. Mais, pour le rendre plus facile à saisir, il importe de le dégager d'abord de tout mélange d'événements historiques, et de le considérer purement sous le point de vue théorique, dans la nature humaine et non point dans l'histoire. Nous aborderons ensuite se second point de vue.

Notre volonté est tantôt esclave, tantôt libre, tantôt independante. Elle est esclave, par exemple, dans le délire, dans l'ivresse : nous ne savons alors ce que nous voulons, pourquoi nous voulons.

Elle est libre quand nous savons ces trois choses : par exemple, lorsque nous nous abstenons de prendre le bien d'autrui, nous savons que nous nous en abstenons, c'est-à-dire que nous voulons, et ce que nous voulons; nous savons aussi que nous nous en abstenons soit parce que nous craignons les conséquences du délit, soit parce que nous ne voulons pas enfreindre la loi du devoir, qui nous commande de ne pas enlever à autrui ce qui lui appartient : dans ce cas, nous savons pourquoi nous voulons, nous sommes libres. Notre volonté enfin est indépendante lorsqu'elle n'a aucune raison pour vouloir ou ne pas vouloir une chose, ou pour la vouloir d'une façon plutôt que d'une autre. Par exemple, lorsque nous voulons nous mettre en marche, rien ne nous détermine à partir d'un pied plutôt que d'un autre; aucune loi ne nous y oblige, comme tout-à-l'heure elle nous obligeait à nous abstenir du bien d'autrui. Dans ce cas, nous disons que notre volonté est indifférente aux yeux de la morale et de la religion : ce n'est qu'avec la liberté que commence la responsabilité.

Qu'est-ce donc que la liberté? C'est le caractère de la volonté qui, pouvant se déterminer pour le mal, se détermine pour le bien. Plus nous sommes vertueux, plus nous sommes libres, et la vertu est la mesure de la liberté dans l'homme : l'accomplissement du devoir, voilà donc la tâche de la liberté. Mais la nature humaine est bien faible en présence de cette tâche : à chaque occasion, l'homme qui s'interroge avec confiance et humilité est forcé de se dire : J'aurais pu si j'avais voulu, si ma volonté n'avait pas été lâche et molle, si elle était allée jusqu'au bout de son devoir. Le sentiment de notre faiblesse devient même d'autant plus intense que l'homme moral et religieux se développe davantage en nous : les meilleurs, c'est-à-dire ceux-là mêmes qui ont déployé le plus la force de leur volonté et de leur raison, sont précisément ceux qui sont les plus frappés de son insuffisance, les plus intimement convaincus de cette inégalité profonde entre l'homme et sa tâche, la liberté et sa loi.

De là le sentiment, le besoin d'un secours extérieur, d'un appui à la volonté humaine, d'une force qui s'ajoute à sa force. Ce secours, l'homme le cherche d'abord dans ce qui l'entoure : dans ses semblables, dans les exemples qu'il en reçoit, dans leurs conseils, leurs encouragements, dans la crainte de leurs reproches, de leur mépris, de leurs châtiments. Mais il ne tarde pas à s'apercevoir de l'insuffisance de cette ressource. Il porte alors les yeux au-dessus de lui, vers celui en qui réside et d'où vient toute force, tout appui, vers Dieu. Il l'invoque, il l'appelle à son secours, et telle est la bonté de Dieu que, lorsque l'homme demande sincèrement, ardemment cet appui, il ne lui est jamais refusé : l'homme se sent dès-lors fortifié, soutenu ; il lui faut sans doute faire encore effort ; mais ce n'est plus que l'effort que fait l'enfant qui s'avance soutenu par la main d'une mère pleine de sollicitude. Sa marche est sûre tant que cet appui n'est point retiré à ses pas chancelants.

Tel est l'effet de la grâce, de ce don que Dieu accorde à tous ceux de ses enfants qui le demandent du fond de leur cœur, dans le sentiment profond de leur faiblesse et de son infinie miséricorde. Sans la grâce, nous ne pouvons rien de bien; avec elle nous pouvons tout, parce que nous empruntons notre force à la source même de toute force.

On le voit, il y a là deux termes, deux éléments, qui entrent chacun pour une part dans l'accomplissement du devoir : la liberté et la grâce. Mais il est facile de comprendre que, dans l'appréciation de l'influence que chacun d'eux exerce sur l'accomplissement du devoir, il est possible soit d'exagérer la part de l'un ou de l'autre de ces deux éléments, soit de le nier.

Si l'on nie l'action et la nécessité de la grâce, on tombe dans l'erreur du pélagianisme; si l'on nie la liberté, et que l'on soutienne que la grâce seule suffit pour l'accomplissement du devoir moral et religieux, pour faire le bien, on tombe dans l'erreur des prédestianistes, qui prétendaient que chaque homme est prédestiné de toute éternité à faire le bien ou le mal, selon qu'il est prédestiné à recevoir la grâce, sans que pour cela sa volonté puisse exercer aucune influence sur sa destinée ; enfin, si, tout en admettant la nécessité du secours divin de la grâce, on soutient que cette grâce n'est pas un don gratuit de Dieu, mais que l'homme peut la mériter, y acquérir des droits, et être ainsi l'unique auteur de son perfectionnement moral et religieux, dans ce cas, l'on tombe dans l'erreur dite du semi-pélagianisme.

Le pélagianisme, le semi-pélagianisme et la doctrine de la prédestination, telles furent les trois hérésies qui surgirent de la question de l'union de la liberté et de la grâce, et contre lesquelles saint Augustin eut principalement à lutter, et enfin dont il triompha par son activité, son génie, et aussi grâce à la bonté de la cause qu'il soutenait.

Pélage était né dans la Grande-Bretagne, de parents obscurs. Son nom de famille était Morgan, qui, dans la langue du pays, signifie *né sur les bords de la mer* : il le changea en celui de Pélagius, qui a à peu près le même sens (1). Il n'entra pas dans les ordres, mais il embrassa la profession monastique. Il se rendit à Rome, où il habita longtemps, et se fit connaître et estimer. Saint Paulin de Nôle et saint Augustin lui témoignèrent de la considération. Il composa plusieurs ouvrages, entre autres un traité de la Trinité. Cependant des erreurs sur la doctrine de la grâce avaient cours dans quelques écoles de l'Orient. Un Syrien, nommé Rufin, qui vint à Rome vers l'an 400, imbu de cette doctrine, en fit part secrètement à Pélage, qu'elle séduisit et qui l'embrassa. Ils acquirent bientôt un nouveau prosélyte, Célestius, homme d'un esprit vif et subtil, d'un caractère ardent, d'abord avocat, puis moine, et réunissant en lui tout ce qu'il fallait pour faire un sectaire. Ils gagnèrent ensuite Julien, qui, grâce au secret dans lequel la doctrine de Rufin et de Pélage demeurait enveloppée, put devenir, peu de temps après, évêque d'Éclane, et fut un des principaux soutiens de cette hérésie. Des femmes, même distinguées, s'y engagèrent aussi.

Vers l'an 405, Pélage commença à divulguer ses idées à Rome : il n'attaqua personne, et, sans rechercher la controverse, il insista sur ce qu'on ne tenait point, à son avis, assez de compte de la liberté humaine; qu'on ne lui faisait point, dans la question de la grâce, une assez large part. Ses discours n'excitèrent aucun trouble, et presque aucun débat. Quelques années après (409), Célestius et son maître, Pélage, se mirent à voyager : ils parcoururent la Sicile et l'Afrique, répandant partout le venin de leur doctrine. Célestius demeura à Carthage, où il enseigna ouvertement ses erreurs, et se fit condamner par un concile, en 412.

Pélage avait quitté l'Afrique, et s'était rendu en Palestine, où il publiait, sous forme de lettre, un traité dans lequel il exposait toute sa doctrine. Cet ouvrage était adressé à sainte Démétriade, vierge romaine qui demeurait en Palestine ; mais le pélagianisme avait déjà éveillé l'attention de saint Augustin, qui peu auparavant avait adressé à la même dame un traité dans lequel il montrait le danger et dévoilait toute la perversité de la nouvelle doctrine (1).

(1) Du mot grec πελαγος, mer.

(2) Voir sur ce sujet, outre les ouvrages de saint Augustin, de saint Prosper et de saint Fulgence, ceux du cardinal Norrès, du P. Patouillet; la Vie de saint Augustin, par Tillemont; les Bénédictins, etc.; et, parmi les modernes, MM. Leruy et Guizot. La suite de l'Histoire du Pélagianisme, ainsi que celle du Donatisme, se trouveront à leur place dans la Vie de saint Augustin.

La religion chrétienne avait déjà fait des progrès merveilleux à l'époque où, vers la fin du règne de Constantin et sous ses successeurs, elle monta sur le trône des Césars. Cette heureuse révolution hâta encore prodigieusement, on ne saurait le contester, la marche de ces progrès. L'exemple du souverain, ses encouragements, et les grâces qu'il répandait sur les villes qui détruisaient dans leur sein les derniers vestiges du paganisme, exercèrent la plus heureuse influence. La capitale de l'Orient, Constantinople, s'enorgueillissait de n'avoir jamais été profanée par le culte des idoles. Dans une seule année, douze mille personnes, dit-on, se convertirent dans la seule ville de Rome. La puissante influence de Constantin n'était, d'ailleurs, pas circonscrite dans les limites de sa vie ou de ses Etats. Par l'éducation qu'il avait fait donner à ses fils, il avait assuré l'œuvre de propagande après sa mort ; enfin, en prêtant à d'humbles missionnaires, qui allaient porter la foi aux peuples païens du reste du monde connu alors, l'influence toute-puissante et les ressources immenses de la protection impériale, les barbares du Nord, qui avaient d'abord dédaigné une religion proscrite et humiliée, s'inclinèrent avec respect devant elle, lorsqu'ils la virent adoptée par les plus puissants monarques du monde et par les peuples les plus civilisés. Les Goths et les Germains qui servaient dans les armées romaines adoraient la croix qui surmontait les aigles des légions, et lorsqu'ils rentraient dans leurs foyers, ils rapportaient à leurs sauvages compatriotes les premiers principes de la religion. Les rois d'Ibérie et d'Arménie adoraient le Dieu de leur protecteur. La lumière de l'Evangile brillait dans les montagnes de la Perse et sur les côtes de l'Inde. Sous le règne de Constance, Théophile, Indien d'extraction, fut donné en ôtage aux Romains par les habitants des iles Maldives. Instruit, pendant sa captivité, dans les principes du christianisme, il les rapporta et les fit fructifier dans sa patrie, dès qu'il y fut de retour, et y reçut la double dignité d'évêque et d'ambassadeur. Aujourd'hui encore l'Abyssinie révère la mémoire de saint Frumentius, qui, du temps de Constantin, dévoua sa vie à la conversion de cette contrée. Un historien contemporain assure même qu'à cette époque il y avait des évêques et des églises jusque sous la zône torride.

L'Eglise était gouvernée à cette époque par environ deux mille évêques, à la tête desquels se trouvaient les patriarches, les primats ou archevêques et le pape. Les évêques des métropoles de l'Orient portaient le titre de patriarches : c'étaient ceux d'Alexandrie, de Jérusalem, d'Antioche et de Constantinople.

Il s'en fallait de beaucoup que tous les diocèses fussent à peu près de même étendue : un diocèse pouvait comprendre toute une province, ou être réduit à une seule ville ; mais tous les évêques avaient un rang éga et un caractère indélébile, comme successeurs des apôtres. Ils jouissaient tous des mêmes priviléges. Les évêques de la Gaule, de la Thrace et du Pont gouvernaient de vastes territoires et envoyaient leurs suffragants (1) dans les campagnes, pour y remplir les fonctions subordonnées du devoir pastoral.

Dans les premiers siècles de l'Eglise, les fidèles jouirent, comme chrétiens, du droit qu'ils avaient perdu comme citoyens de la république romaine, de choisir leurs magistrats. Dès qu'un évêque était mort, le primat ou le patriarche du pays chargeait l'un de ses suffragants d'administrer le diocèse vacant et de préparer, dans un temps limité, la future élection. Le droit d'élection appartint d'abord à tout fidèle indistinctement; mais on s'aperçut bientôt des inconvénients de cette méthode : au lieu de choisir le plus digne, le peuple se laissait souvent séduire par les artifices du langage, par des promesses trompeuses et par tous les moyens de la corruption. Il en résultait parfois des choix qui faisaient sentir le besoin de limiter le droit électoral. Pour y porter remède, on exclut la populace des élections, et l'on arrêta le caprice aveugle des électeurs en fixant l'âge et le rang des candidats, et en décrétant que tous les évêques de la province devaient assister aux élections, pour modérer l'assemblée par leur présence et l'éclairer par leurs conseils. Enfin un dernier recours restait à l'Eglise lorsque l'élu ne lui paraissait point convenir à la haute dignité à laquelle le suffrage du peuple l'avait appelé : les évêques pouvaient lui refuser la consécration. Le plus souvent, du reste, les choix des assemblées du peuple ne laissaient rien à désirer, et parfois même semblaient porter le caractère de l'inspiration divine. Il faudrait, pour le contester, oublier l'histoire de l'Eglise du IVe et du Ve siècle ; il faudrait oublier des noms tels que ceux de saint Athanase, de saint Jean Chrysostôme, de saint Basile, de saint

(1) Chorévêques, ou évêques de campagne.

Grégoire de Nazianze, de saint Cyprien, de saint Ambroise, et enfin de saint Augustin.

On connaît l'histoire de l'élection de saint Ambroise. Il descendait d'une famille de Romains noble ; son père avait occupé le poste distingué de préfet du prétoire dans les Gaules ; lui-même avait reçu une éducation brillante, et était parvenu, par les gradations ordinaires des honneurs civils, au rang de consulaire de la Ligurie. Quoiqu'il fût d'une grande piété, il était arrivé, par excès d'humilité, jusqu'à l'âge de trente-quatre ans sans recevoir le baptême. Son enfance avait été entourée de pieuses promesses et presque de fabuleux augures. On raconte de lui, comme de Platon, que dormant un jour exposé à l'air dans son berceau, un essaim d'abeilles était venu voler sur son visage, et que même quelques-unes se glissèrent, sans le blesser, dans sa bouche entr'ouverte. Sa nourrice en fut effrayée ; mais son père, qui se promenait près du jeune enfant avec sa femme et sa fille aînée, ne voulut pas interrompre le prodige, et, quand il vit l'essaim d'abeilles s'envoler au plus haut des airs, il s'écria : « Cet enfant, s'il vit, sera quelque chose de grand (1). » Devenu gouverneur de la Ligurie, il se fit admirer par ses vertus, et devint si cher au peuple, que son éloignement eût été regardé comme une calamité publique. Milan était divisé en catholiques et en ariens. L'archevêque étant mort, le peuple se réunit pour présider à l'élection de son successeur. Mais les deux partis, catholiques et ariens, égaux en force, se disputaient l'élection avec une ardeur qui pouvait dégénérer en émeute. Ambroise parut dans l'église pour apaiser le désordre. Il parlait au peuple avec beaucoup d'éloquence, lorsque, dit-on, un enfant s'écria : « Ambroise, évêque ! » Cette voix de l'innocence parut un présage et comme une inspiration divine : les deux partis l'accueillirent avec acclamation, et, s'accordant soudain, s'écrièrent : Ambroise, évêque !

Celui-ci, effrayé, voulut fuir et refusa obstinément. Mais il fallut céder à la volonté du peuple et aux instances des prélats qui avaient présidé l'élection. Il se fit baptiser, et, huit jours après, il fut consacré.

Quoiqu'il ne soit fait mention, pour la première fois, des métropoli-

(1) Vie de saint Ambroise, par le diacre Paulin ; Vie de saint Ambroise, par M. Villemain.

tains ou des archevêques qu'au concile de Nicée, néanmoins les Pères et les conciles du IIIe et du IVe siècle parlent de cette dignité comme d'un degré hiérarchique établi depuis longtemps, et citent des métropolitains antérieurs à la date de cette assemblée. Dès le IIe siècle, l'évêque de Lyon gouvernait toute l'église gallicane. Il résulte même de quelques passages d'Eusèbe et de saint Jean-Chrysostôme, que les archevêques sont d'institution apostolique : on voit en effet dans leurs écrits que Tite avait la surintendance de tous les évêques de Crète.

On a assigné la même origine au patriarcat; mais il est plus vraisemblable qu'il ne fut établi dans l'Eglise que vers l'an 385, quatre ans après le concile général de Constantinople.

Jusqu'au règne d'Othon le Grand, le peuple, les grands et le clergé de Rome eurent le privilége d'élire le pape.

Les évêques étaient, comme ils sont encore, seuls en possession de la génération spirituelle, c'est-à-dire du pouvoir d'ordonner des évêques et des prêtres. Chacun de ces pontifes, lorsqu'il conférait l'ordination à un prêtre, acquérait par ce fait un droit inaliénable à son obéissance. Le clergé d'une Eglise épiscopale et des paroisses dépendantes formait une société régulière et permanente. A l'évêque seul appartenait le droit d'administrer et d'instruire par lui-même, soit par les suffragants et les catéchistes qu'il déléguait. Le temporel et le spirituel étaient également en ses mains; mais il consultait naturellement et les prêtres qui l'entouraient et ses collègues, et nul abus n'était possible, ou du moins n'avait chance de durée.

En 313, Constantin avait rendu un édit par lequel toutes les terres et les maisons qui, lors de la persécution de Dioclétien, avaient été enlevées aux chrétiens, leur furent rendues. Huit ans après, le même prince permit à tous ses sujets « de léguer leur fortune à la sainte Eglise catholique et au vénérable concile (1). » Lui-même donnait l'exemple de la générosité envers les Eglises : le même messager qui porta en Afrique la tête de Maxence fut chargé par l'empereur d'une lettre pour Cécilien, évêque de Carthage; le prince l'informait qu'il avait donné ordre aux trésoriers de la province de lui payer trois mille *folles* (2), et

(1) Code de Théodose, XVI, 2, et XVI, 2, 42.
(2) 432.000 fr.

de lui fournir tout ce dont il pourrait avoir besoin pour secourir les églises d'Afrique, de Numidie et de Mauritanie. Il fit faire en outre au clergé de toutes les villes des distributions régulières de grain.

Une large juridiction était en outre attribuée aux évêques. Les premiers chrétiens fuyaient avec horreur les prétoires des païens, et préféraient se soumettre aux décisions arbitrales de leurs évêques (1). Cette juridiction vénérable fut confirmée par Constantin et ses successeurs. A ce droit le clergé joignit le précieux et magnifique privilége de n'être point soumis à une juridiction étrangère : les clers n'étaient justiciables que de leurs pairs, même dans les accusations capitales. Devant ces tribunaux, les fautes légères n'entraînaient ni un jugement ni un châtiment publics, et le coupable était traité par les juges avec la prudente sévérité d'un père qui corrige l'inexpérience de son fils.

L'antique privilége des sanctuaires fut transporté aux églises chrétiennes, et la pieuse libéralité de Théodose II l'étendit à toute l'enceinte consacrée : les accusés y trouvaient un asile inviolable, et, lorsqu'ils en étaient dignes, de puissants médiateurs dans la personne des évêques.

L'évêque était le censeur naturel et perpétuel de son troupeau : les punitions qu'il infligeait étaient la *suspension*, la *pénitence publique* et l'*excommunication*..

Par la *suspension*, il retranchait momentanément le pécheur du troupeau.

La *pénitence publique* consistait dans diverses pratiques pénibles, auxquelles il fallait se soumettre : telle était la confession publique, ou exomologèse; l'obligation de ne porter que des vêtements grossiers et sans parure, et surtout l'interdiction de pénétrer dans l'église et d'y assister aux offices divins. Le pénitent devait demeurer à genoux et pieds nus devant la porte de l'église. Cette pénitence durait souvent pendant la vie entière du coupable. Elle tomba plus d'une fois sur des hommes éminents : saint Ambroise y condamna le grand Théodose pour avoir puni une émeute, à Thessalonique, par un massacre où furent confondus les innocents et les coupables.

L'*excommunication* retranchait celui qu'elle atteignait du nombre des

(1) S. Paul, ad Corinth., VI, 4; Timoth., II, 8.

fidèles : toute relation, toute communication avec lui était interdite, sous peine de partager son sort. Saint Athanase excommunia un ministre de l'Egypte qui avait abusé de son pouvoir. Du temps de Théodose II, l'illustre Synesius, qui passait pour descendre d'Hercule, qui occupait le siége épiscopal de Ptolémaïs, en Lybie, employa avec succès cette arme terrible contre Andronicus, président du tribunal de la province, qui, abusant de l'autorité d'une charge vénale, et inventant chaque jour de nouveaux moyens d'exaction, aggravait le crime de l'oppression par celui du sacrilége. Après avoir inutilement essayé de corriger ce magistrat par des remontrances pieuses et modérées, Synésius lança enfin la dernière sentence de la justice ecclésiastique. Il dévoua Andronicus, ses complices et leur famille à la haine du ciel et de la terre : les pécheurs impénitents, plus cruels que Phalaris ou Sennachérib, plus destructeurs que la peste, la guerre ou une nuée de sauterelles sont privés du nom et des priviléges du chrétien, de la participation aux sacrements et de l'espoir du paradis. L'évêque exhorte le clergé, les magistrats et le peuple à cesser toute relation avec les ennemis du Christ, à les exclure de leurs tables, de leurs maisons, à leur refuser tous les besoins de la vie et les honneurs de la sépulture. En même temps l'église de Ptolémaïs écrit à toutes les églises du monde, ses sœurs, afin que toutes refusent d'admettre les excommuniés. Andronicus, épouvanté, implora la miséricorde du pontife, et le *descendant d'Hercule* (1) eut la satisfaction de relever de terre, après l'avoir dompté, le tyran qui avait ravagé la Lybie.

Quand les évêchés devinrent trop vastes, souvent, au lieu de nommer des *évêques de campagne*, on créa des églises dans la campagne : les ministres attachés à ces temples champêtres prirent le nom de *curés*, du mot latin *cura*, qui signifie soins, fatigue.

On bâtit encore des chapelles sur les tombeaux des martyrs, des solitaires. Ces temples particuliers s'appelaient *martyrium* ou *memoria* ; et, par une idée encore plus phylosophique, on les nommait aussi *cimetières*, d'un mot grec (2) qui signifiait sommeil (3).

(1) Synesius, Epist. XLVII.

(2) Χειμαι.

(3) M. de Châteaubriand.

Le corps des fidèles se divisait en *croyants* ou *fidèles*, proprement dits, et en catéchumènes. Les croyants étaient reçus à la sainte table, assistaient à toutes les cérémonies de l'Eglise, et prononçaient l'oraison dominicale, que saint Augustin appelle pour cette raison *oratio fidelium*, oraison des fidèles (1).

Les chefs ou représentants du corps des fidèles s'assemblaient fréquemment, tantôt, quand le besoin l'exigeait, de toutes les parties de l'univers chrétien, en un seul lieu. Les assemblées provinciales ou synodes avaient lieu périodiquement, au printemps ou en automne. Elles étaient présidées par le prélat métropolitain, et s'occupaient, sous sa direction, de toutes les affaires religieuses qui intéressaient la province.

Les conciles universels étaient naturellement beaucoup plus rares : le premier que l'on cite est celui de Nicée, en Bythinie : trois cent dix-huit évêques et deux mille quarante-huit ecclésiastiques s'y réunirent. Constantin s'était chargé de la dépense du voyage des Pères du concile, et les postes impériales avaient ordre de leur fournir tous les moyens de transport qui leur seraient nécessaires. Les séances du concile se prolongèrent durant deux mois, et l'empereur y assista plusieurs fois. Il laissait ses gardes à la porte, et s'asseyait, avec la permission du concile, sur un petit tabouret, au milieu de la salle (2). Il écoutait attentivement les orateurs, parlait avec modestie, et n'émettait jamais son avis sans protester humblement que les successeurs des apôtres étaient les maitres, qu'il ne voulait être que leur ministre, et ne prétendait point juger des prêtres que Dieu avait établis pour régner sur la terre et lui donner des lois (3).

« Rappelez en votre mémoire, dit La Bruyère, rappelez ce grand et » premier concile, où les Pères qui le composaient étaient remarqua- » bles chacun par quelques membres mutilés, ou par les cicatrices qui » leur étaient restées des faveurs de la persécution : ils semblaient » tenir de leurs plaies le droit de s'asseoir dans cette assemblée géné- » rale de toute l'Eglise. »

(1) Serm. ad neophytos.

(2) Eusèbe, Vie de Constantin, III, 6—21.

(3) *Ibid.*

A en juger par le grand rôle que le clergé joue au ve siècle, on serait, au premier abord, tenté de croire qu'il était fort nombreux. Des témoignages historiques et d'une autorité incontestable établissent le contraire. C'est ainsi que, lorsqu'il est question du nombre des prêtres de Rome, on dit, dans ces monuments, comme une grande richesse, que Rome a vingt-quatre églises et soixante-seize prêtres. Les conciles du IVe et du Ve siècle sont pleins de canons qui défendent à un simple clerc d'aller se faire ordonner dans un autre diocèse que le sien; à un prêtre de quitter son diocèse pour aller ailleurs. On s'applique, par toutes sortes de moyens, à retenir les prêtres dans leur diocèse, tant ils sont rares. De là vint qu'il fut bien difficile et souvent impossible aux simples prêtres de se rendre aux conciles, le service religieux souffrant trop de leur absence.

Un coup d'œil sur l'état de la société civile et religieuse nous expliquera en partie la cause de cette pénurie. La société civile était pourvue de nombreux moyens d'instruction. Le territoire de l'empire était couvert de grandes écoles, largement soutenues par les priviléges et les libéralités que leur prodiguaient les empereurs. Mais leurs efforts étaient impuissants à faire produire à ces établissements des résultats comparables à leur développement : toutes leurs faveurs ne pouvaient en arrêter la décadence. Les écritures du ve siècle la déplorent à chaque page de leurs écrits : ils se plaignent de ce que les jeunes gens n'étudient plus, de ce que les professeurs n'ont plus d'élèves, de ce que la science languit et s'éteint. L'activité intellectuelle s'affaiblissait de jour en jour : les longues et fortes études effrayaient, et l'on essayait par toutes sortes d'expédients, d'échapper à la nécessité de s'y livrer ; on abrégeait les grands monuments de la science, l'histoire, la grammaire, la philosophie, la rhétorique, non afin de mieux propager l'instruction, mais afin d'épargner le travail à des hommes qui n'avaient plus le courage de s'y livrer, et qui, par leur position, avaient besoin d'avoir au moins quelques apparences d'instruction.

L'état intellectuel de la société religieuse était bien différent. Il est vrai qu'elle n'avait point, comme la société civile, d'établissements spécialement destinés à l'instruction, et qu'elle ne recevait de l'État aucun secours dans ce but. Bien plus, l'enseignement civil était loin d'offrir de l'attrait aux chrétiens : les maîtres en étaient païens, et leur enseignement était hostile à la religion chrétienne. Aussi n'est-ce guère qu'au commencement du IVe siècle que l'on voit les chrétiens paraître dans les écoles de l'Etat, et encore y sont-ils rares. Aucune autre source ne leur était ouverte : les établissements qui devinrent par la suite le refuge et le foyer des lumières, les monastères, n'existaient point encore ou commençaient à peine. Toute grande école leur manquait donc; ils n'avaient que leurs idées mêmes, le mouvement intérieur et personnel de leur pensée. Et cependant, alors qu'avec ses vastes institutions la société civile ne faisait rien et rétrogradait, la société religieuse, réduite à ses propres forces, travaillait sans relâche, s'emparait de tout, et remuait le monde du mouvement de ses idées. Quelques hommes, au Ve siècle, la dominent et la conduisent avec une lumière et une puissance prodigieuses. Une activité infatigable l'agite et la tourmente. Les docteurs travaillent, les écrits circulent, des polémiques ardentes sont engagées, les questions les plus ardues, les problèmes les plus importants, sont soulevés, étudiés, résolus en des sens divers; des schismes, des hérésies éclatent, des conciles s'assemblent, et, au sein des controverses, font entendre la voix, la grande et solennelle voix de la vérité.

Les considérations qui précèdent mettent en évidence la cause de la pénurie de prêtres qu'éprouvait l'Eglise. Le défaut d'établissements d'instruction où pût se former et se recruter le personnel ecclésiastique, non moins que la décadence intellectuelle de l'époque, rendait de jour en jour plus rares les sujets aptes à la prêtrise, et ne permettait point de proportionner le nombre des prêtres au besoin du service. A cette époque de relâchement et de tiédeur générale, il fallait une force peu commune de volonté pour s'élever au-dessus de son siècle et cultiver ces études si négligées, et qui cependant étaient la préparation presque indispensable de celui qui voulait devenir le guide spirituel de ses frères. Mais, s'il n'y avait que peu d'hommes qui pussent et eussent le courage d'affronter les épreuves par lesquelles on arrivait au sacré ministère, ceux qui en étaient capables étaient tous des hommes d'élite; s'il n'y avait que peu de prêtres, ceux qui se vouaient au sacerdoce compensaient largement leur faiblesse numérique par un déploiement merveilleux d'activité, d'énergie et de lumière. De là cette admirable Eglise du IVe et Ve siècle; de là tous ces prodiges d'éloquence, de sagesse, de science et de courage, dont aujourd'hui l'Eglise s'enorgueillit à si juste titre, et qui n'ont été dépassés depuis à aucune époque. Toutes les branches du vaste tronc du christianisme furent à la fois l'objet des soins fructueux des grands hommes de ce temps : le dogme fut éclairci, développé, approfondi, fixé définitivement; la discipline fut établie, la hiérarchie créée ou perfectionnée, et le vaisseau de l'Eglise, muni désormais de tous ses agrès, assuré de ne manquer ni de pilotes ni de matelots, put se lancer sur l'océan des âges, exposé sans doute à bien des tempêtes, mais sans crainte du naufrage.

SECONDE PARTIE.

HISTOIRE DE SAINT AUGUSTIN.

Saint Augustin (1) naquit à Tagaste, ville de la province de Numidie, près de Madaure et d'Hippone, le 13 novembre 354. Son père, nommé Patrice, était l'un des curiales, ou principaux de la ville de Tagaste; cependant il ne jouissait pas d'une grande fortune. Il était d'un bon naturel, mais prompt et emporté. Il fut long-temps sans croire en Jésus-Christ, et ne se convertit même que vers la fin de sa vie. Quant à la mère de saint Augustin, elle fut en tous points digne d'un tel fils; elle se nommait Monique, et eut, comme lui, l'insigne honneur d'être, après sa mort, admise par l'Église au nombre des saints qu'elle honore. Elle eut de Patrice trois enfants : saint Augustin, Navige, que nous retrouverons dans le cours de cette histoire, et une fille qui se consacra à Dieu, et mourut abbesse d'un couvent. Navige eut plusieurs enfants :

(1) On ajoute ordinairement au nom de saint Augustin celui d'Aurelius; mais on ne trouve ce dernier nom que dans l'inscription de l'histoire qu'Orose lui dédie, et au livre II, chap. 10, de l'ouvrage de Claudien Mamert sur l'état de l'âme : c'est, sans sans doute, de là qu'il a passé dans le public.

des filles, qui entrèrent aussi en religion, probablement dans la maison dont la sœur de saint Augustin était supérieure, et un fils, nomm Patrice, qui fut sous-diacre de l'Église d'Hippone. Plusieurs autres parents du saint se trouvèrent encore mêlés, d'une manière notable, à son histoire : tels sont Lastidianus et Rusticus, ses cousins; Séverin, à qui il écrit une de ses épîtres (la cent soixante-dixième), Romanianus et Licentius, son fils, dont le genre de parenté avec saint Augustin est obscur et peu connu.

Sa mère, dès qu'elle l'eut mis au monde, le fit marquer du signe de la croix sur le front, pour le mettre au nombre des catéchumènes, « et lui faire goûter ce sel divin et mystérieux, qui est une figure de la vraie sagesse. »

Dans ses Confessions, il dit, en parlant de sa première enfance, que cet âge même n'est pas exempt de péché : « J'ai vu, dit-il, un enfant qui était tellement jaloux et envieux qu'il en était devenu tout pâle, et qui, ne sachant pas même encore parler, ne laissait pas de regarder avec colère et avec aigreur un enfant qui tétait la même nourrice que lui (1). »

Quand le temps en fut venu, on l'envoya à l'école : il y montra plus d'aptitude que de zèle pour l'étude. « Car, dit-il en se rappelant ce temps, je ne manquais, Seigneur, ni d'esprit ni de mémoire; votre bonté a voulu que j'en eusse assez pour cet âge. Je ne manquais que d'affection pour l'étude : elle était bannie de mon cœur par la passion du jeu, qui me possédait, et qui était la cause de tous les traitements rigoureux que j'éprouvais. Cependant ceux qui punissaient en moi cette passion étaient possédés d'une pareille : car les niaiseries des hommes passent pour des affaires importantes, et celles des enfants, au contraire, sont punies par ceux mêmes qui les imitent, sans que nul ait pitié ni des enfants ni des hommes, qui sont encore plus enfants que ceux-là. Et certes un juge équitable peut-il approuver que je fusse puni avec rigueur parce que je jouais à la paume à un âge où l'on est enchanté de ce divertissement, et parce que ce jeu retardait un peu le progrès que j'eusse pu faire dans les lettres humaines et dans les sciences séculières, lors-

(1) Confessions, liv. I, ch. 11.

(1) Confessions, I, 7.

que celles-ci ne devaient elles-mêmes être un jour pour moi qu'un jeu d'esprit, plus indigne de la sagesse et de la gravité d'un homme que le jeu de paume ne l'était de la faiblesse et de la légèreté d'un enfant? Je péchais néanmoins contre vous, mon Dieu, je péchais en désobéissant aux commandements de mes parents et de mes maîtres, puisque, quelles que fussent leurs intentions à l'égard de mes études, je pouvais toujours, lorsque je serais avancé en âge, me servir utilement des lettres et des sciences qu'ils désiraient que j'apprisse (1). »

Outre l'instruction religieuse qu'il recevait de sa mère, il se trouva, pendant son enfance, en relation avec quelques serviteurs de Dieu. « Et j'appris d'eux, dit-il à ce sujet, autant que je pouvais être capable de concevoir quelque idée de vous (Dieu), que vous étiez quelque chose de grand et de sublime, et que, encore que vous fussiez caché à nos sens, vous pouviez exaucer nos prières et nous secourir; ensuite de quoi je commençai, tout enfant que j'étais, à vous demander l'assistance, et à m'adresser à vous comme à mon refuge et à mon asile. J'apprenais à ma langue bégayante à vous invoquer; et, quoique je fusse petit, l'affection avec laquelle je vous priais d'empêcher que je n'eusse le fouet à l'école n'était point petite. Or il arrivait souvent que vous n'exauciez point ma prière, ce que vous faisiez pour mon bien; et alors les personnes âgées, et même mon père et ma mère, qui n'eussent pas voulu qu'il me fût arrivé aucun mal, se riaient de mes douleurs, qu'ils considéraient comme de légères peines, et qui passaient dans mon esprit pour le plus grand et le plus redoutable de tous les maux. (2). »

Il était encore dans un âge fort tendre lorsqu'il fut un jour surpris d'une douleur d'estomac si vive, et d'un étouffement si violent, qu'on le crut près de rendre l'esprit. Il supplia avec une faveur extrême qu'on lui donnât le baptême. Sa mère, troublée d'un mal si soudain, se hâta de donner ordre que tout fût disposé pour que le sacrement fût administré au jeune enfant. Mais, tandis qu'on s'y préparait, le mal se calma, et l'on différa de nouveau de le laver dans les eaux purifiantes du baptême, parce que l'on croyait qu'il était impossible que, après qu'il aurait recouvré la santé, il ne se souillât pas encore par de nouvelles offenses,

(1) Confessions, I, 9 et 10.
(2) *Ibid.*

et que l'on était persuadé alors que les fautes que l'on commet après avoir été plongé dans le bain *céleste* étaient beaucoup plus graves que celles que l'on a commises auparavant.

Ses parents désiraient vivement qu'il devînt habile dans les belles-lettres. Ils lui en firent donc étudier les principes à Tagaste, puis à Madaure. La répugnance qu'il avait d'abord manifestée dans l'étude s'évanouit quand il eut franchi les premiers éléments, et fit place à un goût des plus vifs pour les lettres, notamment pour les poètes : il pleurait en lisant la mort de Didon. Mais la difficulté qu'il éprouvait à étudier la langue grecque mêlait comme une espèce d'amertume à la douceur des fables si ingénieuses qu'il y apprenait. Aussi le Saint avoua-t-il depuis, dans plusieurs de ses ouvrages, que le grec lui était peu familier (1). On l'obligeait de rendre en prose les endroits les plus animé de Virgile, par exemple les paroles ardentes et enflammées de Junon, lorsque, dans le transport de sa colère, elle se plaint de ne pouvoir empêcher le roi des Troyens d'arriver en Italie; et on l'excitait à ce travail par les vaines acclamations par lesquelles on l'élevait au-dessus de ses compagnons d'étude. On l'habituait ainsi à se préoccuper beaucoup plus de la manière de s'exprimer que de ce qu'il devait faire, et d'avoir plus de souci d'observer et de suivre les lois des grammairiens que celles de Dieu.

Le fruit de cette mauvaise éducation ne tarda pas de se faire sentir. Le jeune Augustin, bien que les personnes qui le dirigeaient ne fussent pas, à l'exception de sa mère, d'une conduite fort austère, ne laissa pas de les offenser par ses dérèglements. L'amour du jeu, la passion violente des spectacles, et le désir d'imiter et de représenter ensuite les fables futiles qu'il avait vues, le portaient à tromper et ses précepteurs et son père et jusqu'à sa tendre et pieuse mère.

« Je prenais aussi, ou plutôt je dérobais plusieurs choses au logis et sur la table de mon père, ou pour satisfaire l'intempérance de ma bouche, ou pour avoir de quoi donner aux enfants qui me vendaient le plaisir que je prenais de jouer avec eux, quoique eux-mêmes n'y en prissent pas moins que moi. Et souvent, lorsque nous jouïons ensemble, j'usais de surprise et de tromperie pour remporter le prix et comme une

(1) Traité de la Trinité, III, Préface.

espèce de victoire dans ces jeux, tant j'étais possédé d'avoir toujours l'avantage sur les autres. Et cependant, voulant bien les tromper de la sorte, je ne voulais nullement souffrir qu'ils me trompassent de même. Je criais contre eux, et les accablais de reproches et d'injures, lorsque je les avais surpris, et, quand ils m'y surprenaient, je me mettais en colère au lieu de céder.

» Est-ce là cette prétendue innocence des enfants? Il n'y en a point en eux, Seigneur; il n'y en a point, mon Dieu; et je vous demande pardon encore aujourd'hui d'avoir été du nombre de ces innocents : car c'est cette même et première corruption de leur esprit et de leur cœur qui passe ensuite dans toute leur vie. Tels qu'ils ont été à l'égard de leurs précepteurs et de leurs parents, ils le sont à l'égard des rois et des magistrats : après avoir commis de petites injustices pour avoir des noix, des balles et des oiseaux, ils en commettent de grandes pour amasser de l'argent, pour acquérir de belles maisons et pour avoir un grand nombre de serviteurs (1). »

Saint Augustin quitta Madaure et rentra dans sa famille quand il eut atteint sa seizième année. Son père voulait l'envoyer achever ses études à Carthage; mais il dut le garder une année entière près de lui, en attendant qu'il eût préparé l'argent nécessaire pour ce voyage. Il le faisait plutôt par un effort d'ambition pour son fils que parce que ses ressources le lui permettaient. Il y était aussi entraîné par les éloges que lui valaient, de la part de ses concitoyens, les sacrifices qu'il faisait pour son fils : nul d'entre eux, même parmi les riches, ne prenait un tel soin de ses enfants. Mais il ne se mettait nullement en peine que son fils, à mesure qu'il avançait en âge, avançât aussi dans la crainte de Dieu, ni qu'il fût sage, et ne désirait autre chose sinon qu'il fût éloquent et qu'il sût composer un discours fleuri. « Cependant, dit saint Augustin, j'étais moi-même alors une terre déserte et infructueuse, et le champ de mon âme, dont vous étiez, mon Dieu, le seul, le bon et le véritable maître et possesseur, ne recevait aucune culture de votre main ni aucune influence de votre grâce (2). »

« Ainsi, lorsque, en cette seizième année de mon âge, la nécessité de quelques affaires domestiques me contraignit d'interrompre mes

(1) Confess., I, 19.
(2) *Ibid.*, II, 3.

études et de demeurer dans la maison de mon père, je me sentis piqué par les pointes des désirs impurs. Ces épines et ces ronces crûrent tout d'un coup et s'élevèrent par-dessus ma tête, sans qu'il se trouvât aucune main favorable pour les arracher... Hélas! mon Dieu, vous demeuriez dans le silence pendant que je m'éloignais si fort de vous. Mais comment oserais-je dire que vous soyez demeuré dans le silence? De qui étaient ces paroles que ma mère, votre fidèle servante, faisait retentir à mes oreilles, sinon de vous, mon Dieu, qui me parliez par sa bouche? Et cependant il n'y en avait aucune qui pénétrât dans mon cœur et qui me persuadât de lui obéir : car il me souvient que, dans la crainte qu'elle avait que je ne tombasse dans le vice, elle me prit un jour en particulier et m'avertit, avec une vive émotion, de ne me point laisser emporter à des plaisirs impurs; mais ces remontrances passaient dans mon esprit pour des remontrances de femme, et il me semblait qu'il m'eût été honteux de les suivre. Et lorsque j'étais parmi ceux de mon âge, et qu'ils se vantaient publiquement de leurs excès et de leurs débauches d'autant plus qu'elles étaient plus infâmes, j'avais honte de n'être pas aussi corrompu que les autres, et je me portais avec ardeur dans le péché, non pas tant pour le plaisir que j'y trouvais que pour être loué de l'avoir commis.

» Qu'y a-t-il dans le monde qui soit digne de blâme, si ce n'est le vice? Et cependant, par un renversement étrange, c'était la crainte même du blâme qui me portait à me rendre vicieux. Et lorsque je n'avais rien fait qui pût égaler les débauches des plus perdus, je faisais semblant de l'avoir fait pour ne paraître d'autant plus vil et plus méprisable que je serais plus chaste et plus innocent (1). »

Ce goût pernicieux qu'il avait à faire le mal pour le mal le poussa même un jour à commettre un larcin, non qu'il y fût réduit par aucun besoin, car ce qu'il déroba il le trouvait chez lui en abondance : il ne cherchait dans le larcin que le larcin lui-même. « Je voulais plutôt me repaître de la laideur du vice que du fruit de l'action vicieuse (2). Il y avait près de la vigne de mon père un poirier dont les poires n'étaient

(1) Confess., II, 3.
(2) Confess., II, 4.

ni fort belles ni fort agréables au goût. Nous nous en allâmes une troupe de méchants enfants, après avoir joué jusqu'à minuit, comme ce désordre n'est que trop commun, nous nous en allâmes, dis-je, secouer cet arbre pour en emporter tout ce qu'il y avait de fruits. Et nous nous en revînmes tout chargés de poires, non pour les manger, mais seulement pour les prendre, quand on les eût dû jeter aux pourceaux...

« O mon Dieu, voici mon cœur devant vous; voici mon cœur, dont il vous a plu avoir pitié lorsqu'il était au plus profond de l'abîme. Qu'il vous dise maintenant ce qu'il recherchait dans son action, ce qui le portait à se rendre coupable gratuitement et sans avoir aucun sujet de sa malice que sa malice même; car j'ai aimé cette malice, toute honteuse qu'elle était; j'ai aimé à me perdre; j'ai aimé mon péché, je ne dis pas seulement ce que je désirais d'avoir par le péché, mais le péché en soi, dans sa difformité naturelle (1).

» Il est certain que si j'eusse été seul, je n'eusse point commis ce larcin, puisque je n'étais point porté à le commettre par le désir d'avoir la chose que je dérobais, mais par le désir même de la dérober; et, à moins que d'être en compagnie, je n'eusse pris aucun plaisir à le faire et je ne l'eusse jamais fait. C'est ainsi qu'une amitié pernicieuse et coupable fait passer pour un jeu de voler le bien d'un homme, sans que d'ailleurs nous y soyons poussés, ni par la vengeance, puisqu'il ne nous a fait aucun mal, ni par le gain, puisqu'il ne nous en revient aucun avantage; mais seulement parce que l'on se dit l'un à l'autre : Allons, faisons, et que l'on a honte de n'avoir pas perdu toute honte (2). »

Vers la fin de l'an 370, il se rendit à Carthage pour y achever ses études. Il y trouva un ami précieux dans la personne de Romanien, le principal citoyen de cette ville. Celui-ci le fit loger chez lui, fournit à sa dépense et le dirigea dans sa conduite et ses études. Son maître de rhétorique se nommait Démocrate (3). Il tint bientôt le premier rang parmi ses condisciples, ce qui ne laissait pas que de lui donner de la présomption. Il fréquentait la société des jeunes gens les plus élégants de

(1) Confesseur.
(2) Confess., II, 9.
(3) Rhétorique, ch. 8.

Carthage, qui, sous le nom de Renverseurs (*Eversores*), qu'ils se donnaient entre eux, remplissaient la capitale de l'Afrique du bruit de leurs débauches et de leurs folies. Ils se plaisaient, entre autres, à entrer dans les salles des cours, à y troubler les leçons qui s'y donnaient, ainsi que l'ordre que les maîtres y avaient établi. Mais, bien qu'il fût de leur société, Augustin ne les suivait que de très-loin, par fausse honte plutôt que par goût, dans les excès qu'ils commettaient. La délicatesse native de son âme l'en éloignait, mais ne le préservait pas toutefois de la soif de l'emporter sur ses condisciples et de s'enorgueillir des succès qu'il obtenait. Un seul luttait contre lui : il se nommait Simplicius et était doué d'une mémoire prodigieuse.

Cette retenue, toute relative, n'était point telle cependant qu'il ne s'engageât de bonne heure dans une liaison impudique : son humilité lui a fait faire sur ce sujet des aveux d'une franchise extrême. Il fut, à la vérité, fidèle à cette liaison, tout illégitime qu'elle fût ; il y persévéra pendant quatorze ans (jusqu'en 385), et n'en forma point d'autre ni pendant ni depuis ; et, en se quittant à Milan, lui et la personne avec laquelle il s'était engagé ainsi, formèrent le vœu de vivre désormais dans la continence.

Il avait eu de cette personne un fils nommé Adéodat (*donné de Dieu*), qui naquit vers l'an 371. Cet enfant était doué de qualités excellentes, et son développement fut tellement prématuré que saint Augustin assure qu'à l'âge de quatorze ou quinze ans il était en état de soutenir avec avantage un entretien avec des hommes graves et instruits (1).

Quand Adéodat fut à l'adolescence, saint Augustin, quelques années après sa conversion, le fit assister à ses conférences. Il demanda un jour : « Quel est celui qui a Dieu en soi ? » Après que chacun eut répondu, et que le tour d'Adéodat, qui était le plus jeune de la compagnie, fut venu, il dit que c'était celui qui n'avait pas en soi l'esprit impur ; et, comme on le pria d'expliquer cette parole, il ajouta qu'il entendait que celui-là avait vraiment Dieu en lui, qui était chaste, qui regardait Dieu sans cesse et ne s'attachait qu'à lui.

Les œuvres de Saint-Augustin contiennent une foule de traces et de

(1) De la Brièveté de la Vie.

réminiscences d'Adéodat : le saint assure dans ses Confessions (1) que le livre *du Maître* est le fruit des entretiens qu'il eut avec son fils, et que tout ce qui est sous le nom de cet enfant, dans le dialogue, est de lui, quoiqu'il n'eût alors que seize ans. Il ajoute que la force et l'étendue de l'esprit d'Adéodat l'étonnèrent plusieurs fois. Il lui dédia son livre sur les Catégories, et le plaça parmi les interlocuteurs du dialogue sur la grandeur de l'âme, où il nous le fait connaître comme ayant une ardeur extrême pour connaître la vérité, non-seulement par les lumières de la révélation, mais encore par celles de l'intelligence. Aussi lui répète-t-il à plusieurs reprises qu'il est des choses qui sont au-dessus de la portée de notre raison, et que nous ne devons point rechercher avec tant de curiosité.

Il voulut qu'Adéodat reçût le baptême en même temps que lui, et méditait le projet de se retirer avec lui du monde, pour se consacrer exclusivement à Dieu, quand ce noble jeune homme lui fut enlevé par une mort prématurée.

Après avoir un peu anticipé sur la suite des événements, pour donner à la fois tout ce qui concerne Adéodat, nous revenons à l'époque où nous en sommes restés ci-dessus, c'est-à-dire à l'an 371. Augustin, qui avait alors dix-sept ans, perdit son père ; mais sa mère ne lui en fit pas moins poursuivre le cours de ses études. Romanien continuait d'ailleurs à lui accorder son appui.

Il étudiait principalement la rhétorique. « Dans le cours de cette étude, dit-il, et selon l'ordre que l'on suit pour apprendre cette science, j'étais arrivé à la lecture d'un livre de Cicéron, de cet orateur fameux dont, à la vérité, on a admiré plus la langue que le cœur. Cet ouvrage, qui porte le nom d'Hortensius et qui contient une exhortation à la philosophie, me toucha au point de changer mes affections et même les prières que je vous faisais, mon Dieu, et m'inspira des pensées et des désirs tout autres. Je commençai aussitôt à mépriser toutes les vaines espérances de la terre ; je brûlais d'un amour ardent et d'une passion incroyable d'acquérir cette sagesse immortelle, et j'avais déjà commencé à me lever et d'aller à vous ; car je ne lisais pas ce livre pour polir mon

(1) IX. 6.

style, selon les vues qu'avait ma mère en me faisant étudier, mais pour nourrir mon âme; et, m'occupant plus du sens que des termes, et de l'excellence du sujet qu'il traite que du choix des paroles, je demeurai persuadé de la doctrine qui y est enseignée. »

Il brûlait du désir de se détacher des choses terrestres afin de s'élever vers Dieu, sans se rendre toutefois un compte bien net du but de cet amour ardent qu'il ressentait pour la sagesse. Ce qui lui plaisait surtout dans le discours de Cicéron c'était que cet auteur l'exhortait puissamment à aimer, à rechercher, à embrasser non une secte particulière de philosophes, mais la sagesse même, quelle qu'elle pût être. Il en était tout ravi et tout embrasé; et la seule chose qui le refroidit un peu dans son ardeur pour ce livre, c'était qu'il n'y voyait point le nom de Jésus-Christ (1).

« Je résolus alors de lire l'Ecriture sainte, dit-il, pour connaître ce que c'était, et je reconnus par expérience et non par lumière que c'est un livre qui ne peut être pénétré par les superbes, ni entendu par les enfants; qui, paraissant bas dans l'entrée, se trouve fort élevé dans la suite, et dont la doctrine est voilée de mystères et de figures. Je n'étais pas capable d'entrer dans ses secrets si sublimes, non plus que de m'abaisser pour en goûter l'élocution simple et sans ornements : je n'en faisais pas alors le même jugement qu'aujourd'hui, et elle me semblait indigne d'être comparée à la majesté du style de Cicéron. Mon orgueil en méprisait la simplicité, et mes yeux n'étaient ni assez clairvoyants ni assez perçants pour en découvrir les beautés cachées. Il est vrai que, paraissant basse pour s'accommoder aux humbles et aux petits, elle s'élève à mesure qu'on avance; mais je dédaignais d'être petit, et la vanité, qui me tourmentait, me faisait croire que j'étais grand (2). »

Vers cette même époque, en cherchant à s'expliquer la redoutable question de l'origine du mal, il tomba dans l'hérésie des manichéens.

Les manichéens étaient une des nombreuses sectes que l'on désigne sous le nom générique de gnostiques, et qui étaient nées dès les premiers jours de la religion chrétienne. La délivrance de tout mal physi-

(1) Confess., III, 4.
(2) Confess., III, 5.

que et de tout mal moral, promise par l'Evangile à ceux qui auraient suivi jusqu'à la fin les voies du Christ, et mal interprétée par l'esprit subtil des peuples de la Grèce et de l'Orient, cette délivrance promise, disons-nous, devait soulever et entourer d'un vif intérêt la *question de l'origine du mal moral et physique*. Les solutions erronées qu'on en donna firent naître une foule d'hérésies, diverses dans la forme et le développement, mais ayant un fond commun, qui est de s'occuper du même problême et de le résoudre autrement que l'Église. Ces hérésies sont désignées sous le nom général des *gnostiques*.

De ces sectes, les unes, frappées principalement des éléments d'ordre, d'harmonies et de beauté qui éclatent dans la création, prétendaient avec raison que celle-ci était l'œuvre d'un Dieu unique, bienfaisant, tout-puissant, qui l'avait produite sans assistance ni opposition. Mais ils s'éloignent dès les premiers pas de la doctrine de l'Eglise; le monde, pour eux, n'a point été créé immédiatement de Dieu, mais il est le produit d'une série de créations hiérarchiques : le Dieu suprême, profond, insondable, règne avec le silence sur des hauteurs invisibles, ineffables, au sein d'une éternité absolue, du calme et de l'immobilité. Il enfanta dans le silence la raison et la vérité; celles-ci enfantèrent la parole (le verbe) et la vie (le monde); et la parole et la vie, l'homme et l'Eglise. Aussi ces derniers ne possèdent-ils qu'une révélation imparfaite de Dieu (1). C'est là ce que ces hérétiques appellent les quatre qualités. La parole et la vie, l'homme et l'Eglise ont été produits pour la gloire de leur Père; ils ont, à leur tour, voulu glorifier leur Père par leurs propres productions. Ainsi la parole et la vie ont donné naissance à dix éons (êtres) en cinq couples: et la vie, à six couples ou douze éons, afin que, de cette manière, réunis aux quatre qualités, ils accomplissent le nombre parfait, trente.

Ces étranges conceptions, mélange monstrueux de doctrines empruntées aux sources les plus diverses, forment le point de départ de l'une des deux grandes divisions de la secte des gnostiques, de celle que l'on désigne du nom de valentiniens, emprunté à celui de Valentin, sectaire du 1er siècle de l'Eglise.

(1) Voir saint Irénée, saint Epiphane, Origène et saint Clément d'Alexandrie.

L'autre espèce de gnostiques résolvait différemment le problème de l'origine du bien et du mal. Ceux-ci prétendaient qu'il y avait deux principes qui avaient présidé à la création du monde, et qui s'en disputaient perpétuellement le gouvernement. Cette espèce de gnostiques se subdivisait en plusieurs sectes, dont la principale est celle des manichéens.

Ceux-ci tiraient leur nom de Manès, leur chef, Perse d'origine, qui fonda sa doctrine du milieu à la fin du IIIe siècle.

A cette époque, les Perses, qui venaient de s'affranchir du joug des Parthes, s'ingéniaient à rétablir, sous la dynastie des Sassanides, qu'ils venaient de mettre à leur tête, les anciennes coutumes de leur pays, et notamment la religion de Zoroastre, qui avait été celle de leurs pères depuis Cyrus. La religion de Zoroastre avait les plus grandes relations avec celle que Manès s'efforça d'établir : comme celle-ci, elle admettait deux principes, l'un bon, Ormusd; l'autre méchant, Ahriman. Aussi les prédications de Manès furent-elles, dès l'abord, accueillies avec faveur en Perse. Mais ses partisans furent bientôt exposés à des persécutions, et lui-même dut s'enfuir vers l'Est; il osa néanmoins reparaître en Perse; il fut pris, et périt d'une mort violente. Le roi le fit, dit-on, écorcher vif.

Sa mort n'empêcha pas sa doctrine de se répandre et de s'avancer vers l'Occident.

Les manichéens voulaient être comptés au nombre des chrétiens, quoiqu'ils cumulassent les torts des schismatiques et ceux des hérétiques. Ils regardaient Manès comme l'apôtre de Jésus Christ, comme le Paraclet, comme l'organe de la révélation chrétienne. On ne peut, du reste, voir dans la doctrine de Manès que l'esquisse fort grossière d'une tentative faite pour expliquer les désordres apparents de ce monde. Ces désordres y sont expliqués par l'existence originelle de deux forces contradictoires, comme la lumière et les ténèbres, le bien et le mal, dont l'une s'appelle Dieu, et l'autre la matière. Le bon principe est supérieur au mauvais; mais il ne peut le détruire, ni même le dompter. Le bon principe est le théâtre et le principe de l'harmonie, de l'ordre et de la beauté; le mauvais, du désordre et de la laideur; toutes ses parties sont dans une lutte perpétuelle, et lui-même est en lutte éternelle avec le bon principe. Dans cette lutte, les deux principes se mêlent, se pénètrent pour mieux se saisir : de là résulte, dans le monde, le mélange du bien et du mal; c'est pourquoi encore il n'y a rien dans le monde qui soit parfaitement bien, ou entièrement mal; mais en toutes choses se trouve, à des degrés divers, le mélange de l'un et de l'autre de ces deux éléments.

Cependant le bien l'emporte en force sur le mal, et il porte en lui la certitude intime de la victoire future sur le mal; victoire à laquelle il marche résolument. Le méchant est comme le lion qui fond sur le troupeau du bon pasteur : celui-ci a creusé une fosse profonde, où il a placé un bouc; le lion avide de dévorer ce bouc, s'élance dans la fosse et y est pris dans un piége, où il périt, tandis que le berger retire son bouc, et le sauve, ainsi que tout son troupeau.

Dans sa lutte contre le bon principe, le mauvais principe lui a enlevé des parties qu'il a conquises, et dont il se propose de se faire des armes pour prolonger le combat avec de nouvelles chances de succès. Il les réunit en un corps consistant, et en forme l'homme. Mais, contrairement aux desseins qu'eut le prince des ténèbres en le créant ainsi, l'homme se tourne contre lui, et dirige toutes choses vers le bien. Il est vrai que son origine se trahit souvent en lui, et que le mauvais principe triomphe fréquemment dans ses œuvres; mais le repentir efface le péché, et l'homme se relève.

Il y a parmi les hommes deux classes : les élus et les disciples; les élus possèdent et pratiquent la doctrine de Manès; les disciples sont ceux qu'on instruit dans cette doctrine : ils peuvent observer tous les usages des autres religions; ils acquièrent du mérite par leur commerce avec les élus et par leur bienfaisance envers eux.

Les élus portent en eux la lumière et la font triompher sur les ténèbres. Mais, pour qu'elle luise en eux, ils doivent dompter leurs désirs sensuels et se soumettre à une vie austère, purement spirituelle. Leurs caractères sont au nombre de trois : la bouche, les mains et la poitrine : la bouche, c'est-à-dire que l'élu doit s'abstenir de toute mauvaise parole, ainsi que de tous les mets qui, tel que le vin et la viande, peuvent exciter les désirs sensuels; la poitrine, c'est-à-dire que l'élu doit s'abstenir du mariage; les mains, c'est-à-dire que l'élu doit non-seulement s'abstenir de toute atteinte à la vie des plantes ou à celle des animaux, mais de toute action absolument. La sainteté de l'élu consiste dans le repos absolu et dans la contemplation; l'action est une souillure, qui doit être expiée, après cette vie, par une part moins belle, lors de la transmigration des âmes. L'élu s'abandonne entièrement aux forces de la nature : il est tout passif ; il n'agit et ne pense pas même.

Les manichéens admettaient aussi la doctrine de la métempsycose ; d'après laquelle les âmes, après cette vie, subissent une série de migrations, et passent dans des corps et des situations plus ou moins nobles, selon qu'elles se sont perfectionnées ou souillées et corrompues dans la vie antérieure (1)

Augustin se laissa gagner par la secte de ces hérésiarques ; il quitta pour eux Cicéron, parce qu'ils professaient au fond, comme sa mère ; au moins sur quelques points et en apparence, la doctrine du Christ. Ils s'adressèrent d'ailleurs à son imagination exaltée par leurs démonstrations sensibles, et à son ardent amour de la science, en lui persuadant qu'une science profonde était le partage de leurs adeptes, et serait le sien s'il adhérait à leurs principes. Plein du sentiment amer de ses souillures, il fut aidé par eux à trouver une excuse à ses vices. Le manichéisme ne paraît point, du reste, avoir jamais jeté des racines bien fortes en lui. Il est vrai que ce ne fut que fort tard qu'il fut initié aux mystères de la doctrine, et que pendant plusieurs années il n'en connut et n'en adopta que certaines parties, ce qu'il y avait de plus saillant et de vulgaire ; savoir : les principes généraux du dualisme, tels qu'ils se manifestent dans la lutte de la chair avec l'esprit, dans l'homme pécheur ; et les représentations sensibles de la théorie des émanations et des dons, telle qu'elle a été exposée plus haut.

Son habileté dans la dilectique exerça sur lui, dans cette circonstance, une influence des plus fâcheuses. En lui apprenant à embarrasser ses adversaires dans un réseau de subtilités, elle lui procurait dans les discussions des avantages, qu'il attribuait ensuite à la bonté de la cause qu'il défendait, au lieu de les rapporter à sa supériorité. C'est ainsi qu'il engagea dans ses erreurs plusieurs personnes, et entre autres ses deux amis intimes, Alypius et Romanianus.

Ce fut avec une douleur profonde que sainte Monique apprit que son fils était tombé dans l'hérésie. Un sage et pieux évêque, touché des larmes amères qu'elle versait, et des ferventes prières qu'elle adressait au ciel pour en obtenir que son fils rentrât dans la bonne voie, lui dit pour

(1) V. le doct. H. Ritter, Hist. de la Philosoph. chrétienne, T. I, passim.

la consoler : « Allez, continuez de prier pour lui, car il est impossible qu'un fils pleuré avec tant de larmes périsse jamais. » Un songe qu'elle eut peu après acheva de lui rendre l'espérance : elle vit une personne qui lui dit de ne se mettre plus en peine de son fils, et de le considérer comme étant déjà au même lieu qu'elle. Elle en fit part à son fils, qui prétendit que ce songe signifiait qu'elle serait un jour du même avis que lui. « Cela ne peut-être, répondit-elle aussitôt ; car il ne m'a pas été dit en songe : *Considérez que vous êtes où il est* ; mais : *Considérez qu'il est où vous êtes.* » Cette repartie si prompte et si juste fit grand effet sur le jeune Augustin. Il n'en persévéra pas moins encore pendant neuf ans dans son hérésie.

Néanmoins les paroles de l'évêque et ce songe calmèrent sainte Monique ; elle souffrit que son fils mangeât de nouveau à sa table, ce qu'elle ne lui avait plus permis depuis sa chute. Il était revenu à Tagaste. Mais, au lieu de plaider au barreau, où ses études semblaient devoir le conduire naturellement, il se mit à enseigner la grammaire et la rhétorique, et le fit avec un grand succès.

« Je trompais les autres en public, dit plus tard le Saint en parlant de ce temps, par ces sciences qu'on nomme les belles-lettres ; et je les trompais en secret par le beau nom de religion. Mon orgueil agissait d'une part ; ma superstition, de l'autre, et ma vanité, en tout. Je brûlais d'un si grand désir pour la vaine gloire et pour les louanges populaires que je les recherchais jusque dans les applaudissements du théâtre, jusque dans les prix qu'on décerne à ceux qui réussissent dans un ouvrage d'esprit, jusque dans ces ambitieux combats que l'on livre pour des couronnes fragiles et périssables, jusque dans les niaiseries des spectacles et dans les dissolutions des voluptés. Cependant, pour me purifier de ces souillures, je portais des viandes à ceux que les manichéens appelaient saints et élus. Voilà les erreurs où j'étais plongé, voilà les actions ridicules que je faisais et que faisaient mes amis, qui n'étaient pas moins trompés que moi, et qui l'avaient été par moi. »

L'extrême douleur que lui causa la perte d'un de ses amis lui fit quitter Tagaste, et le ramena à Carthage. Il était mu aussi dans ce retour au sein de la capitale par un autre motif moins noble : c'était qu'il y trouvait un plus grand théâtre pour son enseignement, et plus de chances de se faire un nom. Romanianus continuait à pourvoir généreusement à ses besoins, et lui confia l'éducation de ses enfants. Il concourait parfois pour les prix que l'on décernait au théâtre pour les meilleurs ouvrages d'esprit. Un devin lui offrit un jour de lui faire gagner un prix, en immolant quelques animaux pour conjurer les démons. Mais Augustin lui fit répondre, avec un sentiment d'horreur, que, la couronne à conquérir fût-elle d'or et immortelle, il ne souffrirait pas que, pour la lui procurer, on fît mourir une mouche.

Il n'en remporta pas moins le prix de poésie.

Malgré son aversion pour la vaine science des magiciens, il ne laissait pas que d'ajouter foi à la science non moins vaine de l'astrologie. Les astrologues, que lon désignait alors sous le nom de mathématiciens, prétendaient que les influences des corps célestes étaient cause de nos péchés. Il y avait alors à Carthage un homme de grand esprit, très-savant et médecin très-renommé : c'était lui qui, de sa propre main et en qualité de proconsul, avait déposé sur la *tête si malade* d'Augustin la couronne qu'il avait remportée dans le combat de poésie. Ce fut pour lui une occasion de se mettre en relation avec ce respectable vieillard ; il trouvait un extrême plaisir à écouter ses discours, qui, sans être fort ornés, étaient graves et agréables par la beauté et la vivacité des pensées. Lorsque ce vieillard, qui se nommait Vindicien, apprit qu'Augustin était passionné pour les livres d'astrologie, il lui conseilla, avec une bonté paternelle, de les quitter, et de ne pas perdre à cette vaine étude des peines et un temps qu'il pourrait employer utilement. Il ajouta qu'il l'avait apprise autrefois, et qu'il l'avait quittée parce qu'il s'était bientôt aperçu que tout y était futile et sans aucun fondement (1). Ces discours ne guérirent point complètement Augustin de sa passion pour l'astrologie ; mais ils ne laissèrent pas cependant d'ébranler sa confiance, et une anecdote que lui raconta un de ses amis, nommé Firmin, acheva de lui ouvrir les yeux.

Le père de ce jeune homme était très-curieux d'astrologie, et surtout ne laissait pas échapper une occasion d'en appliquer les prétendus principes, en observant l'état du ciel chaque fois qu'il voulait entreprendre quelque chose, et qu'un enfant naissait dans sa maison. Il arriva, par une étonnante coïncidence, que sa femme et une esclave appartenant à l'un de ses amis donnèrent le jour, au même instant, chacune à un fils.

(1) Confess., IV, 3.

L'état astrologique du ciel était parfaitement le même pour les deux enfants; leur fortune, suivant les principes de l'astrologie, devait donc être identique. Cependant le fils de l'esclave subit toute sa vie la triste condition de sa mère, tandis que l'autre enfant devint riche et puissant, et jouit de tout le bonheur que l'on peut désirer sur cette terre.

Le récit de cette anecdote, qui lui fut fait par Firmin lui-même, détruisit dans l'esprit d'Augustin les derniers vestiges de sa foi en l'astrologie, et lui inspira une honte salutaire pour la faiblesse qu'il avait eue (1).

Cette croyance à l'astrologie était d'ailleurs fort répandue à cette époque; il y avait aussi des devins, qui partageaient avec les astrologues la faveur et la crédulité publiques. L'un de ceux-là, nommé Albicète, avait un succès prodigieux, soit qu'il fût très-heureux dans ses réponses, soit, comme saint Augustin le pense, qu'il fût inspiré de quelque démon (2). Il est vrai que ce qu'il rapporte de cet homme est on ne peut plus étrange.

C'est ainsi qu'il dit qu'ayant un jour perdu une cuiller, il le fit consulter pour savoir ce qu'elle était devenue. Albicète, à qui l'on avait caché le nom de la personne pour laquelle on le consultait, dit de suite quel était le propriétaire et quel était le voleur de la cuiller.

Un des jeunes gens qui suivaient les cours d'Augustin défia un jour Albicète de lui dire à quoi il pensait. Le divin, qui était d'une complète ignorance en littérature, répondit à l'écolier qu'il pensait à un vers de Virgile, et le lui récita sur-le-champ.

Quelqu'un lui envoya un jour une gratification par un esclave. Albicète, avant d'avoir vu l'argent, dit à l'esclave : On m'envoyait tant, mais tu en a volé telle partie, et tu ne voulais me remettre que le reste.

L'esclave, confondu, avoua sa faute, et la répara.

Un grand personnage, nommé Flaccien, proconsul d'Afrique, ayant l'intention d'acheter une terre, somma Albicète de deviner son dessein. Celui ci le satisfit à l'instant même, et dit même à Flaccien le nom de la terre, nom qui était tellement bizarre que Flaccien n'avait lui-même pu s'en souvenir qu'à peine.

Augustin avait vingt-six ou vingt-sept ans lorsqu'il composa ses pre-

(1) Confess., VII, 6.
(2) Académiques, I, 6 et 7.

miers ouvrages : ils roulaient sur la beauté considérée en elle-même et dans l'idée que nous nous en faisons, et sur la beauté dans ses rapports, en tant qu'elle résulte de l'harmonie et de la convenance. Mais ces ouvrages étaient déjà perdus au temps où saint Augustin écrivait ses confessions (397 après J.-C.), et il en avait un si faible souvenir qu'il ne savait plus s'ils étaient au nombre de deux ou de trois (1).

Nous avons vu que l'attachement d'Augustin pour l'hérésie manichéenne avait toujours été mêlé de beaucoup de réserve : le vide de son enseignement, qui de jour en jour lui apparaissait avec plus d'évidence, ainsi que les désordres et les scandales que commettaient non-seulement les *disciples* de cette doctrine, mais surtout les *élus*, qui étaient censés en être les saints, le dégoûtaient de plus en plus de cette secte (2).

L'un de ces manichéens, qui était fort riche et en même temps fort zélé, affligé de ces excès qui déconsidéraient la secte, était parvenu, non sans peine, à déterminer un certain nombre des plus célèbres *élus* de Rome, où il habitait, à se réunir dans sa maison, et à y vivre à ses dépens, en observant rigoureusement la règle que Manès avait prescrite à ses sectateurs. Mais cette société ne dura guère : fatigués de l'austérité de cette vie, ils se séparèrent brusquement. Cependant leur hôte, éclairé sur l'immoralité profonde de ses coréligionnaires et de ceux-là mêmes qu'il avait jusqu'alors considérés comme des saints, et qui, pendant leur séjour près de lui, l'avaient épouvanté par le cynisme de leur discours, éclairé enfin, disons-nous, quitta le manichéisme, et rentra au sein de l'Église (3).

Pour retenir Augustin dans leurs rangs, et en même temps pour calmer son impatience lorsqu'ils ne pouvaient répondre aux objections qu'il leur soulevait, les manichéens l'engagèrent à attendre que leur plus illustre docteur, nommé Fauste, fût arrivé, et lui promirent que cet homme le satisferait pleinement sur toutes les difficultés qu'il lui proposerait. Fauste vint enfin à Carthage, vers 383, et Augustin le vit (4).

(1) Confess, IV, 13.

(2) De Moribus Manichæorum, C. 19.

(3) De Moribus Manichæorum, C. 20.

(4) In faustum Manichæum, passim. — Confess., M, 5, 6, 7. — De Utilitate credendi. C. 3, 8.

C'était le fils d'un pauvre artisan de Milène en Numidie. Il avait embrassé la secte des manichéens, et était devenu un de leurs *élus*, et même de leurs évêques. Il se vantait d'avoir accompli à la lettre le précepte de l'Evangile, qui ordonne de quitter père, mère, femme, enfants, fortune, pour suivre le Sauveur. Mais tout cela n'était qu'apparent, et, en réalité, il vivait fort mollement. C'était, du reste, un homme d'un commerce agréable, instruit, spirituel, fort adroit; il joignait à ces avantages une certaine éloquence, qui se composait d'une grande facilité d'élocution, d'un style orné, et du talent de relever par le coloris et la grâce de l'expression les pensées les plus communes. Les manichéens en faisaient le plus grand cas : c'était l'aigle de leur secte; il leur avait acquis bon nombre de prosélytes, et ils comptaient sur son talent pour retenir Augustin, qu'ils voyaient avec douleur prêt à leur échapper. Fauste essaya d'abord de l'éblouir par de belles paroles; mais Augustin en mit la vanité à nu, et pressa son adversaire de lui offrir une nourriture plus solide. Fauste confessa alors son ignorance. Cette franchise plut à Augustin, et dès-lors, quittant avec lui le terrain de la controverse religieuse, où il n'espérait pas recevoir de lui de nouveaux éclaircissements, il ne l'entretint plus désormais que de choses profanes. L'unique résultat de cette conférence fut pour lui de le détacher définitivement du manichéisme; et, s'il ne rompit point encore ouvertement avec eux, il ne leur appartint plus de cœur; et, inquiet, agité, l'esprit en suspens, errant sur le sable mouvant du doute, il attendit qu'il trouvât une croyance qui remplaçât celle qui venait de s'évanouir en lui.

Peu après cette conférence, il quitta secrètement l'Afrique, sans même en informer Romanien, et s'embarqua pour l'Italie et pour Rome. Sa mère avait deviné son dessein, et s'y était vivement opposée; elle le suivit jusque sur le rivage pour l'en détourner, et il fut obligé d'user d'une feinte pour se dégager de ses sollicitations. Il lui dit qu'il ne se rendait sur le vaisseau que pour y faire ses adieux à un de ses amis qui partait pour Rome. Sainte Monique le crut, et revint le lendemain sur le rivage; mais son fils n'y était pas, et le vaisseau fuyait à l'horizon. Elle se plaignit amèrement, et ne laissa pas cependant que de recommander vivement Augustin à Dieu, pour qu'il eût soin de son âme, et ouvrît enfin à la lumière les yeux de ce fils chéri.

A peine fut-il débarqué qu'il tomba dangereusement malade. On désespéra de ses jours; il se refusait néanmoins à demander le baptême.

« Cependant, dit-il (1), ma fièvre redoublait toujours, et j'étais sur le point de mourir et de mourir pour l'éternité. Ma mère, qui ne savait pas l'état déplorable où j'étais réduit, priait pour moi en mon absence. Et vous, mon Dieu, qui êtes présent partout, l'écoutiez favorablement au lieu où elle était, et me faisiez miséricorde au lieu où j'étais, tirant mon corps d'une maladie si violente, lorsque mon âme était infiniment plus malade par son impiété et ses blasphèmes. Bien que je fusse dans un péril extrême, je ne demandais point le baptême, manifestant moins de piété à cet âge que je n'en avais alors qu'étant enfant je demandais à ma mère, pendant une grande maladie, qu'elle me fît baptiser. »

Quand il fut rétabli, il enseigna la rhétorique à Rome ; mais il n'y demeura que le temps nécessaire pour apprendre à connaître les fourberies des écoliers de Rome. Ils se réunissaient, et conspiraient ensemble pour ne point payer à leur maître le prix de son enseignement, et abandonnaient tout-à-coup sa classe pour se rendre dans celle d'un autre maître, en frustrant le premier du prix qui lui était dû (2).

Vers ce temps, les habitants de Milan écrivirent à Symmaque, gouverneur de Rome, et le prièrent de leur envoyer un professeur de rhétorique. qui devait être payé au compte de la ville. Augustin sollicita cet emploi, en se servant de l'inflence des manichéens, qui ne se doutaient pas plus que lui que ce voyage devait le dégager de leurs liens. Symmaque, cédant à cette influence, fit venir Augustin, et lui ordonna de faire une harangue, pour s'assurer qu'il était capable de remplir les fonctions auxquelles il aspirait. Il en fut satisfait, et envoya Augustin à Milan.

Dès que celui-ci y fut arrivé, il alla trouver saint Ambroise, qui était évêque de cette ville, et en même temps l'un des hommes les plus éminents de son siècle. Ce saint homme le reçut en père, et avec une charité digne d'un évêque (3).

« Aussitôt, dit saint Augustin, je commençai à l'aimer, non pas d'abord comme un maître de la vérité, puisque j'avais perdu entièrement l'espérance de pouvoir la trouver dans votre Eglise, mais comme une

(1) Confess., V. 9.
(2) Confess., V. 12.
(3) *Ibid.*, 13.

personne qui avait de l'affection pour moi. J'allais l'écouter avec grand soin lorsqu'il enseignait le peuple, non avec l'intention qui eût convenu à la circonstance, mais pour m'assurer si son éloquence répondait à sa réputation. Tout mon esprit était occupé à considérer les paroles, méprisant les choses, et n'y faisant nulle attention ; et je prenais grand plaisir à la douceur de ses discours, quoique, tout en étant plus vrais et plus savants que ceux de Fauste, ils ne fussent pas néanmoins remplis d'autant de charme et de grâce. Car, pour le sens, il n'y avait point lieu à comparaison : l'un s'égarait dans les chimères trompeuses des manichéens, et l'autre instruisait avec fruit les hommes, pour les conduire au salut. Mais ce salut est bien éloigné des pécheurs tels que je l'étais alors ; néanmoins je m'en approchais peu à peu, sans m'en douter (1). J'écoutais donc le saint évêque, sans me mettre en peine d'apprendre ce qu'il disait, mais seulement de la manière dont il le disait : cette vaine affection pour l'éloquence était en effet tout ce qui m'était resté, après avoir perdu toute espérance qu'un homme pût trouver un chemin pour aller jusqu'à vous. Néanmoins, comme les choses étaient inséparables des paroles, je ne pouvais empêcher les unes d'entrer ensemble et pêle-mêle avec les autres dans mon esprit. Et lorsque j'appliquais toute mon attention à bien remarquer l'éloquence de ses discours, j'en reconnaissais en même temps la force et la vérité ; ce qui cependant ne se sent que peu à peu et par degrés. D'abord il me sembla que ce qu'il disait pouvait se soutenir raisonnablement, et que j'avais eu tort de croire qu'on ne pouvait, sans témérité, défendre la foi catholique.

» J'employai tous mes efforts pour trouver des arguments capables de renverser ceux des manichéens ; et, si j'eusse pu me représenter dans mon esprit une substance spirituelle, toutes ces chimères se fussent évanouies; mais cela n'était pas encore en mon pouvoir.

» Je résolus donc d'abandonner les manichéens, et je tombai dans le doute le plus complet ; je ne voulais plus demeurer dans une secte dont la doctrine me paraissait moins probable que celle de beaucoup de philosophes, auxquels néanmoins j'étais très-loin d'avoir recours pour la

(1) Confess., V, 13.

guérison de mon âme, parce que je ne rencontrais dans leurs écrits aucune trace du nom et de la doctrine de Jésus-Christ (1). »

Tandis qu'Augustin était ainsi en proie à l'incertitude, sa mère bravait les dangers d'une longue navigation et d'un voyage par terre, et venait le visiter à Milan. Elle y apprit avec bonheur que sa confiance au manichéisme était tout-à-fait ébranlée; elle voyait dans cet événement le gage d'une prochaine et complète conversion et le commencement de la réalisation des promesses qui lui avaient été faites à cet égard. « Mais en même temps, dit saint Augustin, elle redoublait ses larmes et ses prières vers vous, mon Dieu, qui êtes la source des miséricordes, afin qu'il vous plût d'avancer votre secours et d'illuminer bientôt mes ténèbres. Elle allait à l'église avec plus de soin et de ferveur que jamais, ravie d'entendre votre serviteur Ambroise et de boire à cette fontaine de vérités évangéliques, dont les claires eaux rejaillissent jusqu'à la vie éternelle. »

Elle avait voulu continuer de pratiquer à Milan, comme on le faisait en Afrique, l'ancienne coutume d'honorer les tombeaux des martyrs et des saints, en y apportant des paniers pleins de viande et de vin qu'elle offrait à ces bienheureux, et qu'elle distribuait ensuite, après en avoir goûté, aux pauvres qui se trouvaient dans l'église et aux personnes qui l'avaient accompagnée ; mais saint Ambroise le lui défendit, à cause des abus qui étaient résultés de cette coutume, et qui l'avait fait généralement abolir. Sainte Monique s'empressa de se conformer aux ordres du prélat, se réservant de faire ailleurs ses aumônes aux pauvres, selon son pouvoir.

Augustin suivait aussi assidûment les sermons de saint Ambroise ; il y apprenait, avec surprise, combien étaient fausses toutes les imputations que les manichéens soulevaient contre le catholicisme, et qui l'en avaient le plus détourné. Il en était en effet de cette hérésie comme de toutes les autres : elle attribuait à la doctrine orthodoxe les croyances les plus étranges et les plus ridicules, et en éloignaient ainsi ceux qui n'avaient pas le pouvoir ou la volonté de s'assurer combien ces assertions étaient calomnieuses.

(1) Confess., V, 14.

Il fut chargé, vers ce temps, de prononcer un panégyrique en l'honneur de l'empereur. Tandis qu'il s'y préparait, il vit un jour, dans une rue de Milan, un pauvre un peu ivre, et qui se réjouissait et jouait. Cette vue le fit soupirer, et, se tournant vers un de ses amis qui l'accompagnait, il compara sa situation à celle de ce pauvre : que d'efforts lui faisait faire son ambition ! quelle charge pesante ne lui imposait-elle pas, pour n'arriver, en définitive, qu'à une joie aussi tranquille que celle dont ce pauvre jouissait devant eux, et qu'ils n'obtiendraient peut-être jamais ! Avec un peu d'argent, acquis par des aumônes, ce pauvre possédait pour quelques instants ce qu'Augustin cherchait « au prix de tant de travaux, de tours et de retours, savoir, la joie d'une félicité temporelle (1). »

La plupart des amis d'Augustin l'avaient suivi d'Afrique à Milan. Parmi ceux-ci se distinguaient surtout Alype et Nébride.

Alype, d'une des premières familles de Tagaste, avait été l'un des élèves d'Augustin. Plus tard il était devenu son ami, et leur affection mutuelle n'était égalée que par l'estime qu'ils professaient l'un pour l'autre. Alype était passionné pour les jeux du cirque; mais Augustin, par ses exhortations parvint à l'en guérir. Il alla à Rome pour y étudier le droit. Tandis qu'il était dans cette ville, une circonstance étrange transforma en un goût très-vif l'horreur qu'il avait jusqu'alors ressenti pour les combats de gladiateurs. Quelques-uns de ses amis, l'ayant rencontré après dîner, l'entraînèrent comme en se jouant, et malgré lui, et le menèrent à l'amphithâtre au temps de ces jeux de mort, quoiqu'il leur criât : « Si vous avez assez de force pour entraîner mon corps en ce lieu, en aurez-vous assez pour rendre, malgré moi, mes yeux et mon esprit attentifs à ces spectacles cruels? J'y assisterai sans y être et sans y rien voir, et je triompherai ainsi d'eux et de vous. » Ils ne l'en emmenèrent pas moins avec eux, voulant peut-être éprouver s'il aurait assez de pouvoir sur lui-même pour faire ce qu'il disait. Lorsqu'ils furent arrivés au lieu des jeux et qu'ils se furent placés le mieux qu'ils purent, ils trouvèrent tous les spectateurs dans l'ardeur de ces plaisirs sanglants. Alype ferma les yeux aussitôt, et défendit à son âme de prendre part à cette horrible fureur. Soudain il entendit un grand cri

(1) Confess., VI, 6.

que jetait tout le peuple, à propos d'un accident extraordinaire qui avait eu lieu dans un des combats de gladiateurs : se laissant emporter à la curiosité, et se flattant qu'il serait toujours maître de lui-même, Alype ouvrit les yeux, et, dit saint Augustin, son âme fut frappée aussitôt d'une plaie plus grande que ne l'était celle du gladiateur qui mourait en ce moment, et dont la chute avait excité cette clameur. Il n'eut pas plus tôt vu couler le sang qu'il devint cruel et sanguinaire; il ne détourna plus les yeux de ce spectacle, mais s'y arrêta, au contraire, avec ardeur : la passion du sang pénétra dans son âme et s'en empara ; il la recevait avec joie, comme il eût fait d'un breuvage délicieux.

Il devint spectateur comme les autres; il s'anima et jeta des cris comme eux, et il apporta de ce lieu une passion d'autant plus ardente qu'elle était plus nouvelle : il y revint désormais, et lui, qu'on y avait entraîné de force, entraîna les autres à son tour (1).

Ce même Alype avait été, quelques années auparavant, accusé injustement de vol. Un jour qu'il se promenait dans une des salles basses du palais de justice, à Carthage, il vit tout-à-coup s'enfuir précipitamment de cette salle un écolier qui tenait à la main une hache qu'il jeta pour fuir plus vite. Il avait coupé avec cet instrument des plombs qui ornaient le palais du côté de la rue des Changeurs. On avait entendu du dehors les coups de hache, et l'on approchait pour s'emparer de celui qui frappait ainsi, quand il en fut averti par la rumeur que faisaient ceux qui venaient pour le prendre. Il s'était donc empressé de se dérober à leurs recherches, et avait jeté sa hache, pour n'être pas reconnu. Alype, qui ignorait ce qui venait de se passer, la voyant à terre, la releva et la considéra quelques instants. Il est surpris dans cette position par ceux qui cherchaient le voleur. Ils se saisissent de lui, et l'entraînent comme un criminel vers le prétoire du juge. La foule les suivait, poussant des cris de colère contre celui qu'elle croyait être le voleur. Ils trouvèrent sur leur chemin l'architecte chargé de l'entretien du palais de justice : cet homme connaissait Alype pour l'avoir rencontré chez un sénateur; surpris de le voir en cette situation, il le prit à part et lui en

(1) Confess., VI, 8

demanda la cause. Quand il en fut informé, il commanda à l'escorte et à la populace de le suivre avec leur captif, et les conduisit devant le logement de celui qu'il soupçonnait d'être le véritable auteur du vol. Ils trouvèrent près de la porte de la maison un petit garçon qui était de la famille du voleur. L'architecte lui montra la hache, et lui demanda à qui elle était. « Elle est à nous, » répondit l'enfant. La foule et l'escorte, confuses, reconnurent alors leur erreur, et l'on arrêta le véritable voleur (1).

Augustin avait encore avec lui un autre de ses amis, nommé Nébride, qui avait quitté d'abord son pays, et ensuite Carthage, ses biens et sa mère même, pour suivre Augustin, et travailler avec lui à la recherche de la vérité et de la sagesse.

« Il soupirait comme moi, dit le Saint; il était dans l'irrésolution et le doute, cherchant avec passion la vie bienheureuse, et doué d'ailleurs d'une lumière et d'une vivacité d'esprit admirables pour pénétrer dans les questions les plus ardues. Ainsi nous étions trois amis ensemble, tous trois pauvres et misérables, gémissant l'un avec l'autre et déplorant notre misère, et vous présentant, mon Dieu, nos bouches ouvertes, dans la faim qui nous pressait, afin que vous daignassiez les remplir de la nourriture céleste, après laquelle nous soupirions (2). »

Ils vivaient ainsi tous trois au sein de l'irrésolution et du doute, ne sachant ni ce qu'ils devaient croire ni ce qu'ils devaient faire : ballottés, d'une part, entre le manichéisme, le catholicisme et même le scepticisme; et, d'autre part, tout aussi peu fixés sur le genre de vie qu'ils voulaient adopter : rentreraient-ils dans les voies de la chasteté? se marieraient-ils ou continueraient-ils à vivre dans le désordre, ainsi qu'ils le faisaient! telles étaient les questions qu'ils se posaient. Un jour ils formèrent, au nombre de dix, le projet de vivre en commun, de ne faire plus qu'une famille, où nul n'eût rien de propre, et où le bien de chacun fût à tous en général et à chacun en particulier. Parmi eux il y en avait de fort riches, surtout Romanien : nul

(1) Confess., VI. 9.
(2) *Ibid.*, 10.

n'avait pour cette proposition plus d'ardeur que celui-ci, ni plus d'autorité pour persuader les autres, d'autant plus qu'il était celui de tous qui avait le plus de biens.

Il fut décidé que chaque année deux membres de la société seraient chargés par les autres d'administrer, en qualité d'intendants, tout ce qui concernerait les recettes et les dépenses de la famille, tandis que les autres demeureraient dans un plein repos, sans se mêler d'aucune affaire. « Mais lorsque, dit saint Augustin, nous vînmes à nous demander si les femmes que quelques-uns d'entre nous avaient déjà et celle que je voulais épouser souscriraient à notre dessein, tout ce beau projet, que nous croyions si bien établi, s'évanouit et s'en alla en fumée (1). »

Cet état d'incertitude où se trouvaient Augustin et ses amis ne leur était point particulier : c'était le caractère général du siècle. Le IV$_e$ siècle est un temps de ferveur pour ceux qui sont réellement chrétiens ; mais tout le monde n'étaient point encore chrétien : beaucoup flottaient incertains entre toutes les doctrines qui se disputaient alors les esprits. Malgré la décadence rapide des lettres et des arts, il y a un mouvement intellectuel considérable mais un peu confus. Une lutte solennelle est engagée ; deux géants sont aux prises : le christianisme et le paganisme ; celui-ci usé, décrépit, mais vivant encore et s'efforçant de prolonger son existence ; celui-là, jeune, ardent, enthousiaste, s'avançant d'un pas ferme et avec une force irrésistible vers la conquête du monde, mais agité, troublé par mille sectes qui fourmillent dans son sein. L'état des esprits est donc des plus divers : les uns croient avec ferveur, et seraient prêts, si l'occasion s'en présentait de nouveau, de marcher au martyre ; d'autres doutent, hésitent, passent d'une croyance à l'autre, ou les confondent dans de monstrueux mélanges. C'est un chaos au sein duquel le vieux monde s'agite, en attendant les barbares que la Providence a convoqués, et qui approchent, pour venir renouveler la face de l'Europe et apporter l'Evangile des races jeunes, vigoureuses et pleines d'avenir, à la place du monde qui se dissout.

Une époque pareille convenait peu à des âmes telles que celle d'Au-

(1) Confess., VI, 14.

gustin : rien de grand ne se faisait alors dans le monde, en dehors de la religion; aucune carrière profane ne s'ouvrait alors devant les hommes qui se sentaient de la force et une noble ambition Sur cette pente rapide, qui entraînait l'empire romain vers sa chute, il n'y avait plus de place pour le génie et la gloire. Que pouvait faire une intelligence d'élite au sein de ce monde qui se mourait?

Il semble que ce dût être vers cette époque que se manifesta, pour la première fois, cette maladie de l'âme que l'antiquité païenne et toute matérialiste ne connut point, et dont l'apparition fut comme la révélation d'un sens nouveau dans l'homme : ce mal mystérieux, doux et amer tout à la fois, qu'aucune parole ne peut faire comprendre ; ce mal dont souffrent les âmes les plus délicates et les plus pures, les âmes qui soupirent au sein du plaisir, qui pleurent au sein de la joie, et pour lesquelles les biens d'ici-bas n'ont plus d'attrait, parce qu'elles en ont sondé le vide, qu'elles ont entrevu des horizons nouveaux, et qu'elles rêvent ce que le monde ne saurait leur donner, le bonheur dans l'idéal et l'infini.

Mais le religion rectifie tout : à ceux qui sont tourmentés de ce mal elle assigne un but dans la vie, elle trace la route par laquelle ils atteindront l'objet de leurs rêves, la terre des joies sans mélange, la vue et la possession sans fin et sans trouble de la source de tout bien, de Dieu. Le chrétien n'attend rien de ce monde : il ne s'y considère que comme en un lieu d'épreuve, que comme un voyageur qui passe, comme un captif qui traîne sa chaîne ; il ne supporte qu'avec impatience son enveloppe mortelle ; il a hâte de voir ses ailes, dégagées enfin du pesant fardeau de la vie, en deçà du tombeau, prendre leur essor vers la terre des élus.

De là, au IVe et au Ve siècle, ces hommes si forts, qui, fatigués du monde, se plongèrent dans la solitude, s'ensevelirent, pour ainsi dire, vivants dans le désert, afin d'anticiper, autant qu'il dépendait d'eux, sur les temps qu'ils appelaient de leurs vœux, et afin que, sans cesse en face d'eux-mêmes, ils n'eussent plus rien qui pût les distraire de leurs graves préoccupations, à leurs ardentes aspirations vers le bonheur suprême, de la contemplation perpétuelle de la cité de Dieu. Le monde, ne comprenant pas ces hommes, plaignait leur sort, tandis qu'eux, goûtant, dès cette vie, la paix céleste, suppliaient Dieu de les épargner, parce que, disaient-ils, leurs cœurs n'étaient pas assez forts pour supporter les délices dont il les inondait.

Avant la revélation de la doctrine chrétienne, les hommes, ne connaissant rien au-delà de ce monde, y bornaient leurs désirs. Mais le christianisme avait rompu cet équilibre en ouvrant à la pensée de l'homme des horizons nouveaux ; il avait fait naître en lui des désirs nouveaux pour des biens devant lesquels tous ceux de cette vie n'étaient que poussière et néant. On se prit dès-lors de dégoût pour ceux-ci : une mélancolie sainte et douce chez ceux qui croyaient, triste et amère chez ceux qui ne croyaient pas, s'empara des âmes d'élite. Ceux qui avaient la foi trouvèrent le remède à leur mal dans ce qui est le remède de tous les maux, la piété, la confiance en Dieu, la prière. Mais malheur à ceux qui ne croyaient pas! malheur à ceux qui, initiés aux doctrines chrétiennes, sans y croire cependant, s'obstinaient à marcher dans les vieilles ornières du passé, à en poursuivre les vains fantômes!

Comme une barque livrée à une tempête sans fin, leur âme, en proie à une sombre inquiétude, à des désirs vagues et insatiables, se tournait en vain de tous côtés, cherchant un port : partout ils ne trouvaient que des orages et des écueils, et pas un asile où ils pussent jeter l'ancre. En laissant pénétrer le doute dans leurs âmes, ils avaient, pour ainsi dire, vidé pour eux le ciel, ôté son charme à la nature et son sens à la vie. Ils avaient allumé dans leur âme malade la soif d'une vie réelle, de biens réels, et ils ne trouvaient autour d'eux que déception et néant.

Telle était la situation d'Augustin et de ses amis avant leur conversion. Leurs intelligences d'élite avaient soif de vérité et de bonheur, mais elles s'étaient détournées de l'unique source de la vérité et du bonheur. Aussi souffraient-elles ; les premiers livres des Confessions ne sont autre chose que le récit de cette souffrance, que la plainte que le souvenir en arrache à sainte Augustin. Arrivé au port, il se complaît à jeter un regard mélancolique sur son passé ; il se le retrace à lui-même avec des regrets amers, avec des pleurs de repentir, en gémissant non-seulement sur les fautes qu'il a commises, mais avant tout sur les années qu'il a perdues à chercher sa voie, tout en s'obstinant, aveugle qu'il était, à la méconnaître alors qu'elle s'ouvrait devant lui.

Ses amis se trouvaient tous dans la même situation ; l'influence presque souveraine qu'il exerçait sur eux faisait qu'ils passaient par toutes les phases de son âme, qu'ils subissaient le contre-coup de toutes les révolutions de sa pensée. Sceptiques, manichéens et enfin chrétiens avec lui, ils suivaient avec confiance sa voie, quelle qu'elle fût, et s'inclinaient sans murmurer devant la supériorité de son génie.

Parmi ces amis était (ce qui peut donner la mesure de l'ascendant qu'exerçait saint Augustin sur tout ce qui approchait de lui) un homme riche et puissant, plus âgé que lui, grand ami de son père, et qui fut le protecteur et le soutien de sa jeunesse. Il l'aida de sa fortune, de son crédit, de son affection surtout; il l'aida, non point avec cette hauteur qui veut rappeler sans cesse à l'obligé la distance qui le sépare de celui qui lui a rendu service, mais avec noblesse; il fut le premier à entourer Augustin de sa considération et de son estime, à proclamer ses talents. « Cette façon de traiter un jeune homme, dit M. de Saint-Marc-Girardin, et de le mettre de bonne heure sur le pied d'homme distingué et fait pour être aux premiers rangs, est le plus grand appui qu'on puisse lui donner; car l'estime est la protection la plus délicate et la plus efficace en même temps, surtout dans les sociétés polies et raffinées, où les rangs se déterminent encore plus par les égards que par les titres. »

« C'est vous qui, dit saint Augustin à Romanien en lui rappelant ses premières années, c'est vous qui, alors que je n'étais qu'un pauvre petit jeune homme, allant étudier loin de ma ville natale, m'accueillîtes et dans votre maison, et au sein de votre abondance, et, ce qui est bien plus, dans votre cœur; c'est vous qui, lorsque je fus privé de mon père, m'avez consolé par votre amitié, m'avez encouragé par vos exhortations, m'avez aidé par votre fortune; c'est vous qui, par votre faveur, par votre familiarité, en m'ouvrant votre maison, m'avez fait, dans notre municipe lui-même, presque illustre et l'un des principaux comme vous (1). »

Romanien était un homme heureux et puissant de son temps, et saint Augustin fait, à ce propos, le portrait de ce qu'était un tel homme au IVe siècle.

L'homme influent, au IVe siècle, était celui qui donnait au peuple des combats de bêtes féroces, surtout s'il inventait quelque nouveau genre de combats, ou s'il faisait paraître quelque animal qu'on n'eût point encore vu. Alors les cris, les applaudissements, l'enthousiasme, éclataient quand il entrait au théâtre. L'homme influent avait une inscription en son

(1) Contra Academicos, II, 7.

honneur, gravée sur le bronze, et qui lui avait été votée par sa cité, comme à son patron. Souvent les cités voisines s'associaient à ce témoignage, à condition de partager ses faveurs. Il avait sa statue sur la place publique. Souvent la cour ajoutait à ces honneurs un titre de *perfectissimus* ou même de *clarissimus*, et alors il devenait le roi et l'empereur de sa cité. Il avait table ouverte ; à cette table, sans cesse renouvelée, la foule trouvait une nourriture abondante, et ses amis une chair exquise et recherchée. Le soir, après le repas, des acteurs particuliers venaient jouer la comédie dans ses salons. Il avait plusieurs maisons, toutes bâties avec goût ; des habitations avec des parcs et des jardins délicieux dans les environs de la ville, et des bains au bord de la mer, où éclataient le marbre et le bronze. Il était joueur, mais joueur honnête et surtout prodigue ; il était grand chasseur, hôte magnifique ; il avait de nombreux clients, et personne n'osait se faire son ennemi ; partout enfin, dans sa ville, dans sa province, à Rome même, on parlait de lui comme du plus généreux, du plus élégant et du plus distingué des hommes.

Voilà quel était, au IVe siècle, l'homme influent, voilà quel était Romanien (1).

Déjà sur la pente de sa conversion, et prêt à en atteindre le sommet, tourmenté cependant et retenu encore dans les liens d'une passion charnelle, Augustin résolut d'aller consulter un vieillard vénérable, nommé Simplicien. Il s'y était préparé par la lecture de l'Ecriture sainte, et surtout par celle de saint Paul, et cette lecture avait apporté en lui des fruits excellents. « Elle répandit, dit-il, dans mon âme une lumière qui me fit voir la philosophie d'une beauté si charmante que, si j'eusse pu la faire apercevoir, je ne dis pas à vous, Romanien, qui avez toujours brûlé d'ardeur pour la philosophie, mais à celui-là même qui vous tourmente par le procès qu'il vous invente, il quitterait ses jardins, ses palais, ses festins pour courir après cette beauté avec des admirations, des ardeurs violentes : il n'y courrait pas, il y volerait (2). »

(1) Contra Academicos, I, 2.

(2) *Ibid.*, II, 2.

Simplicien était le père spirituel de saint Ambroise, c'est-à-dire qu'il l'avait baptisé, et ce grand prélat l'aimait et l'honorait véritablement comme un père. Augustin lui raconta les égarements et les agitations de son âme. Il lui dit ensuite qu'il avait lu les ouvrages des Platoniciens, que Victorin, professeur de rhétorique à Rome, avait traduits. Simplicien le félicita beaucoup d'avoir préféré la lecture de ces philosophes spiritualistes aux ouvrages de ceux qui croyaient que l'âme est matérielle comme le corps; et, pour l'exhorter d'une manière plus efficace, et par un illustre exemple, à entrer enfin dans les voies de la vérité chrétienne, il lui raconta comme ce saint vieillard Victorin, qui excellait dans les belles-lettres, qui avait lu tant de livres de philosophie, qui en avait porté des jugements si solides, et les avait éclaircis par les lumières de son esprit, qui était le maître fameux de tant de sénateurs illustres, et, par la réputation que son enseignement lui avait acquise, avait mérité le suprême honneur auquel il pût aspirer ici-bas, qu'on lui élevât une statue sur la place principale de Rome; il lui raconta, disons-nous, comment, après avoir adoré les idoles et participé à ces mystères sacriléges pour lesquels, à la réserve d'un très-petit nombre de personnes, toute la noblesse et tout le peuple de Rome avaient alors une passion si vive qu'ils mettaient au nombre des dieux l'aboyeur Anubis, Victorin n'avait point eu de honte, dans sa vieillesse, de s'assujettir, comme un enfant, à la discipline de Jésus-Christ, d'être lavé dans les eaux salutaires du baptême, de soumettre sa tête altière à l'humble joug de l'Evangile, et d'abaisser son front superbe sous les opprobres de la croix (1).

Victorin lisait avec attention la sainte Ecriture et tous les livres des chrétiens, et s'efforçait, avec un soin extrême, d'en pénétrer l'intelligence. Un jour il vint dire à Simplicien, non, à la vérité, devant le monde, mais en particulier et comme à un ami :

— Sachez maintenant que je suis chrétien.

Mais Simplicien lui répondit :

— Je n'en croirai rien, et ne vous considèrerai comme chrétien que lorsque je vous verrai fréquenter l'église de Jésus-Christ.

(1) Confess., VIII, 2.

Victorin se moquait de cette réponse.

— Sont-ce les murailles qui font les chrétiens? disait-il.

Il craignait en effet de déplaire à ses amis, qui étaient païens, et de plus très-influents et en position de lui nuire, s'il encourait leur disgrâce.

« Mais lorsque, ajoute saint Augustin, en lisant et en priant avec ardeur, il se fut rendu plus fort dans la foi, il redouta que Jésus-Christ ne le désavouât en présence de ses saints et de ses anges s'il craignait de le confesser à la vue des hommes, lui qui n'avait pas rougi de révérer publiquement les mystères d'Anubis. Saisi ainsi d'une sainte honte de trahir la vérité, il dit tout-à-coup à Simplicien, au moment où celui-ci y pensait le moins :

— Allons à l'église, car je veux être chrétien.

» Et Simplicien, transporté de joie, l'y accompagna sur l'heure même, et aussitôt qu'il l'eut instruit des principes de notre religion, il donna son nom pour être inscrit avec ceux des personnes qui devaient être régénérées dans l'eau salutaire du baptême. Rome fut remplie d'étonnement, et l'Eglise de joie.

» Lorsque fut venue l'heure de faire la profession de foi que ceux qui doivent être baptisés ont coutume de faire, à Rome, dans certains termes qu'ils apprennent par cœur, et qu'ils récitent d'un lieu élevé, en présence de tous les fidèles, les prêtres proposèrent à Victorin de faire cette action en secret, ainsi que l'on avait coutume de le faire à ceux que l'on jugeait pouvoir être empêchés par une pudeur ou par une timidité excessive. Mais il préféra accomplir cet acte en public, et certes avec grande raison ; car, s'il n'avait pas craint d'enseigner publiquement l'éloquence, dont il ne pouvait tirer aucun fruit pour son âme, ni d'avoir une troupe d'insensés pour témoins de ses discours et de ses paroles, à combien plus forte raison devait-il faire une profession publique de la religion salutaire qu'il embrassait, et ne pas craindre les humbles enfants de l'Eglise lorsqu'il prononcerait la parole de Dieu !

» Lors donc qu'il fut monté au pupitre pour faire sa profession de foi, tous ceux qui le connaissaient, et c'était toute l'assistance, commencèrent à le nommer avec un bruit confus de réjouissance : on entendit le nom de Victorin sortir comme une voix sourde, mais joyeuse, de la bouche de tous les assistants. Il récita le symbole avec une assurance merveilleuse. Tous les fidèles qui étaient présents eussent voulu comme l'enlever pour le mettre dans le fond de leur cœur, et ils l'enlevaient en effet en l'aimant et en se réjouissant de la grâce si particulière que Dieu lui faisait. Leur joie et leur amour étaient comme les deux mains, avec lesquelles ils l'embrassaient et l'emportaient, en quelque sorte, dans eux-mêmes, par une douce et sainte violence (1). »

« Tandis que Simplicien, votre serviteur, mon Dieu, faisait ce récit, je me sentais touché d'un ardent désir de l'imiter : aussi était-ce là le dessein qui l'avait porté à me le faire. Et lorsqu'il ajouta que, l'empereur Julien ayant publié un édit par lequel il défendait aux chrétiens d'enseigner les lettres humaines, et particulièrement la rhétorique, Victorin se soumit à cette loi, et aima mieux abandonner la profession de parler en public que de manquer de fidélité à votre parole éternelle, qui rend les langues des enfants éloquentes, il me sembla que, s'étant montré si généreux à cette rencontre, il n'aurait pas, d'autre part, été moins heureux d'avoir trouvé une occasion si favorable de ne travailler plus désormais que pour un seul (2). »

Augustin aussi soupirait après cette liberté de ne penser plus qu'à Dieu; mais il se sentait encore attaché, non par des fers étrangers, mais par sa propre volonté, qui, dit-il, était « plus dure que le fer. » Il n'avait plus alors l'excuse qui lui faisait croire auparavant que l'incertitude où il était à l'égard de la vérité était ce qui l'empêchait de renoncer à tous les intérêts du monde pour ne penser qu'à servir Dieu. Il avait alors une connaissance complète de la doctrine chrétienne; mais il n'avait pas encore le courage de secouer le fardeau du siècle; il se complaisait même à le porter; et les efforts qu'il faisait pour s'élever vers Dieu étaient semblables à ceux d'un homme qui, désirant s'éveiller, sent cependant le sommeil l'emporter sur lui, et retombe dans l'assoupissement.

Un jour un homme de distinction, de l'Afrique, nommé Patitien, et qui était en grand crédit à la cour de l'empereur, vint trouver Alype et Augustin. Ayant aperçu un livre qui était devant eux sur un damier, il le prit, et, l'ayant ouvert, il fut surpris de voir que c'étaient les Epi-

(1) Confess., VIII, 2.
(2) Confess., VIII, 5.

tres de saint Paul ; il s'attendait en effet à trouver un livre de la profession d'Augustin. Il le regarda et sourit en signe de joie : car il était chrétien et fort pieux. Augustin lui ayant avoué qu'il s'occupait avec un très-grand soin de cette lecture, Patitien lui parla d'Antoine, solitaire de la Thébaïde, dont le nom, quelque célèbre qu'il fut déjà, n'était point parvenu aux oreilles du jeune professeur de rhétorique de Milan. Etonné de cette ignorance, Patitien entra dans de grands détails sur la multitude des monastères qui avaient peuplé les déserts de la Thébaïde, sur la sainte manière de vivre des anachorètes, et sur toutes ces circonstances si interressantes et si nouvelles pour Augustin et son ami, qui non-seulement n'en étaient nullement informés, mais qui ignoraient même que, hors des murs de Milan, il y avait une maison pleine de solitaires très-vertueux, qui étaient nourris par saint Ambroise.

Patitien ajouta ensuite que, un jour que l'empereur était à Trèves, et qu'il s'occupait, après dîner, à regarder les jeux qui se faisaient dans le cirque, lui, Patitien, et trois de ses amis allèrent pour se divertir dans des jardins qui étaient près de la ville ; ils se mirent à se promener deux par deux, et tandis que Patitien et son compagnon allaient d'un côté, les deux autres, allant d'un autre côté, entrèrent dans une maison religieuse. Quelques serviteurs de Dieu, pauvres et ignorants, s'y livraient en commun à des exercices de piété. L'un des deux seigneurs, y trouvant sous la main un livre, le prit, et l'ayant ouvert, vit qu'il contenait la vie de saint Antoine. « Il commença à le lire, à l'admirer, à s'échauffer, à méditer en soi-même d'embrasser une pareille vie, de quitter le service de l'empereur, et de ne servir que vous seul, ô mon Dieu. Puis, s'étant senti rempli soudain d'un grand amour divin et d'une sainte confusion, il entra en colère contre lui-même, et, jetant les yeux sur son ami, il lui dit :

— Quel est donc, je vous prie, le but de tant de travaux et de peines? Que cherchons-nous? Où doit nous mener l'exercice de nos charges? Pouvons-nous arriver plus loin, à la cour, qu'à nous faire aimer de l'empereur? Et en cela même qu'y a-t-il d'assuré, et qui ne soit sujet à une foule de chances fâcheuses? Bien plus, y arriverons-nous jamais? tandis que, si je le veux, je puis, dès cette heure, me rendre agréable à Dieu.

» Je vous déclare donc que je renonce pour jamais à toutes nos espérances, et que j'ai résolu de servir Dieu, et de commencer dès ce moment et en ce lieu même, sans aller plus loin : si vous ne voulez me suivre dans ma retraite, au moins n'y faites point obstacle. »

Mais son compagnon était loin de vouloir l'abandonner dans une entreprise aussi sainte. Tous deux étaient fiancés : les jeunes filles qu'ils devaient épouser imitèrent leur résolution, et se consacrèrent à Dieu.

« Voilà, dit saint Augustin, ce que Patitien nous raconta. Mais vous, Seigneur, pendant qu'il me parlait ainsi, vous me rameniez à moi-même. Et parce que j'avais pris plaisir à m'aveugler, et que j'avais comme mis un bandeau sur mes yeux pour ne point voir, vous me retiriez de cet aveuglement volontaire, et m'exposiez à ma propre vue, afin que je visse combien j'étais laid et difforme. Je le vis et j'en eus horreur... Ainsi, tandis que Patitien nous parlait, je sentais mon cœur se déchirer, et j'étais rempli d'une horrible confusion. Quand il fut parti, je rentrai en moi-même. Que ne me dis-je point contre moi-même! De quels aiguillons n'excitai-je point mon âme! Et néanmoins elle résistait. Elle résistait, et elle ne s'excusait point. Tous ses arguments étaient renversés. Elle n'avait plus de raison à m'alléguer. Il ne lui restait qu'une crainte muette : elle redoutait comme la mort de voir arrêter le cours de ses longues et vicieuses habitudes, qui, en la consumant peu à peu, la faisaient mourir.

« Dans cette lutte violente de l'homme intérieur, dans ce combat que je livrais hardiment à mon cœur, le visage troublé, je saisis Alipe et m'écriai : Où sommes-nous? Qu'est-ce que cela? Que viens-tu d'entendre? Les ignorants se hâtent et ravissent le ciel, et nous, avec nos sciences sans cœur, nous nous roulons dans la chair et le sang. Parce qu'ils nous ont précédés, est-il honteux de les suivre? N'est-il pas plus honteux de n'avoir pas même la force de suivre?

» Je dis encore je ne sais quelles choses semblables, et je m'élançai loin d'Alype, dans ce mouvement impétueux, tandis qu'il se taisait, me regardant avec surprise; car ce n'était pas ma voix ordinaire. Mon visage, mes yeux, l'accent de ma voix, exprimaient mon âme au-delà de mes paroles.

» Il y avait, dans notre demeure, un petit jardin à notre usage, comme la maison; car le maître de cette maison n'y logeait pas. L'agitation de mon âme m'emporta vers ce lieu, où personne ne pourrait interrompre ce débat violent que j'avais commencé avec moi-même, et dont vous saviez, ô Dieu! l'issue que j'ignorais.

» Je m'avançai donc dans ce jardin, et Alype me suivait pas à pas. Moi, je ne m'étais pas cru seul avec moi-même, tandis qu'il était là; et lui, pouvait-il m'abandonner dans le trouble où il me voyait? Nous nous assîmes dans l'endroit le plus éloigné de la maison; je frémissais dans mon âme, et je m'indignais de l'indignation la plus violente contre ma lenteur à fuir dans cette vie nouvelle, dont j'étais convenu avec Dieu, et où tout mon être me criait qu'il fallait entrer.

» Telles étaient les faiblesses et les tourments dans lesquels j'étais. Je m'accusais moi-même beaucoup plus aigrement qu'à l'ordinaire, et je me tournais et me roulais dans mes liens, jusqu'à ce que j'en fusse dégagé tout-à-fait, et que les moindres anneaux de cette chaîne, auxquels je tenais un peu, fussent rompus. Vous me pressiez, mon Dieu, dans le fond de mon cœur, par une sévère miséricorde, et vous redoubliez les sentiments de ma confusion et de ma crainte, dont vous vous serviez comme d'aiguillons pour m'aider à sortir de cette malheureuse négligence, en me faisant voir, d'un côté, qu'il était honteux d'y demeurer, et en me faisant craindre, de l'autre, que, si je n'achevais de rompre ce qui restait de ma chaîne, elle ne se renouât et ne m'attachât plus fortement que jamais.

» Je me disais en moi-même, dans le plus profond de mon âme: Ne différons pas davantage; convertissons-nous tout-à-l'heure; et, par ces paroles, je m'avançais dans l'exécution de mon dessein. Je l'accomplissais presque, et néanmoins je ne l'accomplissais pas.

» Les folles vanités, qui étaient mes anciennes amies, me retenaient et me tiraient comme par la robe de ma chair, me disant d'une voix basse:

— Voulez-vous nous abandonner?

» Je ne les entendais toutefois qu'à demi, non comme s'opposant hardiment à moi, mais comme parlant entre leurs dents derrière moi. Ainsi, quoiqu'elles ne pussent m'arrêter, elles ne laissaient pas que de me retarder et de me rendre plus lent à secouer et à rompre entièrement ces chaînes qui m'attachaient encore à elles, pour passer avec vitesse où votre grâce m'appelait. Car cette violente habitude me disait: Pensez-vous pouvoir vivre sans elles?

» Après qu'une profonde méditation eut tiré des plus secrets replis de mon âme et exposé à la vue de mon esprit toutes mes misères et tous mes égarements, je sentis s'élever dans mon cœur une grande tempête, qui fut suivie d'une pluie de larmes; et, afin de pouvoir la verser tout entière avec les gémissements dont elle était accompagnée, je me levai et me séparai d'Alype, pensant que la solitude serait plus favorable pour pleurer à mon aise, et je me retirai assez loin à l'écart, afin de n'être point troublé. Il comprit ma situation. J'avais dit seulement quelque chose où le son de ma voix semblait déjà appesanti par mes pleurs; il s'était levé, et il resta près du lieu où nous avions été assis; il était immobile de stupeur. Moi, je me jetai à terre sous un figuier, je ne sais pourquoi, et je donnai libre cours à mes larmes; elles jaillissaient à grands flots; comme une offrande agréable pour toi, ô mon Dieu! et je t'adressais mille choses, non pas avec ces paroles, mais dans ce sens : O Seigneur! jusqu'à quand t'irriteras-tu contre moi? Ne te souviens plus de mes anciennes iniquités. Car je sentais qu'elles me retenaient encore. Je laissais échapper ces mots dignes de pitié : Quand? quel jour? Demain? après-demain? Pourquoi pas encore? pourquoi cette heure n'est-elle pas la fin de ma honte?

« Je me disais ces choses, et je pleurais avec amertume dans la contrition de mon cœur. Voilà que j'entends sortir d'une maison une voix, comme celle d'un enfant ou d'une jeune fille, qui chantait et répétait en refrain ces mots :

« Prends, lis; prends, lis. »

» Changeant aussitôt de visage, je me mis à chercher avec la plus grande attention si les enfants, dans quelques-uns de leurs jeux, faisaient usage d'un refrain semblable; je ne me souvins pas de l'avoir jamais entendu. J'arrêtai mes larmes et me levai, ne voyant là qu'un ordre du ciel, qui m'était donné, d'ouvrir un livre et de lire le premier chapitre que je trouverais.

» J'avais entendu dire d'Antoine qu'il avait été averti par une lecture de l'Evangile, au milieu de laquelle il était survenu tout providentiellement, prenant pour lui les paroles qu'on lisait :

« *Va, vends tout ce que tu possèdes, donne-le aux pauvres, et tu auras un trésor dans les cieux.*

» Cet oracle, ô mon Dieu, l'avait sur-le-champ tourné vers toi.

» Ainsi je revins à grands pas au lieu où était assis Alype, car j'y avais laissé le livre de l'apôtre lorsque je m'étais levé. Je le pris, je l'ouvris, et je lus en silence le premier chapitre où tombèrent mes yeux :

« *Ne vivez pas dans les festins, dans l'ivresse, dans les plaisirs et les impudicités, dans la jalousie et la dispute; mais revêtez-vous de Jésus-Christ, et n'ayez pas de prévoyance pour le corps au gré de vos sensualités.* »

» Je ne voulus pas lire au-delà, et il n'en était pas besoin. Aussitôt, en effet, que j'eus achevé cette pensée, comme si une lumière de sécurité se fût répandue sur mon cœur, les ténèbres du doute disparurent.

» Alors, ayant marqué le passage du doigt ou par quelque autre signe, je fermai le livre et le fis voir à Alype (1). Vous agissiez en même temps dans son cœur. Il désira voir ce que j'avais lu : je le lui montrai, et il lut ce passage, et ce qui suit, à quoi je n'avais pas pris garde : « *Assistez celui qui est faible dans la foi.* » Il prit ces paroles pour lui, et me le déclara aussitôt. Il se sentit fortifié par cette exhortation du Saint-Esprit, et, sans hésiter ni retarder, il se joignit à moi par une bonne et sainte résolution. »

Ils allèrent sans tarder annoncer en détail leur heureuse conversion à sainte Monique, mère d'Augustin : ils n'eussent pu lui porter une autre nouvelle qui lui eût causé autant de joie que celle de la conversion de son fils.

Cette conversion a d'ailleurs paru à l'Eglise un événement si considérable, tant parce qu'elle y a vu un miracle de la grâce qu'à cause des

(1) Voir Confess., VIII, 6—12. M. Villemain, à la plume élégante de qui a été empruntée la traduction d'une partie du morceau précédent, fait sur ce récit les réflexions suivantes, aussi justes que bien dites : « Augustin retrace toute cette tragédie avec une profondeur et une naïveté d'émotion bien rares dans l'antiquité. Nulle part on ne voit mieux ce caractère de réflexion et de tristesse que le culte chrétien développait dans l'homme. Il semble qu'on n'avait jamais ainsi raconté l'histoire anecdotique de l'âme, en surprenant ses plus vagues désirs, ses plus furtives émotions.

grands avantages qu'elle a tirés de la gloire et des ouvrages de saint Augustin, qu'elle a cru devoir en célébrer le jour, honneur qu'elle n'a accordé qu'à ce Père et à l'apôtre saint Paul. La fête de la conversion de saint Augustin fût fixée au 5 mai. On n'est pas très-bien fixé sur la date précise de cet événement ; on sait seulement, par la comparaison d'un certain nombre de passages des œuvres du saint, que sa conversion eut lieu vingt jours avant les vendanges, l'année 386 ou 387 (1).

Ce pieux élan, cette éloquente extase qui animèrent Augustin dans l'acte de sa conversion, expliquent assez quelle force d'imagination il devait porter dans sa foi nouvelle ; cependant il montra beaucoup de calme pour exécuter son projet de quitter le monde : quoique souffrant de la poitrine, il attendit les vacances de l'école de Milan, et alors ayant averti les principaux citoyens de lui chercher un successeur, il se retira dans une maison de campagne avec sa mère, son fils Adéodat, son frère Navige, Lastidien et Rustique, ses amis Alype et Nébride, et deux jeunes élèves, Trigèce et Licent, dont il voulait surveiller les études. La méditation, la promenade et les entretiens de philosophie religieuse occupaient cette petite société (2). Un des amis de saint Augustin, nommé Véréconde, avait mis à sa disposition une de ses maisons de campagne, qui portait le nom de Cassiaque, et était située dans une vallée au pied des Alpes. Ce fut là qu'il se retira. Il fit connaître sa résolution à saint Ambroise, et lui demanda des conseils pour la direction de sa conduite à venir et de ses études. Le vénérable pontife, ravi de cette bonne nouvelle, l'en félicita vivement ; il l'engagea de s'adonner à l'étude attentive de l'Ecriture sainte, et particulièrement à celle du prophète Isaïe. Augustin suivit ce conseil ; mais il crut s'apercevoir que son âme n'était pas encore mûre pour la lecture du plus sublime des prophètes, et il l'ajourna jusqu'au jour où il s'y serait préparé par une connaissance plus approfondie de la religion.

Il a déjà été question précédemment de la plupart des personnes qui suivirent Augustin dans sa retraite de Cassiaque. Quelques autres exigent une courte mention.

Trigèce était un des condisciples d'Augustin : jeune encore, mais déjà

(1) Confess., IX, 2, 4. — I, 1; III, 20. — Retractationes, I, 2. — Beata vita, I. — De Ordine, I, 2. — Solil., 10, 1, etc.

(2) M. Villemain — Confess., IX, 4.

las de la vanité des sciences, il était allé les oublier dans la vie agitée des camps. Bientôt il quitta les camps pour retourner à l'étude, et, plein d'une nouvelle ardeur, il s'appliqua à l'histoire, qu'il aimait comme s'il eût déjà été vieux.

Licent était fils de Romanien, qui, ainsi qu'on a pu le voir ci-dessus, le confia à Augustin, pour qu'il fût à la fois son père, son précepteur et son ami. Augustin s'était chargé avec empressement de l'éducation de ce jeune homme, croyant ne pouvoir mieux témoigner sa reconnaissance à Romanien qu'en conduisant son fils dans les voies de la sagesse (1). Mais le goût de la poésie retenait Licent dans les liens du paganisme : ce goût était devenu une passion pour lui ; il se levait souvent de table avant la fin du repas, pour aller faire des vers. Il ne mangeait pas, il ne buvait pas, et dormait encore moins, sans cesse préoccupé de poésie, et poussant l'enthousiasme jusqu'à chanter des chœurs de Sophocle et d'Eurypide, quoiqu'il ne comprît pas le grec (2). La poésie était la grande affaire dans la vie de Licent ; son affection pour Augustin venait ensuite. Quant à la religion, s'il faut en croire ses écrits, il n'y songeait guère que parce que saint Augustin appelait sans cesse son attention sur ce grave sujet. L'hésitation de Licent à embrasser la foi chrétienne affligeait profondément saint Augustin ; et pourtant cette hésitation durait encore dix ans plus tard. Licent n'avait proprement aucune croyance : il n'était ni païen, ni chrétien, ni philosophe ; et, bien qu'il fût las de son incrédulité, il n'avait pas la force d'arriver jusqu'à la foi. Il est vrai que son incertitude ne le tourmentait pas beaucoup ; et, s'il s'en plaignait, elle ne lui inspirait qu'une allégorie (3).

---

(1) Academ., II.

(2) De Ordine.

(3) Crede meis, ô docte, malis veroque dolori,
Quod sine te nullos promittunt carbasa portus,
Erramusque procul turbata per æquora vitæ,
Præcipites densâ veluti caligine nautæ,
Quos furor australis, stridens et flatus ab Euro
Percutit, etc.

Crois, ô docte, à mes maux et à ma douleur réelle ; sans toi mes voiles ne me promettent aucun port, et nous errons sur les mers agitées de la vie, comme des nauton-

Saint-Augustin, dans sa retraite de Cassiaque, menait avec ses disciples cette vie en commun dont ils nourrissaient depuis si long-temps et avaient déjà une fois, mais sans résultat, ébauché le projet. Le matin on s'occupait des soins domestiques, de l'exploitation de la ferme et de la correspondance. Puis, quand le ciel était beau et que sa sérénité invitait à la promenade, on sortait, on allait s'asseoir sous un arbre de prédilection, dans une verte et fraiche prairie. Si le temps ne permettait pas de sortir, on se réunissait sous un portique ou dans des bains. Ces heures, dont le souvenir ne s'effaça jamais de la mémoire de saint Augustin et de ses disciples, ces heures étaient consacrées à des entretiens graves et doux à la fois sur la philosophie ancienne et sur son impuissance à dissiper les doutes de l'esprit humain, sur le bonheur, sur la Providence. Parfois, pour tempérer la gravité de l'entretien, on l'interrompait un moment et on lisait un demi-livre de Virgile,

---

niers, entraînés par une autre tempête, que la fureur du vent du sud et le souffle sifflant du l'Eurus a secoués, etc.

Sic me ventus agit, volvuntque cupidinis æstus
In mare lethiferum.

C'est ainsi que le vent m'agite, et que les traits de la passion me roulent vers une mer mortelle.

« Par la pensée, dit un critique célèbre, M. de Saint-Marc-Girardin, et par l'expression, à la fois abstraite et métaphorique, ces vers de Licent ressemblent à beaucoup de vers de nos jours. »

En voici d'autres du même auteur, et que l'on dirait sortis de la plume de Claudien. Licent se plaint de la distance qui le sépare de saint Augustin.

Nos iter immensum disterminat, et plaga ponti
Interfusa coercet : amor contemnit utrumque,
Gaudia qui spernens oculorum, semper amico
Absenti fruitur; quoniam de corde profundo
Pendet, et internæ rimatur pabula fibræ.

Un chemin immense nous sépare, et la plaine de la mer répandue entre nous nous arrête : l'amour méprise l'un et l'autre. Celui qui méprise les joies des yeux, toujours de son ami absent il jouit, puisque c'est au fond de son cœur qu'il porte son ami, et qu'il en nourrit ses fibres les plus intimes.

(*dimidium volumen Virgilii audire*), charmante préoccupation que saint Augustin ne se reprochait pas encore.

Rien n'était aimable comme ces entrtiens, pleins du calme et de la fermeté d'esprit que donnait à saint Augustin la foi chrétienne, qu'il venait d'embrasser; pleins aussi du calme des champs et de la sérénité du ciel. « Nous sortîmes, dit-il; le jour était si doux et si pur qu'il semblait fait, en vérité, pour épurer et éclairer nos âmes. » Ainsi tout s'accordait pour enchanter saint Augustin : l'enthousiasme de sa foi nouvelle, la beauté des lieux, la douceur de ces journées passées à s'entretenir avec ses amis et ses disciples, ces repas où régnait la frugalité, presque plutôt finis que commencés, afin de reprendre l'entretien; ces promenades que l'hiver même n'interrompait pas, grâce à la douceur du climat; ces bains où, comme partout chez les anciens, il y avait des portiques pour servir à la promenade et à la conversation, et où saint Augustin et ses amis allaient chercher un abri les jours de pluie; ces études consacrées avec Trigèce et Licent à la littérature ancienne : tout cela faisait à saint Augustin et à ses amis la vie la plus douce et la plus heureuse qu'ils pussent imaginer. Aussi, dix ans après, Licent, se souvenant encore avec amour de Cassiaque, s'écriait-il dans une épître, et dans des vers qui rappellent ceux que Politien adressait, quelques siècles plus tard, à Laurent de Médicis (1) :

« Oh! pourquoi l'Aurore ne peut-elle pas nous ramener sur son char plein de joie ces belles heures passées dans la liberté des gens de bien et dans le loisir de l'étude, au milieu de l'Italie et au sein des montagnes (2)?

Les ouvrages que saint Augustin composa dans cette heureuse retraite se ressentent plus que tous les autres du commerce de l'antiquité. Ce sont, pour la plupart, des dialogues où l'on retrouve une grâce et une douceur toutes particulières, et pleines de réminiscence

(1) Voir le Tableau du siècle de Léon X, p. 182.

(2) O mihi transactos revocet si pristina soles
Lætificis aurora rotis, quos libera tecum
Otia tentantes et candida jura bonorum,
Duximus Italiæ medio montesque per altos.

Voir, sur cette question, l'ouvrage déjà cité de M. de Saint-Marc-Girardin.

des dialogues de Platon et de Cicéron. Saint Augustin n'avait point encore renoncé aux lettres profanes ; et s'il méditait assidûment saint Paul, il étudiait aussi avec ses élèves Cicéron et Virgile, et, dit le critique cité plus haut, « la contemplation de ces belles formes de l'éloquence et de la poésie latines donnait à sa phrase un charme et une élégance qu'il n'a pas toujours retrouvés. « Ils lisaient l'Hortensius de Cicéron, que nous avons perdu, et qui est le livre qui avait le plus aidé Trigèce et Licent à revenir à la philosophie. Ils lisaient surtout Virgile, que saint Augustin avait tant aimé et qu'il aimait encore. « Nous avons passé toute la journée, dit-il une fois (1), soit à nous occuper des affaires de la campagne, soit à faire la recension du premier livre de Virgile. »

Et ailleurs (2) : « Nous nous sommes reposés pendant sept jours de nos discussions, et nous n'avons fait que recenser trois livres de Virgile. »

Ils citaient sans cesse Virgile dans leurs pieux entretiens, et, en ce temps, saint Augustin allait jusqu'à appliquer à des œuvres chrétiennes les invocations païennes de son poète favori :

> Sic Pater ille deûm faciat, sic altus Apollo
> Incipiat ! etc.

Qu'ainsi fasse le Père des dieux, qu'ainsi commence le grand Apollon. Oui, c'est Apollon qui nous conduira, si nous savons le suivre ; c'est lui qui nous servira d'auspice, c'est lui qui inspirera nos âmes : non pas cet Apollon caché dans les antres des montagnes ou des forêts, et qui, excité par la fumée de l'encens et par l'égorgement des victimes, parle par des bouches insensées ; non, un autre Apollon, croyez-moi, l'Apollon vraiment grand et vraiment saint, ou plutôt la Vérité elle-même, la Vérité dont les interprètes sont tous ceux qui aiment et suivent la sagesse (3).

Ne dirait-on pas lire une page d'un des lettrés demi-païens de l'Italie au XVe siècle ?

Saint Augustin ne se levait point avant le jour à Cassiaque ; mais il veillait fort avant dans la nuit, profitant du calme qui règne alors dans

(1) Academ.
(2) Idem.
(3) De Ordine, initio.

la nature pour se livrer à ses méditations. Il travaillait du reste beaucoup, et plusieurs ouvrages sortirent de sa plume pendant ce temps. Il commença et écrivit presque simultanément ceux qui sont intitulés : *Contre les Académiciens*; *De l'Ordre*; *De la Vie bienheureuse*.

Le premier est divisé en trois dialogues; les interlocuteurs en sont Licent, Trigèce, Alype et saint Augustin. Licent d'abord et ensuite Alype y soutiennent, contre Trigèce et saint Augustin, la doctrine des académiciens. Cette doctrine consiste à enseigner que l'esprit humain est incapable d'arriver à aucune certitude. Saint Augustin réfuta avec une telle force, dans l'entretien dont ce dialogue n'est que la reproduction, les raisons qui lui furent données par Licent et Alype qu'ils se confessèrent vaincus et se rangèrent de l'avis du Saint.

Le livre *de la Vie bienheureuse* n'est, comme ceux qui ont été cités un peu plus haut, que la reproduction de conférences qui eurent lieu entre les hôtes de la retraite de Cassiaque. Il est dédié à Manlius Theodorus, qu'il avait connu à Milan, et qui devint consul quelques années après. Le sujet de ce livre, c'est la recherche de ce qui constitue le bonheur. Diverses solutions sont proposées par les interlocuteurs : sainte Monique, qui assistait à la conférence, met un terme à leurs hésitations en disant que ceux-là seuls sont heureux qui ont ce qu'ils souhaitent, pourvu que ce qu'ils souhaitent soit bon; et saint Augustin, approuvant et adoptant cette définition, la développe et fait voir que l'on ne saurait être heureux qu'en possédant un bien permanent, et qu'il n'y a que Dieu qui soit ce bien; qu'ainsi le bonheur se trouve dans la connaissance et la possession de Dieu, et que ce devait être là le but de tous les efforts des hommes.

Dans les deux livres intitulés *de l'Ordre*, saint Augustin aborde et traite la question de la Providence. Après des développements fort remarquables sur cette question, mêlés de quelques digressions, il l'envisage sous le point de vue moral et termine par un tableau des qualités que les jeunes gens doivent chercher à acquérir et des défauts qu'ils doivent éviter, et leur donne des conseils pour la direction de leurs études.

Ces trois ouvrages ont cela de commun qu'ils se ressentent non-seulement des études et des préoccupations auxquelles l'auteur était livré à l'époque où il les écrivit, mais encore de la manière dont ils ont été composés : ce sont des reproductions fidèles de conversations; ils en ont tous les caractères : la variété, le piquant, l'esprit, le naturel, mais aussi les fréquentes digressions, les longs préambules et la diffusion.

Du reste, la vive ardeur des plus jeunes interlocuteurs, cet emportement de leur âge, qui contraste avec la gravité de leurs études, les petits incidents de la dispute et les mouvements de l'amour-propre, tout est rendu avec une grâce infinie.

Les Soliloques, qui furent composés vers la même époque, sont un livre d'un tout autre genre : c'est encore un dialogue, mais un dialogue entre saint Augustin et la Raison. Il interroge celle-ci sur divers sujets très-graves, mais qui tous se rattachent, en manière d'épisodes, à ces deux grandes questions : Qu'est-ce que Dieu ! qu'est-ce que l'âme? Jamais on ne réunit tant de fine dialectique et de sensibilité rêveuse; le tour subtil de l'imagination africaine s'y mêle à une sorte de curiosité naïve.

— *Je veux*, dit saint Augustin, *savoir Dieu et l'âme*.

— *Ne veux-tu rien savoir de plus*? lui répond la Raison.

Toutefois le génie du philosophe africain jette quelques traits de lumière sur ces grandes questions; il y a quelque chose de sublime dans la manière dont il prouve l'immortalité de l'âme par la nature immortelle de la vérité, dont notre âme est le sanctuaire et le juge (1). Dans un endroit fort remarquable aussi, et qui caractérise parfaitement sa manière dans le dialogue, il cherche quels sont les rapports de la vie et de la science avec le bonheur :

LA RAISON.

— Que préfères-tu savoir d'abord ?

SAINT AUGUSTIN.

— Si je suis immortel.

(1) M. Villemain, Mélanges.

LA RAISON.

— Tu aimes donc la vie?

SAINT AUGUSTIN.

— Je l'avoue.

LA RAISON.

— Si tu viens à savoir que tu es immortel, seras-tu satisfait ?

SAINT AUGUSTIN.

— Ce sera beaucoup sans doute, mais cependant ce sera peu pour moi.

LA RAISON.

— Mais enfin ce peu, si tu le possèdes, t'en réjouiras-tu ?

SAINT AUGUSTIN.

— Beaucoup.

LA RAISON.

— Tu ne pleureras plus ?

SAINT AUGUSTIN.

— Plus du tout.

LA RAISON.

— Et pourtant, s'il se trouvait que la vie est telle qu'il ne te soit pas donné d'y connaître plus que tu n'y connais, t'abstiendras-tu de verser des larmes?

SAINT AUGUSTIN.

— Au contraire, je pleurerai comme si la vie n'était rien.

LA RAISON.

— Ce n'est donc pas pour la vie que tu aimes la vie, mais pour la science?

SAINT AUGUSTIN.

— J'en conviens.

LA RAISON.

— Que serait-ce donc si précisément la science rendait malheureux?

SAINT AUGUSTIN.

— Cela ne saurait être. S'il en était ainsi, personne ne pourrait être heureux. La seule source de mon malheur actuel c'est mon ignorance : si la science rendait malheureux, notre malheur serait donc éternel.

LA RAISON.

— Je vois enfin ce que tu désires. Comme tu crois que la science ne peut rendre personne malheureux, parce qu'il est probable que c'est l'intelligence qui rend heureux, et que personne n'est heureux s'il ne voit, et qu'on ne peut voir sans exister, tu veux exister, vivre et savoir; mais exister pour vivre, et vivre pour savoir (1).

Après avoir passé l'année 386 à Cassiaque, saint Augustin, voyant approcher le moment où il devait se faire inscrire au nombre de ceux qui devaient recevoir le baptême, quitta sa retraite et revint à Milan avec son fils Adéodat. Dans le temps qui s'écoula avant qu'il ne reçût ce sacrement, il composa plusieurs ouvrages.

Le premier est un traité de l'*Immortalité de l'âme* : c'est une suite aux *Soliloques*. Cet ouvrage ayant été publié malgré l'auteur, et avant qu'il n'y eût mis la dernière main, est tellement concis et obscur que, quelques années après, saint Augustin avait peine à le comprendre (2).

(1) Soliloques, Liv. II, ch. 1.
(2) Voir le Livre des Rétractations, I, 5.

Il reçut le baptême pendant les fêtes de Pâques, dans la nuit du 24 au 25 avril de l'an 387. Aussitôt qu'il l'eut reçu, les remords et les souvenirs pénibles de sa vie passée s'évanouirent. Dès-lors il renonça plus que jamais à toutes les vues du monde; et, résolus de mener désormais une vie aussi parfaite qu'ils le pourraient, ses amis et lui songèrent à chercher un lieu propre à l'exécution de ce dessein. Ils partirent donc pour l'Afrique; mais, lorsqu'ils furent arrivés à Ostie, et tandis qu'ils attendaient le départ d'un vaisseau, sainte Monique tomba malade, et, malgré tous les soins que son fils lui prodigua avec la plus tendre sollicitude, elle expira dans ses bras, après neuf jours de souffrances.

Saint Augustin puisa dans la religion la force et la résignation nécessaires pour ne point succomber à la douleur que lui causa cette perte. Soit que ce malheur eût modifié ses projets, soit pour tout autre motif, il ajourna son voyage en Afrique et retourna à Rome, où il passa quelques temps, et composa plusieurs ouvrages.

Deux de ces ouvrages roulent sur le manichéisme, dont il se félicitait d'être enfin sorti après y avoir erré si long-temps, et qu'il attaquait maintenant et réfutait, après l'avoir défendu. Ces livres sont intitulés : *Des Mœurs de l'Eglise catholique, et des Mœurs des Manichéens.*

Le livre *De la Grandeur de l'âme* est de la même époque. C'est un dialogue entre saint Augustin et Evode, un de ses disciples. Il y fait voir que l'âme n'est point comme les corps, dont on peut apprécier la quantité et l'étendue, et qu'elle est d'une tout autre nature.

De grands événements politiques s'accomplissaient vers ce temps. Maxime, qui avait usurpé l'empire sur Gratien (383), et qui avait chassé le jeune Valentinien de l'Occident (387), recevait enfin le juste châtiment de ses crimes : il était vaincu par Théodose et périssait dans la bataille (388).

Voulant sans doute fuir les troubles qu'il pensait que ces événements causeraient dans Rome, Augustin quitta cette ville et gagna enfin l'Afrique.

Il n'y avait que peu de temps qu'il y était arrivé lorsqu'un miracle s'opéra sous ses yeux, sinon par l'effet de ses prières (1). Il avait, ainsi

(1) Cité de Dieu, XXII, 8.

qu'Alype et Adéodat, reçu l'hospitalité chez un habitant de Carthage, nommé Innocent, qui souffrait beaucoup de plusieurs plaies fort incommodes. Il avait dû subir des opérations cruelles pour se délivrer de cette maladie. Une seule plaie restait; mais le malade était tellement fatigué et effrayé par les opérations précédentes qu'il se refusa long-temps à en subir une nouvelle et dernière. Vaincu enfin par la douleur, il s'y résigna. La veille du jour où il devait la subir, ses amis entourèrent son lit pour le consoler, le fortifier et l'exhorter à avoir confiance en Dieu. Ils se mirent ensuite tous en prières, le front prosterné sur la terre. Innocent priait avec eux, mais avec une ardeur, des transports et des gémissements qui agitaient tout son corps et lui ôtaient presque la respiration. « Je ne sais, dit saint Augustin, si les autres priaient, et si ce spectacle ne les en détournait point; pour moi, je ne pouvais le faire, et je disais seulement en moi-même : Seigneur, quelles prières de vos serviteurs exaucerez-vous si vous n'exaucez celles-ci? » Le lendemain, tous ses amis étant présents, le malade se livre aux chirurgiens. On tire les redoutables instruments, on place le patient, on délie le bandages, on découvre la plaie, et le chirurgien, tenant le couteau à la main, s'approche, regarde, cherche la plaie qu'il devait opérer, et ne trouve qu'une cicatrice toute fermée.

Peu après cet événement, saint Augustin réalisa le projet qu'il avait formé, dès son baptême, de se retirer avec ses amis dans les terres qu'il avait près de Tagaste, et d'y demeurer loin des soins du siècle, vivant pour Dieu, s'exerçant aux jeûnes, à la prière, aux bonnes œuvres, méditant jour et nuit la loi de Dieu, et pratiquant, autant qu'il le pouvait, la vie des solitaires d'Egypte, qu'il avait tant louée dans son livre *Des Mœurs de l'Eglise*. Personne, dans la société qu'il fonda ainsi, ne devait avoir rien en propre : à cet effet, il fit don à sa communauté de la terre sur laquelle il l'avait établie; quant à ses autres biens, il les vendit et en donna l'argent aux pauvres.

Il avait espéré que dans ce genre de vie il trouverait le repos et le loisir nécessaires pour s'occuper exclusivement de son salut; mais son espérance fut déçue. A peine fut-il fixé dans son monastère, aux portes mêmes de Tagaste, qu'il se vit obsédé de personnes qui venaient lui demander conseil pour la direction de leurs affaires ou de leur conduite. Ses amis l'obligeaient d'ailleurs d'entretenir avec eux une vaste correspondance, et lui demandaient aussi ses conseils, ou lui posaient des questions sur des matières de foi et de philosophie qu'ils désiraient qu'il éclaircit et résolût. Sa bonté naturelle ne lui permettait point de repousser de telles sollicitations, quoiqu'il lui coutât beaucoup de se voir troublé dans sa retraite.

Il instruisait donc, selon les paroles de son biographe (1), les présents par ses discours et ses avis, les absents par ses lettres et ses ouvrages. Il composa, dans ce temps, un commentaire en deux livres sur la Genèse, pour défendre cet admirable ouvrage contre les attaques calomnieuses que les manichéens dirigeaient alors contre lui.

Ce commentaire marque une ère nouvelle dans les écrits de saint Augustin : quelques personnes lui avaient fait observer que, dans ses premiers ouvrages contre les manichéens, il ne s'était pas mis suffisamment à la portée du vulgaire, et ne s'était guère adressé qu'aux gens instruits, ce qui empêchait que ses ouvrages ne produisissent tout le fruit qu'il en eût pu espérer. Saint Augustin, reconnaissant avec modestie la justesse de cette observation, annonce, dans la préface de ce *Commentaire sur la Genèse*, que désormais, dans les ouvrages de ce genre, il s'appliquera, non à écrire d'un style orné et relevé, mais de manière à se rendre accessible à toutes les intelligences. Ce commentaire est en effet écrit avec une rare clarté : aussi Cassiodore dit-il avec raison que saint Augustin y explique son texte avec tant de soin et d'exactitude qu'il n'y laisse presque rien d'obscur.

C'est ainsi, ajoute le secrétaire de Théodoric, que les hérétiques nous ont rendu un grand service sans le vouloir, puisque la nécessité de repousser leurs attaques a fait étudier et approfondir tant de questions importantes qui, sans cette circonstance, n'eussent peut-être pas été l'objet de la même sollicitude (2).

On peut leur appliquer ce mot d'un penseur moderne : » Les sceptiques sont comme des hommes occupés à examiner l'édifice des connaissances humaines et à faire des trous dans les endroits faibles; cependant on répare la brèche, et l'édifice entier en acquiert beaucoup plus de solidité qu'il en avait auparavant. » (Le docteur Reid.)

(1) Possidius, Vie de saint Augustin, 3.

(2) Cassiodore, de Institutione Scripturarum, C. 1.

Pendant son séjour à Milan, saint Augustin commença divers ouvrages sur des sujets profanes; mais il ne les acheva qu'après son retour en Afrique, en 389. Tels sont ceux *De la Musique et Du Maître.* Ils sont encore en forme de dialogue, comme les Académiques. L'ouvrage sur la *Musique* est un dialogue en six livres, entre saint Augustin et Licent. Les cinq premiers livres, qui sont fort obscurs, traitent avec détail de la prosodie et de la musique; mais ils sont résumés dans le sixième, où le saint, sortant des détails techniques, s'élève aux plus hautes considérations sur la mission de l'art, et, en particulier, de la poésie et de la musique. Ce livre, plein de souvenirs de Platon et des Alexandrins, est sans contredit l'un des ouvrages les plus remarquables de saint Augustin. Lui-même le donne pour tel dans la revue qu'il a fait de ses œuvres (*Libri Retractationum*). Il y fait voir « comment des nombres corporels ou spirituels, mais sujets au changement, on parvient aux nombres immuables, qui ne se trouvent que dans la vérité immuable : c'est ainsi que, au moyen des choses visibles, nous arrivons à la connaissance des choses invisibles (1). »

La psychologie moderne la plus délicate n'a rien à ajouter aux détails dans lesquels saint Augustin entre, dans ce sixième livre, sur la nature de la perception du son.

« La sensation du son, dit-il, est passagère comme le sillon du vaisseau sur la mer; mais la faculté qui le perçoit et le juge est permanente et identique. Au son correspond la faculté de le percevoir; à celle-ci, la faculté de le juger, selon qu'il est juste ou non. Le son est ou émis par la bouche, ou simplement pensé : sous ses deux formes, il est susceptible des mêmes mesures, et suppose également la mémoire. Quand nous éprouvons une sensation, ce n'est pas précisément l'âme qui sent, mais c'est elle qui prête son attention aux actions que subit le corps et qui les juge.

» Nos connaissances ne sont pas le produit des perceptions externes; elles nous viennent à l'occasion de celles-ci. Il faut distinguer dans l'origine de nos idées la cause occasionelle de la cause efficiente : la cause occasionelle, c'est la perception; la cause efficiente, c'est la force na-

(1) Lib. Retract., I, 11.

turelle qu'a notre âme de concevoir une idée donnée à l'occasion d'une certaine perception.

» Les passions détournent l'âme de la contemplation des choses éternelles ; l'amour des beautés périssables la souille.

» Quatre vertus fondamentales (les mêmes qu'avait déjà distinguées Platon) : la tempérance, le courage, la justice et la prudence. La tempérance nous détache des choses de ce monde, et nous met en état de pouvoir résister aux puissances aériennes, jalouses de notre bonheur (*potestatibus aeris hujus*). Le courage nous fait braver, en vue du salut, les adversités et la mort. La justice nous apprend à ne servir et à n'adorer que Dieu. La prudence nous apprend d'abord à distinguer les intérêts de la terre de ceux du ciel, et ensuite à ne nous occuper de ceux-là qu'en vue de ceux-ci. »

Dans le livre *Du Maître*, qui est, en majeure partie, l'œuvre d'Adéodat, saint Augustin traite du sens des mots, qu'il envisage sous un point de vue théologique et mystique.

Sa plume ne se lassait point de produire, pour ainsi dire, chaque jour de nouveaux ouvrages : c'est ainsi qu'après avoir mis la dernière main à ceux que nous venons d'analyser succinctement, il commença le *Livre du Libre Arbitre*, et écrivit celui de la *Vraie Religion*.

Celui-ci est le dernier qu'il écrivit avant de recevoir la prêtrise, il est de l'an 390. Il s'attache à y mettre dans tout leur jour l'excellence de la vraie religion et les devoirs qu'elle impose. « La religion, dit-il, est la seule chose qui puisse nous conduire au bonheur. On ne saurait douter que le christianisme ne soit la vraie religion : Platon même l'eût reconnu pour tel s'il avait vu les enseignements les plus sublimes de sa philosophie prêchés par toute la terre, embrassés et suivis par une infinité de toute conditioo. » Après avoir donné les caractères qui distinguent l'une de l'autre l'erreur de la vérité, les faussss religions de la vraie, il indique les fondements de celle-ci, savoir : l'histoire et les prophéties. Il en parcourt ensuite les principaux dogmes, et termine par des considérations intéressantes sur la morale, et par une exhortation qu'il fait à tous les hommes d'embrasser et de suivre la véritable religion.

C'est à l'époque où saint Augustin publia cet ouvrage qu'appartient sa correspondance avec le philosophe Maxime.

Il s'était formé des débris confus des anciennes croyances du paganisme et des systèmes philosophiques une sorte de paganisme philosophique, qui suffisait aux esprits de peu d'ardeur et d'élévation : c'était le paganisme de Julien-l'Apostat, celui dont ce prince, nourri des doctrines mystiques de l'école d'Alexandrie, avait essayé en vain de faire la religion officielle de l'empire. Mais la vie s'était depuis longtemps retirée du corps de l'antique paganisme, et la tentative de Julien n'aboutit qu'à une espèce d'action galvanique, appliquée à un cadavre, qu'elle ne redressa et n'agita un instant de mouvements convulsifs que pour le laisser retomber ensuite dans une mort plus profonde.

Le paganisme philosophique ne pouvait d'ailleurs convenir au peuple, dont il ne satisfaisait point l'imagination avide de représentations sensibles. Aussi celui-ci était-il resté fidèle au vieux paganisme et aux dieux de la mythologie.

Quant au premier, fait pour le beau monde, pour les savants et les penseurs, il en avait les défauts : il était aristocratique, dédaigneux, froid, sec et moqueur; il se moquait volontiers de Jupiter, de Mars et de Vulcain, et des contes de la mythologie. Il employait les mêmes armes dans sa lutte contre le christianisme, et tournait en ridicule les noms grossiers de quelques martyrs sortis du peuple.

C'est ainsi que le philosophe Maxime raillait saint Augustin sur les martyrs Mygdon, Sanaé et Namphanion, dont les noms avaient un sens grotesque dans la langue punique.

« Idoles pour idoles, disait-il, si les chrétiens adorent les tombeaux de ces martyrs, j'aime mieux adorer les idoles de la Grèce. »

Puis faisant succéder aux sarcasmes de l'homme du monde les raisonnements du philosophe : « Oui, dit-il, le forum de Madaure est rempli des images de nos dieux, et j'approuve cet usage; mais ne croyez pas qu'il y ait personne d'assez fou pour ne pas comprendre qu'il n'y a qu'un Dieu suprême, qui n'a ni origine ni descendance, unique et inépuisable créateur de la nature entière. Nous adorons, sous les noms des dieux divers, ses vertus répandues dans l'univers pour l'entretenir et le conserver, car nous ignorons tous le vrai nom qui lui appartient, et c'est ainsi qu'en offrant un hommage différent aux différents attributs de la divinité, l'homme parvient à l'adorer tout entière (1). »

(1) Lettre 16.

On voit quels emprunts le paganisme avait faits à la doctrine chrétienne : quels progrès son contact avec cette doctrine lui avait fait opérer; quelles idées elle y avait introduites; combien Maxime et sa religion sont loin des théogonies d'Hésiode et de Varron. Honteux des fables immorales dont il avait bercé l'humanité pendant des siècles, le paganisme, en présence de la lumière éclatante que le christianisme avait fait pénétrer jusque dans les plus faibles intelligences, le paganisme sentit qu'il ne pouvait lutter contre la nouvelle doctrine qu'à la condition de se transformer. Ainsi fit-il; ce qu'il y avait de plus gracieux dans ses récits mythologiques, il l'allia, comme il put, avec ce qu'il y a de plus général dans la doctrine chrétienne : du tout il forma une sorte de religion de convention, mélange bizarre et incohérent des idées les plus diverses, mais dont le fond était un panthéisme plus ou moins dissimulé.

Il n'y avait pas d'ailleurs que les philosophes qui eussent fait de ces emprunts et de ces tentatives, les prêtres des faux dieux eux-mêmes avaient adopté la même voie. Dans leurs polémiques contre les chrétiens, ils s'efforcent de prouver qu'au fond toutes les religions sont identiques, et conséquemment également bonnes; que toutes peuvent conduire à Dieu. Ils cherchent encore à faire voir que les différences entre le paganisme et le christianisme ne sont pas aussi profondes que les chrétiens le prétendent: ils glissent en passant sur ces différences, et insistent surtout sur les analogies. Ecoutons à ce sujet un prêtre païen, Longinien.

Sa correspondance avec saint Augustin est de dix ans postérieure à celle du philosophe Maxime : dans ces dix ans, le christianisme avait fait des progrès énormes, tandis que le paganisme était au bord de la tombe. Il se mourait, et son agonie était pénible : il était interdit. Aussi la lettre de Longinien n'a-t-elle rien du ton de liberté et de hardiesse de celle de Maxime. Elle est triste et touchante : Longinien était vieux, et il voyait mourir avec lui le culte dont il était le prêtre (1).

« Vous voulez que je vous dise, écrit-il à saint Augustin, quelle est, selon moi, la route qui conduit le plus sûrement à Dieu; écoutez donc

(1) Voir M. de Saint-Marc-Girardin, dans l'ouvrage déjà cité.

ce que m'ont enseigné nos Pères : la piété et la justice, la pureté et l'innocence, la vérité des actions et des paroles, la persévérance en dépit de l'instabilité des temps, l'assistance protectrice des dieux, l'appui des puissances divines ou plutôt des vertus du Dieu unique et universel, incompréhensible et inexprimable, ces vertus que vous appelez les anges, les rites solennels des anciens sacrifices, et les expiations salutaires qui purifient l'âme et le corps des mortels, voilà, selon les leçons de nos aïeux, voilà la route assurée qui conduit l'homme à Dieu. »

Saint Augustin répond successivement à Maxime et à Longinien ; il leur répond en homme dont la raison ferme et puissante ne craint pas les petits écueils où vont échouer les intelligences faibles. Il répond à Maxime, en lui faisant voir qu'il avait pris soin lui-même de ruiner le paganisme, en le tournant en ridicule, et en ne se montrant pas même envers lui plus indulgent que ne le faisaient les catholiques ; de sorte qu'en se posant comme le défenseur de ses dieux, il les a plus attaqués que soutenus. « Et afin, dit le saint, qu'il ne nous arrive pas de tomber dans des calomnies sacriléges, sachez que chez ces catholiques, dont vous avez une église dans votre ville, on n'adore pas les morts, et que l'on ne rend cet honneur suprême qu'au seul Dieu vivant, qui a créé toutes choses. »

Saint Augustin répond ensuite à Longinien. « Sans la grâce, la vertu humaine ne suffit pas plus pour conduire à Dieu que les pratiques pieuses sans la vertu. La vertu vaut sans doute mieux que les sacrifices et les expiations, mais elle ne peut rien sans la grâce. La grâce de Dieu d'abord comme cause de tout bien ; la vertu de l'homme émanant de la grâce de Dieu ; les pratiques religieuses enfin, qui aident la vertu, mais qui n'en tiennent jamais lieu, voilà les voies qui seules, lorsqu'elles sont réunies, peuvent mener à Dieu. »

Saint Augustin passa environ trois ans dans sa retraite de Tagaste, travaillant immensément, tout en donnant beaucoup de temps à ses méditations, aux soins domestiques de sa maison, et enfin aux personnes qui le consultaient oralement ou par écrit. Le nombre considérable d'ouvrages qu'il produisit pendant ce court intervalle et sa vaste correspondance ne suffisaient point cependant à épuiser la prodigieuse activité de son intelligence. Il s'occupait encore d'une édition de la Bible, qu'il ne publia point, mais en vue de laquelle il collationnait les divers manuscrits de l'Ecriture sainte que l'on possédait alors, tels que la Bible des Septante, dont toute l'Eglise se servait à cette époque; l'édition d'Aquila, les traducteurs grecs et la traduction de saint Jérôme.

Jusqu'alors saint Augustin n'était que simple laïque ; l'Eglise de Tagaste ne demandait point qu'il entrât dans son clergé, « et pour lui, dit son savant historien, Tillemont, dans le festin du Seigneur il choisissait la place la plus humble. » Il redoutait plus qu'il ne désirait l'honneur du sacerdoce ; et, comme sa réputation de sainteté et de talent commençait à s'établir et à grandir chaque jour, il évitait avec soin de se trouver dans les lieux où il n'y avait point d'évêque, de peur qu'on ne l'élût.

Cependant un homme d'Hippone, d'une grande piété, et faisant partie de l'administration impériale, ayant entendu parler de la vertu et de la science d'Augustin, désira le voir, et annonça même qu'il ne doutait point que, s'il pouvait voir Augustin et s'entretenir avec lui, un tel commerce ne le décidât à renoncer au siècle et aux emplois, pour se livrer exclusivement à la vie religieuse. Saint Augustin fut informé des dispositions de cet homme, et, dans son ardente charité, saisissant avec empressement une occasion d'être utile à l'un de ses frères, il s'empressa de se rendre à Hippone et de se mettre en relation avec lui.

Hippone avait alors pour évêque un saint vieillard, nommé Valère ; mais cette ville avait besoin d'un prêtre ; ce que saint Augustin ignorait. Comme il se rendait à l'église, il se trouva que le peuple était assemblé en ce moment. Valère prêchait et insistait sur la nécessité où il était de donner un nouveau prêtre à l'église d'Hippone ; le peuple, qui connaissait la vertu, la piété et la vie austère de saint Augustin, le voyant dans l'église, se saisit de lui, et le présenta à l'évêque, en le priant avec instance de l'ordonner.

Augustin fondait en larmes, et frémissait à la vue du fardeau dont on allait charger ses épaules ; mais toute sa résistance n'empêcha point que le désir du peuple d'Hippone ne fût satisfait. C'est ainsi que, par surprise, il fut fait prêtre de cette ville.

Hippone, dont le nom devint si célèbre à cause des vertus et du génie de saint Augustin ; Hippone, aujourd'hui Bonne, était un petit port de mer, habité par des pêcheurs, et situé à quatre-vingt-quatre lieues de Carthage, et à quarante lieues de Cirtha (Constantine). Elle était bien fortifiée, puisque, comme nous le verrons ci-dessous, elle soutint un long siége contre les Vandales. Elle avait le surnom de Royale (Hippo-Regius), parce que, au dire de Silius Italicus, elle avait été la résidence chérie des anciens rois de Numidie. Ce surnom la distinguait d'une autre Hippone, surnommée Zarrhytès, et située dans l'Afrique proconsulaire. La population en était fort diverse, sous le rapport religieux : à l'époque de l'élection de saint Augustin, les donatistes y dominaient, les païens y étaient fort clair-semés ; mais il y avait quelques ariens et beaucoup d'Israélites (1).

L'évêché d'Hippone était un des plus étendus de l'Afrique, puisqu'il comprenait le territoire de Fussale, qui en était éloigné de près de huit myriamètres. Valère, qui gouvernait alors ce diocèse, était un homme d'une ardente piété ; mais il était Grec de naissance, et ne s'énonçait que difficilement en latin. Aussi désirait-il vivement trouver un homme capable d'édifier son peuple par sa parole et par son exemple, et se réjouit-il de l'heureuse circonstance qui lui avait offert, en saint Augustin, un homme par le ministère duquel il pouvait s'acquitter envers son peuple des instructions qu'il lui devait, mais ne pouvait lui donner. Une amitié intime s'établit entre le saint vieillard et le jeune prêtre qu'il avait ordonné, et auquel il confia presque toute l'administration de son diocèse.

Saint Augustin fut ordonné prêtre vers la fin de 390. Il avait à peine commencé d'en exercer les fonctions qu'il reconnut qu'elles offraient encore plus de difficultés qu'il n'avait cru avant de les avoir abordées ; il demanda donc avec instance à Valère de lui permettre de se retirer quelques temps dans la solitude, afin de s'y préparer, par la prière, la méditation et la lecture de l'Ecriture sainte, à la carrière sublime mais ardue dans laquelle il allait entrer.

C'était alors la coutume en Afrique que les évêques eussent seuls le droit de prêcher : les prêtres ne montaient point en chaire, surtout en présence de leur évêque. Mais Valère crut devoir faire une exception à cette règle en faveur d'Augustin : il le fit donc prêcher, même en sa présence, malgré les murmures de quelques personnes qui regrettaient cette infraction à la coutume.

D'ailleurs saint Augustin s'en acquitta avec un tel succès que ce

(1) Sermons de saint Augustin, 302, ch. 21 ; 196, ch. 4. — Traité sur l'Evangile de saint Jean, 40.

exemple devint contagieux, et que bientôt, dans la plupart des diocèses de l'Afrique, les évêques abrogèrent la coutume d'interdire l'accès de la chaire aux simples prêtres.

Saint Augustin nourrissait depuis longtemps le désir et le projet de fonder un monastère en Afrique; mais, comme il avait vendu son bien, et en avait donné le produit aux pauvres, il trouvait des obstacles à accomplir son projet. Valère les aplanit en lui donnant une terre qui dépendait de l'église d'Hippone. Le saint s'y établit avec plusieurs personnes qui, ainsi que lui, après avoir donné leurs biens aux pauvres, avaient fait vœu de se vouer exclusivement au service de Dieu. Ses anciens amis et disciples, Alyde, Evode, et ceux dont nous avons vu l'histoire plus haut, faisaient sans doute partie de cette communauté. Possidius, évêque de Calame et biographe de saint Augustin, y entra un des premiers : il vécut pendant quarante ans dans l'intimité du saint.

Ce monastère, fondé par saint Augustin, servit par la suite de séminaire pour le diocèse d'Hippone, et même pour les diocèses voisins. La renommé de sainteté de cet établissement s'étendit au loin, et de toutes parts, on s'adressa à saint Augustin pour lui demander des religieux de sa maison, pour en faire des prêtres. Dix évêques en sortirent, et tous furent jugés dignes du nom de saint : on trouve parmi eux saint Alype, évêque de Tagaste; saint Evode, d'Usale; Possidius, de Calame, etc... A l'exemple de Valère et de saint Augustin, les évêques des autres diocèses, séduits par l'exemple et par les excellents résultats que l'on avait obtenus par la fondation du monastère d'Hippone, s'empressèrent d'en établir dans leurs diocèses; de sorte que le nombre de ces maisons ne tarda pas à se multiplier beaucoup. Les pauvres, les esclaves, les affranchis, tous ceux qui souffraient, les meilleurs amis de Dieu, selon la sublime expression d'un missionnaire (1), y affluèrent de toutes parts; tandis que les heureux du monde, les riches, leur prodiguaient leurs biens, par esprit de piété ou de pénitence. Le monastère d'Hippone devint bientôt insuffisant, et, quoique la ville fût très peu considérable, il fallut y ouvrir plusieurs autres maisons religieuses. On peut donc

(1) Le P. Bridaine.

dire, en toute vérité, que, si saint Augustin ne fut pas le premier fondateur de la vie religieuse, il le fut au moins pour l'Afrique.

Comme il avait fondé des monastères pour les hommes, il en voulut fonder aussi un pour les femmes. Plusieurs de ses parentes y entrèrent, et sa sœur en fut pendant long-temps la directrice. Bien que la vertu et la piété la plus parfaite régnassent dans cette maison, saint Augustin ne la visita que rarement. Il s'était fait une règle de n'avoir que le moins de relations possible avec les femmes. Quelques dissensions ayant éclaté dans cet établissement, saint Augustin s'interposa utilement pour les calmer : il écrivit plusieurs lettres à cet effet aux religieuses. Il termine l'une de ces lettres en leur donnant une règle, qui depuis a servi à tout l'ordre de Saint-Augustin, aux maisons d'hommes comme à celle des femmes. Le fondement de cette règle, c'est la vie en commun, l'humilité, l'obéissance et la prière.

Les manichéens étaient fort nombreux à Hippone, et saint Augustin dut s'occuper, dès les premiers jours de son administration, de les combattre par tous les moyens qui étaient en son pouvoir. Il écrivit deux ouvrages contre eux (*De l'Utilité de la Foi*, adressé à Honorat, manichéen ; et *Des deux âmes*). Il engagea en outre des discussions publiques contre eux. Il en soutint une entre autres contre un nommé Fortunat, que les manichéens considéraient comme le plus habile des leurs. Saint Augustin le battit tellement dans la discussion que Fortunat, couvert de honte, s'enfuit d'Hippone, et n'y voulut plus jamais reparaître.

L'an 393, un concile général de toute l'Afrique s'assembla dans la basilique d'Hippone. On vit, en cette occasion, de quelle considération saint Augustin jouissait déjà dans l'Eglise : deux ans auparavant, c'était une chose inouïe en Afrique de voir un prêtre parler devant un évêque; maintenant tous les prélats et les Pères du concile invitèrent saint Augustin à faire devant l'auguste assemblée un discours sur le symbole de la foi. Ce même concile ordonna que tous les ans une semblable réunion aurait lieu, tantôt à Carthage, tantôt dans une autre ville, et que tous les évêques de la province s'y rendraient, soit en personnes, soit par députés.

C'est de l'année qui suivit ce concile que datent les premières relations de saint Augustin et de saint Jérôme, non que le premier se fût rendu directement en Palestine, où habitait saint Jérôme, mais parce que saint Alype fit ce voyage en ce temps.

Dans cette même année, saint Augustin publia une explication littérale de la Genèse et un ouvrage sur le sermon de la montagne. Il écrivit aussi deux *Commentaires sur l'Epître de saint Paul aux Romains*, et un *Livre sur le Mensonge.*

Ce qui contribuait beaucoup à accroître la renommée de saint Augustin en Afrique et dans toute l'Eglise, c'étaient les succès prodigieux qu'il obtenait contre les hérétiques, et principalement contre les donatistes. A son arrivée, ceux-ci dominaient à Hippone. Mais, dès qu'il eut entrepris de les combattre, ils virent leurs rangs s'éclaircir de jour en jour, et leur nombre diminuer rapidement, tandis que celui des catholiques s'accroissait d'autant. Son ardente et infatigable activité les poursuivait sans relâche, en public et en particulier, dans les maisons et dans les églises, de vive voix et par écrit: il ne leur laissait point de repos. Ce qui augmentait encore sa puissance, c'est que les hérétiques eux-mêmes, attirés par sa célébrité et par le charme invincible de sa parole, accouraient en foule à ses sermons. Ils venaient poussés par la seule curiosité, et s'en retournaient convertis. Ils s'arrachaient ses ouvrages, et, frappés de la force des objections qu'il soulevait contre eux, ils allaient chez leurs évêques, et les priaient de résoudre ces difficultés. Ceux-ci s'efforçaient de le faire; mais leurs propres sectateurs étaient les premiers à leur faire observer qu'ils ne répondaient point du tout aux arguments de leur redoutable adversaire.

Il écrivit en particulier à chacun de leurs évêques et à leurs partisans les plus considérables, pour les prier de rentrer dans le giron de l'Eglise orthodoxe, ou au moins, s'ils ne le voulaient, de s'éclairer en se mettant en relation, à ce sujet, avec les docteurs de cette Eglise; mais ils s'y refusaient obstinément. Ce fut en vain qui les en fit sommer publiquement. Il alla même les trouver et leur dit: — Au nom de Dieu, cherchons ensemble la vérité, et tâchons de la trouver, si vous croyez que je ne l'aie point.

— Gardez, lui répondaient-ils, ce qui est à vous. Vous avec vos brebis, et nous avons les nôtres : laissez celles-ci en repos, comme nous y laissons les vôtres.

— Voici vos brebis, leur disait le Saint, et voici les nôtres : où est ce que Jésus-Christ a racheté (1)?

Telle était la crainte que saint Augustin avait inspiré à ces schismatiques, par son habileté dans les discussions, que non-seulement ils refusaient d'entrer en conférence avec lui, mais qu'ils craignaient même que leurs ouvrages ne tombassent entre ses mains, et qu'ils faisaient tout pour l'empêcher, parce qu'ils ne pouvaient rien publier sans s'attirer aussitôt de sa part des réponses foudroyantes.

Mais, s'ils désespéraient d'en triompher par les armes de la discussion, ils ne craignaient pas d'aviser à s'en défaire par d'autres voies. Leurs chefs prêchèrent ouvertement qu'il fallait considérer saint Augustin non comme un homme dont la vie était sacrée, mais comme un loup qui ravageait leur troupeau, et qu'il n'y avait point de doute que celui qui le tuerait n'obtînt de Dieu la rémission de ses péchés en récompense de cette action.

Ce qui le poussait à poursuivre le schisme des donatistes plus activement que toutes les autres sectes qui s'étaient séparées de l'Eglise, c'était la crainte que les catholiques ne considérassent ce schisme comme une chose indifférente, et ne s'y laissassent ainsi aller d'autant plus aisément.

Il fit deux ouvrages contre eux dans le cours de sa prêtrise : le premier est un chant populaire, divisé par strophes avec refrain, où il raconte l'histoire du donatisme et le réfute avec le plus de clarté et de simplicité qu'il peut ; le second de ces ouvrages est destiné à réfuter une lettre que Donat avait lui-même publiée. Dans ses *Rétractations*, le Saint, en parlant de cet ouvrage, avoue, avec une noble et touchante humilité, qu'il avait eu tort de traiter Donat de voleur, de parjure, et de l'avoir accusé d'avoir retranché des mots importants d'un passage de l'Ecriture, attendu, quant à sa dernière assertion, qu'il avait trouvé depuis des exemplaires de la Bible plus anciens que le schisme des donatistes, où les mêmes lacunes se rencontraient.

Tandis qu'il s'efforçait, au péril de ses jours, de faire rentrer ses brebis égarées dans le sein de l'Eglise, il ne négligeait point cependant les intérêts de son troupeau. On avait alors, comme on l'a pu voir plus

(1) Enarrationes in Psalmos, Ps. 21.

haut, la coutume de se réunir aux tombeaux des saints et des martyrs, et d'y manger des viandes qu'on leur avait consacrées. Ces réunions avaient peu à peu dégénéré en de véritables festins, qui n'étaient pas toujours exempts d'excès et de scandales. Cette coutume était aussi en vigueur à Hippone, et le peuple s'y réunissait en un jour donné, qu'on appelait la *réjouissance*, dans une église, pour y faire un festin près du tombeau de saint Léonce, ancien évêque d'Hippone. Les donatistes, en se séparant de l'Eglise, avaient conservé cette coutume, et célébraient la même fête.

Saint Augustin, qui avait déjà fait beaucoup d'efforts pour la faire abolir dans son Eglise, et même dans les autres diocèses de l'Afrique, résolut de faire une dernière et décisive tentative près de ses ouailles. Plusieurs jours avant la fête, il engagea l'évêque Valère à défendre au peuple de la célébrer par des festins dans l'église. Le peuple, fort mécontent, murmura beaucoup de cette défense. Cependant l'avant-veille de la fête (c'était le 2 mai, et la veille de l'ascension) saint Augustin, prenant pour texte de son sermon ces paroles de l'Evangile du jour : *Ne donnez point le saint aux chiens*, fit voir combien il était honteux de se livrer dans une église à des excès tels qu'on n'oserait les commettre chez une personne que l'on respecterait, et que ceux qui s'y livraient, même dans leur domicile, étaient séparés de la communion des saints mystères.

Son discours fut bien reçu; mais, comme l'essemblée n'avait pas été nombreuse, il reprit le même sujet le jour de la fête, à propos de l'évangile du jour, où l'apôtre raconte comment Jésus-Christ chassa du temple les marchands qui y vendaient des animaux à l'usage de ceux qui venaient y offrir des sacrifices. Il montra que ce commerce était moins coupable dans le lieu saint que les excès que l'on y commettait à l'occasion des festins. Il insista ensuite sur l'extrême inconvenance qu'il y avait, non pas seulement à s'y enivrer, mais à faire même le repas le plus léger. Ce qui toucha du reste beaucoup plus ses auditeurs que toutes les raisons qu'il pût leur donner, ce fut l'accent, l'émotion profonde avec laquelle il prononça son discours, les marques de douleur dont il l'accompagna, les vives et instantes prières qu'il leur adressa, les châtiments terribles dont il les menaça de la part du Dieu au nom duquel il parlait.

Le peuple pleura beaucoup, mais, deux jours après, ceux qui

avaient le plus pleuré vinrent pour dresser leurs tables dans l'église. Saint Augustin y courut, et les harangua de nouveau. On lui répondit qu'à Rome même, dans la basilique de Saint-Pierre, on célébrait des festins, et même qu'une dame romaine d'une haute naissance, sainte Pauline, étant morte, son mari avait fait dresser en son honneur, dans cette basilique même, des festins servis pour les pauvres avec une grande abondance. Saint Augustin leur répondit qu'on ne devait pas s'étonner de la suppression d'un usage qui, condamnable en lui-même, n'avait été toléré quelque temps que par égard pour ceux qui sortaient récemment du paganisme, et qui, habitués, dès leur enfance, à ces festins, auraient eu trop de peine à y renoncer tout-à-coup. En ne les abolissant pas trop brusquement, on leur permettait de s'habituer insensiblement aux mœurs austères de l'Eglise. Il parvint ainsi peu à peu à les persuader à force d'éloquence; et, comme il était important d'occuper le peuple pendant cette journée, il l'engagea à revenir dans l'après-midi; et là, faisant de saintes lectures, qu'il interrompait par d'éloquentes digressions, et chantant des psaumes qu'il avait choisis et dont les sujets étaient analogues à la circonstance et répondaient à son intention, il tenait ses auditeurs attentifs et charmés, quand soudain les chansons et les cris des donatistes, qui célébraient non loin de là, dans leur église, leurs festins et leurs débauches accoutumées, retentirent jusqu'au milieu de l'assemblée des catholiques, et vinrent en ébranler les bonnes dispositions. Mais saint Augustin reprenant la parole :

» Les joies grossières et sacriléges des hérétiques, dit-il, vont rehausser encore aux yeux de Dieu la joie sainte et pure de notre réunion : ici, le banquet spirituel de la foi chrétienne; là, les appétits gloutons, stupidement rassasiés. Quelle distance entre eux et vous, quoique vous entendiez leurs chansons impies! Quelle séparation, qui durera jusqu'au dernier jour! car c'est d'eux que l'apôtre a dit : Malheur à ceux qui font un dieu de leur ventre! la nourriture appartient au ventre, et le ventre à la nourriture, et tous deux au néant. »

Ces paroles ramenèrent le peuple : la journée s'acheva à chanter des hymnes au Seigneur, et depuis la coutume des festins dans les églises fut abolie dans le diocèse d'Hippone, et disparut peu à peu de toute l'Afrique catholique (1).

Il paraît que les donatistes ne virent pas cette nouvelle victoire de saint Augustin sans une extrême jalousie. le Saint raconte en effet à la fin de la lettre dans laquelle il donne tous ces détails à Alypius, et qui nous les a conservés, que les circoncellions avaient fait une irruption dans l'église d'Hippone, qu'il en avaient brisé l'autel, et enfin que les magistrats avaient été saisis de cette affaire et la poursuivaient.

Vers cette même époque, on le présume du moins, saint Augustin acheva et publia enfin le traité *Du libre Arbitre*, qu'il avait déjà commencé depuis long-temps. C'est un dialogue en trois livres, sur cette importante question, où abondent les vues ingénieuses ou profondes, et dont les penseurs les plus distingués ont toujours fait le plus grand cas.

Toutes ces publications, ces polémiques et ces succès avaient fait prodigieusement grandir la réputation de saint Augustin : Valère tremblait qu'on ne l'enlevât au diocèse d'Hippone, et que quelque autre église de l'Afrique ou de la chrétienté ne l'appelât à l'épiscopat. Afin d'y mettre obstacle, il résolut de l'ordonner évêque de son vivant. Il le proposa donc aux évêques et au peuple assemblés à Hippone : tous accueillirent cette proposition avec enthousiasme, à l'exception de saint Augustin et de Mégale, évêque de Calame.

Des rapports calomnieux avaient été faits à ce prélat contre le Saint, et l'avaient prévenu contre lui. Le concile le pria d'examiner attentivement si ces accusations étaient fondées ; Mégale le fit avec conscience : il reconnut qu'il avait été induit en erreur, l'avoua publiquement au concile, et lui en demanda pardon, ainsi qu'à saint Augustin ; et, en signe que cet orage momentané n'avait point laissé de traces, ce fut ce pontife lui-même qui ordonna saint Augustin, un peu avant les fêtes de Noël de l'an 395 ou, selon quelques-uns, 396.

Les soins et les travaux de l'épiscopat n'épuisèrent pas plus son infatigable activité que ne l'avaient fait ceux de la prêtrise. Durant les premières années de son pontificat, il publia une quantité incroyable

(1) Saint Augustin, Lettre 29. — V. encore M. de Saint-Marc-Girardin, dans l'ouvrage ci-dessus cité.

d'ouvrages, tous remarquables, et sur les sujets les plus divers. Nous allons les parcourir, autant du moins que le permettent la nature et les limites de ce travail.

Saint Ambroise étant mort (le 4 avril 396), saint Simplicien, qui avait, quelques années auparavant, exercé une influence si heureuse et si décisive sur la conversion de saint Augustin, lui succéda sur le siége archiépiscopal de Milan. Quelques-uns des écrits de saint Augustin étaient tombés entre les mains de ce vénérable vieillard, et il les avait lus avec la plus vive satisfaction. Il s'empressa de le lui témoigner en lui écrivant, et en même temps il lui proposa quelques difficultés, dont il lui demanda l'explication. Saint Augustin lui répondit, et c'est ce qui fait le sujet de l'ouvrage intitulé *Deux Livres à Simplicien*. Le premier livre n'est guère qu'une introduction dans laquelle il expose sa doctrine sur la grâce. Il avait pensé précédemment que la foi venait de l'homme, qui, après avoir entendu annoncer la vérité, se déterminait à croire, ou à ne pas croire. Un examen plus attentif de la question lui avait fait modifier sa manière de penser à cet égard; et, dans le premier *Livre à Simplicien*, il avoue avec humilité que, profitant à mesure qu'il étudiait, et plus docile aux inspirations du ciel, il reconnaissait que la foi n'était pas moins un don de la grâce que toute la suite des bonnes œuvres. Le second *Livre à Simplicien* contient la réponse à diverses difficultés que ce vénérable vieillard avait proposées à saint Augustin sur six passages de l'Ecriture.

Il écrivit ensuite la *Réfutation* d'un ouvrage de Manès, que les sectateurs de cet hérésiarque appelaient l'*Epître du Fondement*, parce qu'elle contenait à peu près tous les articles de leur croyance.

Après cet ouvrage, il fit celui qu'il intitule : *Du Combat du Chrétien*. C'est un abrégé, en style simple et clair, à l'usage des fidèles peu instruits, des règles de la foi et des principes de la morale chrétienne.

A cette publication il fit succéder celle des quatre livres de la *Doctrine chrétienne*. Cet ouvrage ne parut pas de suite tout entier, et saint Augustin n'en fit pas paraître le dernier livre que plusieurs années après les trois premiers, en 426.

Mais, de tous les ouvrages qu'il composa, non-seulement à cette époque, mais dans tout le cours de sa longue et brillante carrière, le plus original et le plus beau, sans contredit, c'est, avec la Cité de Dieu et les Soliloques, le livre des *Confessions*, monument unique d'utilité et de franchise. L'âme, la belle âme de saint Augustin s'y révèle tout entière : c'est l'histoire de sa vie, depuis sa naissance jusqu'à sa trente-troisième année. Cette histoire est contenue dans les neuf premiers livres de l'ouvrage ; les cinq derniers sont remplis par des réflexions pieuses ou philosophiques, par des prières et par la profession de foi du Saint. Les longs extraits de cet ouvrage qui ont été donnés plus haut à dessein ont pu faire connaître, quoique d'une manière fort insuffisante, cette œuvre admirable.

Puissent-ils inspirer le plaisir de la lire et de l'étudier ! Saint Augustin n'est point assez connu ; aucun auteur, sacré ou profane, n'est cependant plus en harmonie avec les idées et les besoins de notre époque. Lui aussi fut poursuivi de ces angoisses du doute, ce mal de notre siècle, et en triompha. Il a fait plus : il nous a laissé, pour nous instruire, le récit de ses égarements, de ses luttes, de ses découragements, de ses gémissements, et enfin de sa victoire; récit touchant et dramatique s'il en fut. Où trouver plus de sensibilité rêveuse, plus de tendre mélancolie, plus de délicatesse, une étude plus profonde de l'âme humaine, de plus charmants détails, de naïfs aveux, de touchant abandon, en même temps qu'un style plus simple, plus élégant, plus souple.

En lisant les *Confessions*, on se sent ému malgré soi, tant l'écrivain sacré sait bien le chemin du cœur, tant il pénètre l'âme.

« Quand on nomme un saint aujourd'hui, dit M. de Châteaubriand, on se figure quelque moine grossier et fanatique livré par imbécilité ou par caractère à une superstition ridicule. Augustin offre pourtant un autre tableau : on voit un jeune homme ardent et plein d'esprit, se jetant à la fois dans les délices des passions et dans les plaisirs de la pensée, épuisant bientôt toutes les voluptés, et s'étonnant que les amours de la terre ne puissent remplir le vide de son cœur. Il tourne son âme inquiète vers le ciel; quelque chose lui dit que c'est là qu'habite cette souveraine beauté après laquelle il soupire. Dieu lui parle tout bas, et cet homme du siècle, que le siècle n'avait pu satisfaire, trouve enfin le repos et la plénitude de ses désirs dans le sein de la religion.

» Montaigne et Rousseau nous ont donné leur confession. Le premier s'est moqué de la bonne foi de son lecteur ; le second a révélé de honteuses turpitudes, en se proposant pour modèle de vertu. C'est dans les *Confessions* de saint Augustin qu'on apprend à connaître l'homme tel qu'il est. Le Saint ne se confesse pas à la terre, il se confesse à Dieu; il ne cache rien à celui qui voit. C'est un chrétien, à genoux devant le tribunal de pénitence, qui déplore ses fautes et qui les découvre, afin que le médecin applique le remède sur la plaie. Il ne craint point de fatiguer par des détails celui dont il a dit ce mot sublime : « Il est patient, parce qu'il est éternel. » Et quel magnifique portrait ne nous fait-il point du Dieu auquel il confie ses erreurs !

« Vous êtes infiniment grand, dit-il, infiniment bon, infiniment miséricordieux, infiniment juste; votre beauté est incomparable, votre force irrésistible, votre puissance sans bornes. Toujours en action, toujours en repos, vous soutenez, vous remplissez, vous conservez l'univers; vous aimez sans passion, vous êtes jaloux sans trouble, vous changez vos opérations, et jamais vos desseins... Mais que vous dis-je ici, ô mon Dieu! et que peut-on dire en parlant de vous? »

Le même homme qui a tracé cette brillante image du vrai Dieu va nous parler à présent avec la plus aimable naïveté des erreurs de sa jeunesse.

« Je partis enfin pour Carthage. Je n'y fus pas plus tôt arrivé que je me vis assiégé d'une foule de coupables amours, qui se présentaient à moi de toutes parts... Un état tranquille me semblait insupportable, et je ne cherchais que les chemins pleins de piéges et de précipices.

» Mais mon bonheur eût été d'être aimé aussi bien que d'aimer, car on veut trouver la vie dans ce qu'on aime.... Je tombai enfin dans les filets où je désirais être pris : je fus aimé.... Mais, ô mon Dieu! vous me fîtes alors sentir votre bonté et votre miséricorde, en m'accablant d'amertume; car, au lieu des douceurs que je m'étais promises, je ne connus que jalousie, soupçons, craintes, querelles et emportements. »

Le ton simple, triste et passionné de ce récit, le beau retour vers la Divinité et vers le calme du ciel, au moment même où le Saint semble le plus agité par les illusions de la terre et le souvenir des erreurs de sa vie; ce mélange de regrets et de repentir est plein de charmes. Nous ne connaissons point de mot de sentiment plus délicat que celui-ci :

« Mon bonheur eût été d'être aimé aussi bien que d'aimer, car on veut trouver la vie dans ce qu'on aime. »

C'est encore saint Augustin qui a dit cette parole rêveuse :

« Une âme contemplative se fait à elle-même une solitude. »

La Cité de Dieu, les Epitres et quelques Traités du même Père sont pleins de ces sortes de pensées (1).

Après les *Confessions* parurent divers autres ouvrages, que sa plume infatigable produisait avec une merveilleuse fécondité : un livre contre un nommé *Hilaire*, qui avait blâmé la coutume, qui commençait à s'introduire alors, de chanter des hymnes tirées du livre des Psaumes pendant l'oblation et tandis qu'on distribuait au peuple ce qui avait été offert (d'où vient peut-être la coutume des antiennes); *Les Commentaires sur saint Luc, saint Matthieu, et sur Job*, et le livre *du Catéchisme des Ignorants*. Ce dernier ouvrage, où l'on trouve des choses admirables, est une méthode de catéchiser les enfants et les ignorants, à l'usage des prêtres, des instituteurs et des pères de famille.

Il fit succéder à ces divers écrits les quinze livres *sur la Trinité*, dont il s'occupa plusieurs années, laissant et reprenant son travail à diverses reprises, selon que ces autres occupations le lui permettaient. Aussi ce livre ne fut-il complètement achevé que vers 416.

Les critiques mêmes qui se sont montrés le plus sévères envers saint Augustin n'ont pu s'empêcher de louer ce traité. Gennade, qui n'est pas suspect de partialité en faveur du saint évêque d'Hippone, dit que, selon l'expression de l'Ecriture, « il paraît, dans cet ouvrage, avoir été revêtu de la robe de la sagesse divine, qui éclate par toutes sortes de beautés (2). » Cassiodore dit que ces quinze livres demandent une application et une pénétration extrêmes, parce qu'ils sont d'une subtibilité et d'une élévation prodigieuses (3).

Telles furent les publications de saint Augustin pendant les premières années de son épiscopat. Quelle qu'en fût la quantité, elles ne l'empêchaient nullement, telle était sa facilité et l'abondance de son génie, de vaquer à ses fonctions et de faire en outre honneur à une vaste correspondance. L'état de sa santé laissait cependant beaucoup à désirer, et nous voyons, par sa correspondance, que, pendant une partie de

(1) M. de Châteaubriand, Génie du Christianisme, 3e Partie, IV., 1.

(2) Gennadius, de Scriptoribus ecclesiasticis Liber, C. 38.

(3) De Institutione Scripturarum, C. 16.

l'année 397, il fut condamné à garder le lit; il souffrait cruellement. « Tout était bien, disait-il, puisque Dieu le voulait ainsi (1). »

Dans cette même année, le père spirituel de saint Augustin, Mégale, évêque de Calame, mourut, et un disciple du Saint, Possidius, qui depuis écrivit sa vie, fut promu au siége vacant.

Au milieu de ces travaux et de ces publications, saint Augustin ne négligeait point le dessein de mettre un terme au schisme des donatistes. Il eut avec eux de nombreuses conférences; malheureusement ce fut presque toujours sans fruit. Les discussions amènent rarement des résultats autres que des triomphes ou des défaites pour l'amour-propre des parties; elles ne prouvent d'ailleurs guère que le plus ou moins d'habileté dialectique de ceux qui y prennent part, et non point la bonté de leur cause, la meilleure cause pouvant fort bien succomber, faute d'un bon avocat.

Les écrits et les sermons de saint Augustin avaient converti et convertissaient encore chaque jour les donatistes de bonne foi; quant aux autres, s'obstinant dans leur aveuglement, ils fermaient les yeux à la lumière, et se refusaient à toute discussion franche et sérieuse.

Ils continuaient en outre à troubler l'Afrique, les uns par leurs intrigues, les autres, les circoncellions, par leurs désordres et leurs brigandages. Ils prirent parti pour Gildon, comte de la milice romaine en Afrique, qui s'était révolté contre l'empereur Honorius, en 387. Après la défaite de ce rebelle, les chefs des donatistes furent mis à mort, et des lois sévères furent portées contre tout le parti. En 407, Honorius, confirmant toutes les lois faites par ses prédécesseurs contre les hérétiques et les païens, ordonna que tous les édifices du culte qu'ils possédaient fussent remis aux catholiques.

Plusieurs ouvrages de saint Augustin parurent à cette époque. Dans l'un d'eux (*Commentaire général sur la Genèse*), il raconte quelques aventures extraordinaires.

« Nous avons connu, dit-il (XII, 17), un homme tourmenté par l'esprit impur, et qui, recevant fréquemment les visites d'un prêtre, avertissait ceux qui l'entouraient du moment où ce prêtre se mettait en route pour aller le voir, quoique ce fût à près de cinq lieues de là.

(1) Lettre 38.

Il indiquait en outre, à mesure que ce prêtre avançait, tous les endroits de la route où il se trouvait, disant : Il est maintenant en tel lieu, il entre dans la maison... Il fallait assurément que ce malade, pour parler si justement, vît ces choses d'une manière quelconque, bien que ce ne fût point des yeux. Il avait la fièvre, et il disait tout cela comme un homme en délire. Peut-être était-il en effet en démence, et était-ce là ce qui faisait croire qu'il était possédé du démon. Il ne voulait recevoir aucune nourriture de ceux qui l'entouraient, et il fallait, pour qu'il en acceptât, qu'elle lui fût offerte par ce prêtre. Lui seul pouvait le calmer dans ses accès, et, aussitôt que le malade le voyait, il se tenait en repos et l'écoutait avec soumission. Cette maladie disparut avec la fièvre. »

« Un autre homme, aussi en démence, prédit la mort d'une femme avec des circonstances remarquables, non point en l'annonçant comme à venir, mais comme présente, quoiqu'elle ne le fût pas. Comme on était venu à parler de cette femme devant lui, il dit :

— Elle est morte, je l'ai vu porter en terre ; on a passé par ici avec son corps.

» Cependant cette femme était encore en vie et en parfaite santé. Mais, peu de jours après, elle mourut subitement, et toutes les circonstances prédites par l'homme en démence se réalisèrent. »

« Des jeunes gens en voyage voulurent, pour se divertir aux dépens de leur hôte, faire les astrologues, bien qu'ils ne sussent pas seulement ce que c'était que le zodiaque. Ils se mirent donc à dire à leur hôte tout ce qu'il leur vint à la bouche, d'autant plus encouragés à le faire et à continuer leurs prédictions que celui-ci les écoutait avec une naïve admiration, et avouait que tout ce qu'on lui disait était réellement arrivé. Ces jeunes gens ne le connaissaient point, non plus que l'histoire de sa vie, et cependant, par un étrange hasard, ils devinaient tout ce qui lui était arrivé. Ne pouvant s'expliquer ce fait qu'en supposant ces jeunes gens doués d'une science surnaturelle, plein de confiance en eux, il leur demanda des nouvelles de son fils. Ce jeune homme était absent depuis long-temps, et le père en était fort en peine. Ceux-là, qui allaient partir, et qui se souciaient peu de ce qui arriverait après leur départ, répondirent :

— Votre fils, il se porte fort bien, et rentrera aujourd'hui même dans la maison paternelle.

» Ils pensaient bien que le père, si leur prophétie ne se réalisait pas, ne courrait point après eux pour les punir; mais il se trouva, par une étonnante coïncidence, qu'ils avaient dit vrai, et que le fils arriva le jour même (1).

« Dans une autre circonstance, un jeune homme dansait dans un temple païen, contrefaisant l'enthousiaste. Après les sacrifices du matin, où les prêtres des idoles dansaient seuls devant elles, on permettait aux jeunes gens de les contrefaire l'après-midi, pour se divertir. Celui-ci dansait ainsi, et faisait rire l'assistance. Tout-à-coup il fait faire silence, et annonce à tous ceux qui l'environnaient que, la nuit suivante, il y aurait un homme tué par un lion de la forêt voisine, et que dès le point du jour, tout le peuple sortirait de la ville pour aller voir son cadavre. Il ne disait cela que par forme de plaisanterie, et ceux qui l'avaient entendu l'avaient compris ainsi. Mais il se trouva, au grand étonnement de tous et du devin le premier, que ce qu'il avait annoncé arriva comme il l'avait dit. »

Les violences des donatistes croissaient de jour en jour : les conciles, dont la patience était poussée à bout, après les avoir, à diverses reprises, engagés et sommés de rentrer dans le giron de l'Eglise, ou au moins de consentir à engager des discussions publiques où le bon droit pourrait éclater, les conciles, disons-nous, eurent enfin recours à l'autorité impériale, et appelèrent l'attention d'Honorius sur les troubles que ces schismatiques ne cessaient de causer en Afrique. Des mesures furent prises contre eux, mais elles ne servirent qu'à allumer davantage leur fureur. Les prêtres et les évêques furent surtout les objets de leurs violences. Ils les diffamaient en les calomniant, quand ils n'étaient pas assez nombreux pour les attaquer à force ouverte.

Un jour que Possidius, évêque de Calame, se rendait à Rugiline, ville de son diocèse, pour y visiter le peu de catholiques qui y étaient, et les consoler dans les épreuves qu'ils avaient à subir de la part des donatistes, un parti de ceux-ci, conduit par un de leurs prêtres nommé Crispin et parent de Possidius, l'attendit en armes sur le chemin pour le tuer. Le vénérable évêque de Calame en fut averti, et, prenant une autre direction, chercha un refuge dans un lieu nommé Livet. Mais les

(1) XII, 22.

donatistes l'y poursuivirent et attaquèrent la maison où il s'était retiré. Ils l'assaillirent à coups de pierres, s'efforcèrent d'enfoncer la porte, et essayèrent, à plusieurs reprises, d'y mettre le feu : ils en fussent venus à bout si les habitants de la ville, craignant les suites de l'incendie, n'eussent tout fait pour y mettre obstacle. Enfin la porte de la maison céda sous l'effort des assaillants : ils s'y jetèrent avec fureur, la pillèrent, tuèrent les bêtes de somme, maltraitèrent les personnes qui s'y trouvaient, et, en arrachant de force Possidius, ils lui firent subir toutes sortes d'outrages. Ils l'eussent mis à mort si Crispin, voyant les nombreux témoins qui les entouraient et qui les menaçaient de la vengeance des magistrats, n'eut arrêté ces furieux. L'évêque de Calame fut laissé sur la place, couvert de contusions et baigné dans son sang. L'affaire fut portée devant les magistrats de la province ; mais, par leurs intrigues, les donatistes parvinrent à se faire absoudre. L'empereur Honorius, ayant été informé de cette sentence, en fut indigné : il condamna les donatistes et les juges qui les avaient acquités à payer chacun une amende de dix livres d'or.

Mais ce fut surtout saint Augustin qui fut l'objet des attaques de ces schismatiques. Il avait engagé une polémique contre l'un d'eux, nommé Pétilien. Cet homme, abattu par la force des raisons et par les preuves dont il l'accablait, s'en vengea en répandant contre lui un torrent d'injures et de calomnies. Saint Augustin y répondit avec une simplicité et une douceur admirables.

« Je déclare, dit-il, que je condamne et que je déteste tout le temps de ma vie qui a précédé mon baptême, n'y rcherchant que la gloire de celui qui m'a délivré de moi-même. Aussi, quand j'entends blâmer ma conduite d'alors, quel qu'en soit le motif, ne suis-je pas assez ingrat envers la miséricorde divine pour me plaindre de ce blâme ? Plus on exagère mes fautes, plus je bénis le médecin qui m'a guéri (1). »

Voyant le bon sens public, non moins que l'inaltérable douceur du saint, faire justice de leur calomnies, les donatistes, irrités, résolurent d'employer contre lui d'autres armes. Plusieurs fois, tandis qu'il visitait son diocèse, les circoncellions lui dressèrent des embuscades et l'attendirent. Il fut assez heureux pour n'y jamais tomber, bien qu'un

(1) Libri contra Litteras Petiliani, III, 10.

jour il en eût couru le danger et qu'il ne dût son salut qu'à ses guides, qui, s'étant égarés, le firent passer par un autre chemin que celui où les donatistes l'attendaient, et où il eût trouvé la mort.

D'autres ecclésiastiques n'étaient point aussi heureux que lui : surpris par les circoncellions, ils étaient maltraités, couverts de blessures et souvent mutilés.

Un prêtre du diocèse d'Hippone, nommé Restitutus, jadis donatiste, avait été touché par la force de la vérité, et avait embrassé la foi catholique. Pour s'en venger, les circoncellions l'enlevèrent de force de chez lui, et le menèrent en plein jour dans un château voisin. Là, à la vue d'un grand nombre de personnes qui n'osèrent les en empêcher, ils dépouillèrent Restitutus de ses vêtements, l'accablèrent de coups de bâton; puis, quand ils furent las, ils le roulèrent dans la boue, et le couvrirent d'un habit de jonc. Après l'avoir exposé assez long-temps en cet état à la risée des uns et à la compassion des autres, ils le conduisirent dans un de leurs temples, où ils le retinrent enfermé pendant douze jours, jusqu'à ce que le magistrat de la province, informé de cette violence, l'eût fait relâcher. Les coupables furent saisis et punis, ce qui n'empêcha point que, quelques années après, ce même prêtre, étant tombé de nouveau dans une embuscade des circoncellions, fut mis à mort par eux, et obtint la couronne du martyre. Les coupables furent arrêtés et traduits devant le tribunal de Marcellin, juge à Carthage; mais saint Augustin intercéda pour eux, et écrivit à ce sujet cette admirable lettre à leur juge :

AUGUSTIN,

Au tribun Marcellin, très-auguste seigneur et très-cher fils, salut en Dieu.

« J'ai appris que ces circoncellions et ces clercs du parti donatiste que l'autorité publique avait transférés de la juridiction d'Hippone à votre tribunal avaient été entendus par Votre Excellence, et que la plupart d'entre eux avaient avoué l'homicide qu'ils avaient commis sur le prêtre catholique Restitutus, et les blessures qu'ils ont faites à Innocent, prêtre catholique, en lui crevant un œil et en lui coupant un doigt à coups de pierre. Cela m'a jeté dans une grande inquiétude que Votre Excellence ne veuille les punir avec toute la rigueur des lois, en leur faisant souffrir ce qu'ils ont fait.

» Aussi j'invoque par cette lettre la foi que vous avez en Jésus-Christ, et, au nom de sa divine miséricorde, je vous conjure de ne point faire cela, et de ne point permettre qu'on le fasse. Quoique nous puissions, en effet, paraître étrangers à la mort de ces hommes qui sont soumis à votre jugement, non sur notre accusation, mais sur l'avis de ceux auxquels est confié le soin de la paix publique, nous ne voulons pas que les souffrances des serviteurs de Dieu soient vengées, d'après la loi du talion, par des supplices semblables : non que nous voulions empêcher qu'on ôte aux hommes coupables le moyen de mal faire, mais nous souhaitons que ces hommes, sans perdre la vie et sans être mutilés en aucune partie de leur corps, soient, par la surveillance des lois, ramenés d'un égarement furieux au calme du bon sens, ou détournés d'une énergie malfaisante pour être employés à quelque travail utile. Cela même est encore une condamnation : mais peut-on ne pas y trouver un bienfait plutôt qu'un supplice, puisque, en ne laissant plus de place à l'audace du crime, elle permet le remède du repentir ? Juge chrétien, remplis le devoir d'un père tendre ; dans ta colère contre le crime, souviens-toi cependant d'être favorable à l'humanité, et, en punissant les attentats des pécheurs, n'exerce pas toi-même la passion de la vengeance (1). »

Saint Augustin écrivit encore, dans le même but, au proconsul de la province, et ce ne fut pas sans résultat ; car les magistrats, touchés de cette intervention si généreuse, se montrèrent beaucoup plus indulgents qu'ils n'eussent fait si les catholiques, au lieu d'intercéder en faveur des coupables, avaient réclamé leur châtiment.

Les Pères du concile de Carthage (404) invoquèrent néanmoins le secours de l'empereur pour faire mettre un terme à ses violences, et forcer, au besoin, les donatistes à rentrer dans l'unité de l'Eglise. Saint

(1) Epître, 175, traduct. de M. Villemain.

Augustin s'était d'abord élevé contre cette démarche : il pensait qu'il ne fallait forcer personne à changer de religion, et que, dans ce cas, on ne devait agir que par conférences et par raison, pour ne point changer des hérétiques déclarés en des catholiques déguisés. Il finit néanmoins par se ranger à l'avis de ses collègues. Le concile décida, en conséquence, que l'on supplierait l'empereur de renouveler et de confirmer les lois qui avaient été portées contre les hérétiques, soit par lui, soit par ses prédécesseurs.

Une loi de Théodose-le-Grand condamnait les évêques et les prêtres schismatiques à payer une amende de dix livres d'or : le concile demanda que cette loi fût appliquée aux donatistes dans tous les lieux où les catholiques auraient souffert quelque violence ou quelque dommage de la part des circoncellions. Une autre loi privait les hérétiques de la faculté de donner ou de recevoir quoi que ce fût par donation ou par testament : le concile proposa de l'appliquer aux donatistes qui persévéreraient dans leur schisme. Enfin une troisième loi devait rendre les villes et les propriétaires de biens-fonds responsables de toutes les violences que les circoncellions commettaient dans leur enceinte contre les catholiques.

Tandis que les députés du concile portaient à Honorius les vœux de cette assemblée, ce prince recevait de plusieurs endroits des plaintes au sujet des violences des donatistes.

Maximien, évêque catholique de Bagaï, s'était fait restituer, par jugement contradictoire, une église que les donatistes avaient enlevée aux catholiques. Ceux-là, pour s'en venger, pénétrèrent un jour dans sa métropole, tandis qu'il était à l'autel, le frappèrent avec les débris de l'autel, qu'ils avaient brisé, et, après l'avoir dépouillé de ses vêtements, traîné sur le sol de l'église et torturé pendant longtemps, ils le portèrent tout sanglant au haut d'une tour, d'où ils le précipitèrent. Ils le croyaient mort; mais il respirait encore, parce qu'il était tombé non sur le sol, mais sur un monceau de sable, sur lequel il demeura sans connaissance. Il fut trouvé là par hasard par des mendiants qui l'emportèrent chez eux, soit par pitié, soit dans l'espérance de recevoir quelque récompense des catholiques, lorsqu'ils leur rendraient leur évêque, mort ou vif. Des personnes de piété le recueillirent ensuite, et lui prodiguèrent tant de soins qu'il revint à la vie et guérit.

Quand il fut en état de voyager, il se rendit en Italie, où le bruit de son assassinat avait soulevé l'horreur et l'indignation de tout le monde, et demanda justice et protection à l'empereur, non pour se venger, ce qui était loin de sa pensée, mais pour mettre désormais son église à couvert de pareilles insultes. En arrivant à la cour d'Honorius, il y trouva non-seulement les députés du concile de Carthage, mais une foule de personnes qui venaient porter aux pieds du trône des plaintes et des vœux analogues aux siens. Aussi l'empereur, impatienté des soucis que lui donnaient les donatistes et des troubles qu'ils excitaient en Afrique, alla-t-il au-delà des demandes du concile de Carthage, et lança-t-il contre ces schismatiques les édits les plus sévères (405).

Il déclara qu'il voulait exterminer entièrement l'hérésie des donatistes : à cet effet il ordonna qu'on mît le séquestre sur tous leurs biens jusqu'à ce qu'ils se convertissent ; il confisqua leurs églises, affranchit ceux de leurs esclaves qui voudraient se faire catholiques, interdit leurs assemblées sous peine de fouet, et fit en outre droit à toutes les demandes du concile de Carthage (1).

Saint Augustin et les Pères du concile, ses collègues, n'apprirent qu'à regret ces édits si sévères, qui dépassaient de beaucoup leurs intentions.

Au milieu des soins que les donatistes donnaient au saint évêque d'Hippone, il puisait de grandes consolations, soit dans l'amour et la vénération dont son troupeau lui prodiguait les témoignages, soit dans les succès qu'il obtenait dans la conversion des pécheurs ou des hérétiques. C'est ainsi qu'après une discussion fort longue et fort sérieuse avec un des principaux manichéens, nommé Félix, il parvint à le confondre et à le ramener enfin dans le sein de l'Eglise orthodoxe.

Les lois sévères d'Honorius contre les hérétiques et particulièrement contre les donatistes, ne contribuaient d'ailleurs pas peu à multiplier les conversions. Tous ceux qui jusqu'alors avaient hésité, pour de faibles motifs, à quitter le schisme s'empressèrent de le faire : tels étaient ceux qui n'y étaient demeurés que parce qu'ils craignaient les violences des circoncellions ; ceux qui y étaient nés, et qui, n'ayant jamais examiné si leur communion était légitime ou non, commencèrent à y faire

(1) Code Théodosien, XVI, 5, 6.

réflexion, et n'y trouvèrent rien qui les obligeât à s'exposer à de si grands maux; ceux enfin qui suivirent l'exemple des premiers. Aussi l'Eglise eut-elle la consolation de voir revenir dans son sein des populations entières (1). Et ces nouveaux convertis, les uns par zèle, les autres par feinte, devenaient presque tous d'ardents catholiques. La plupart d'entre eux d'ailleurs témoignaient de la joie d'avoir été enfin délivrés des soucis et des troubles de toutes sortes auxquels les exposait auparavant la secte turbulente à laquelle ils avaient appartenu.

Mais ceux qui, bravant la rigueur des lois, persévéraient dans le schisme, outrés de se voir abandonnés ainsi par leurs frères, n'en devenaient que plus furieux et redoublaient de violence. Les circoncellions se mirent à courir de côté et d'autre, troublant la paix de l'Eglise et le repos public : ils allaient attaquer, la nuit, les ecclésiastiques catholiques, pillaient leurs maisons, et les maltraitaient cruellement. Ils inventèrent même contre eux un supplice nouveau : ils les aveuglèrent en leur versant de la chaux dans les yeux. Ils s'aperçurent, par la suite, que cette blessure n'était point incurable, et, pour lui donner ce caractère, ils ajoutèrent du vinaigre à la chaux.

Ces violences jetaient la terreur dans la province, imposaient silence aux opprimés ; mais elles ne profitaient point à la cause des donatistes ; elles la rendaient, au contraire, odieuse aux hommes modérés, et les engageait à la quitter : c'est ce qui explique comment ce furent précisément dans les contrées qu'ils maltraitèrent le plus que la décadence de leur parti fut le plus rapide : tels furent les diocèses d'Hippone et de Cirtha. Saint Augustin, avant de mourir, eut la consolation de voir son église entièrement délivrée de cette plaie.

Encouragés sans doute par la faiblesse ou l'incurie des gouverneurs de la province, qui ne réprimaient que mollement ces désordres, les païens voulurent les imiter. Au mépris d'une loi nouvellement publiée, ceux de Calame célébrèrent une de leurs fêtes, et parcoururent la ville en dansant, et en affectant de s'arrêter devant la porte de l'Eglise catholique. Les prêtres et l'évêque les ayant invités à s'en éloigner, ils se mirent à jeter des pierres contre l'église. Le clergé catholique invoqua

(1) Saint Augustin, Epit. 48, 50.

alors l'intervention du magistrat de la ville; mais ce fut en vain. Les païens, excités par leur impunité, revinrent à différentes fois contre la basilique, l'assaillirent d'abord de pierres, et finirent par y mettre le feu, ainsi qu'aux maisons de ceux qui la servaient. Ils poursuivirent ensuite les prêtres et les religieux, et en ayant saisi un, ils le tuèrent. L'évêque s'était enfui et caché dans une caverne, d'où il entendit les cris de ces furieux qui le cherchaient, en disant qu'ils n'auraient rien fait tant qu'ils ne l'auraient pas trouvé et mis à mort. La sédition dura plusieurs heures, jusque fort avant dans la nuit, sans que les magistrats de la ville se missent en devoir de l'empêcher.

Saint Augustin, aussitôt qu'il eut appris cet événement, se rendit à Calame pour consoler les chrétiens qui en avaient souffert, et apaiser le ressentiment qu'ils pouvaient en avoir conçu. Les païens voulurent aussi le voir, et demandèrent à lui parler : quand ils eurent été admis en sa présence, ils le supplièrent d'intercéder pour eux près de l'empereur. Saint Augustin leur répondit que le seul moyen de détourner d'eux l'orage qu'ils avaient attiré sur leurs têtes, c'était de se faire chrétiens: que, du reste, les évêques chrétiens étaient décidés à réclamer contre les coupables une punition qui prévînt à l'avenir de tels excès, sans néanmoins passer les bornes de la douceur chrétienne, dont le but n'est pas la vengeance, mais l'amélioration des coupables.

Mais les révolutions du palais impérial (408) qui eurent lieu à cette époque et les changements dans l'administration de l'Afrique, qui en furent les conséquences, firent oublier l'affaire de Calame : le premier ministre, Stilicon, et les principaux officiers de l'empire avaient été tués par les soldats révoltés. Les païens et les hérétiques prétendirent que tous les édits publiés contre eux pendant le gouvernement de Stilicon étaient abolis par le fait de sa mort, et ils recommencèrent de tous côtés leurs menaces et leurs violences contre les prêtres et les évêques catholiques. Le concile de Carthage, touché de cet état insupportable, députa vers l'empereur deux prélats, chargés d'exposer à ce prince les maux de l'Eglise d'Afrique, et de le supplier d'y porter remède. Saint Augustin, de son côté, écrivit à Olymde, gouverneur de l'Afrique, qui résidait en ce moment à la cour.

L'empereur Honorius s'empressa de répondre à des sollicitations aussi respectables, et, le 24 novembre 408, il publia un édit dans lequel il porta la peine de mort contre quiconque porterait atteinte aux droits de l'Eglise catholique (1). Il déclara en outre que désormais les catholiques seraient seuls aptes à remplir des fonctions publiques (2), et que seuls ils auraient le droit de s'assembler pour célébrer les cérémonies de leur culte (3).

La rigueur de ces lois dépassait de beaucoup les vœux de saint Augustin; aussi, dès qu'il en eut connaissance, écrivit-il au proconsul d'Afrique, pour le prier de ne les point appliquer dans toute leur rigueur; et, lui donnant, à l'appui de sa cause, non-seulement les raisons que lui inspirait sa charité évangélique, mais encore celles qu'il croyait le plus capables de toucher un administrateur : il lui représenta que si l'on sévissait avec trop de sévérité contre les hérétiques et les païens qui commettaient quelque violence envers l'Eglise catholique, les prêtres et les évêques qui auraient été victimes de ces violences n'oseraient s'en plaindre, de peur d'être la cause de la mort des coupables; ce qui rendrait inefficaces les mesures que le gouvernement avait prises pour faire cesser les désordres dont l'Afrique était depuis si longtemps le théâtre (4).

Ces soins, si touchants d'ailleurs, étaient superflus : l'administration impériale, comme tout ce qui est faible, pouvait se montrer violente, mais était incapable d'un acte soutenu d'énergie. La loi d'Honorius fut si peu observée que, trois mois après qu'elle avait été rendue, elle eut besoin d'être confirmée, et qu'une année ne s'était pas écoulée qu'elle était abrogée.

Mais les malheurs de l'Afrique n'étaient rien en comparaison de ceux dont était affligé le reste de l'empire d'Occident : depuis deux ans la Gaule était sans défense, en proie à une infinité de barbares qui la couvraient de sang et de ruines; quant à l'Italie, depuis la mort de Stilicon, le dernier boulevard de l'empire, Alaric, roi des Goths, la parcourait en tous sens, le fer et le feu à la main. Deux fois il avait assiégé Rome : la première fois, la Ville éternelle s'était rachetée du pillage en

(1) Code Théodosien, XVI, 3.
(2) *Ibid.*, XLI.
(3) *Ibid.*, XLV.
(4) Lettres 427 et 528.

livrant l'or de ses idoles ; la seconde fois, en recevant un empereur de la main des barbares. Cet homme, nommé Attale, décoré par Attila d'un lambeau de pourpre, envoya quelques troupes pour se saisir de l'Afrique ; mais elles périrent toutes, grâce aux sages mesures prises par le comte Héraclien, qui était alors gouverneur de cette vaste province ; ce magistrat fit en même temps fermer tous les ports soumis à son autorité, ce qui réduisit Rome à une famine extrême, et fit écrouler le trône fragile de son fantôme d'empereur. Cependant Honorius, enfermé dans l'imprenable ville de Ravenne, ne prenait aucun souci des maux de ses sujets ; il n'en prenait du reste pas davantage de la conservation de sa couronne, et, au lieu de songer à la défendre contre Attale, il se préparait à fuir en Orient et à abandonner son trône, quand il apprit que la famine avait fait justice de son compétiteur.

Les barbares avaient pénétré jusqu'en Espagne, et s'y étaient déjà établis. Les solitudes de l'Egypte n'étaient plus même un asile ; des hordes sauvages en avaient troublé les paisibles retraites ; les monastères en avaient été détruits, et leurs pieux habitants avaient été égorgés (1).

Chose étrange ! au milieu de tous ces maux, Rome était redevenue presque païenne. En voyant la fortune de l'empire chanceler avec celle de leur antique religion, les Romains attribuèrent leurs maux à la vengeance des dieux qu'ils avaient abandonnés. Ils revinrent donc à leurs idoles ; toutes les cérémonies défendues par les lois de Gratien, de Théodose et d'Honorius reparurent publiquement. Le préfet de Rome fit venir des aruspices toscans, et, le jour de son installation, le dernier consul, par une vaine parodie, ressuscita les cérémonies augurales (2).

Alaric vint bientôt mettre un terme à ces tristes réminiscences : cette même année, en 410, Rome fut prise d'assaut par ses troupes, et désolée par le meurtre et le pillage ; il n'y eut d'asile que dans les églises chrétiennes : les païens mêmes s'y réfugièrent.

La manière dont cette calamité fut ressentie par tous les peuples chrétiens, dit M. Villemain, est un des traits mémorables de cette épo-

(1) Saint Augustin, Lettre 122.

(2) M. Villemain.

que. Beaucoup de familles illustres avaient fui, emportant avec elles, en Afrique et en Asie, le récit et l'image de ce grand désastre ; mais le monde, ce monde romain composé de vaincus, apprit cette nouvelle avec une sorte de joie. Le génie chrétien, secondant la vieille jalousie des nations, triomphait de voir tomber la ville enivrée du sang des martyrs.

On aperçoit ce sentiment à travers l'éloquente pitié qu'exprime l'évêque d'Hippone dans plusieurs discours prononcés à cette occasion. Cependant une grande récrimination s'élevait de la part de tous ceux qui n'étaient pas chrétiens : ils reprochaient au christianisme la dernière catastrophe de l'empire ; ils rappelaient les anciennes prospérités de Rome sous le culte des dieux. Saint Augustin, qui recevait en Afrique, avec la plus grande charité, les victimes échappées du sac de Rome, voulut, il nous l'apprend lui-même, répondre à ces reproches par un grand ouvrage d'histoire et de philosophie.

Mais avant de l'entreprendre, et de peur sans doute qu'une telle réponse, en se faisant trop attendre, ne perdît le mérite de l'à-propos, et n'eût point d'ailleurs toute la publicité désirable, il aborda ce sujet dans ses sermons. Il réfuta les accusations des païens, en faisant voir que c'était à leurs vices et à leurs mœurs dépravées que les Romains devaient attribuer leurs malheurs, et non point à la vengeance impuissante des dieux, qui n'étaient que des démons, ou les créations de la pensée de l'homme. Le saint finissait ensuite en exhortant ses auditeurs à proportionner, autant qu'ils le pouvaient, leur charité aux maux de leurs frères fugitifs et aux secours dont ils pouvaient avoir besoin. « Que les chrétiens, disait-il, laissant les païens blasphémer dans leur malheur, fassent ce que Jésus-Christ leur ordonne. »

Les païens n'en renouvelaient pas moins leurs récriminations ; ce qui forçait saint Augustin à revenir, de son côté, sur ce sujet et à leur répondre. Ils lui reprochaient alors de se complaire dans ce sujet, de le traiter sans cesse, et d'insulter ainsi aux malheurs de Rome, en en parlant sans cesse (1).

On ne saurait, quand on lit les écrivains de ce temps, se défendre

(1) Voir le Sermon 105.

d'un sentiment d'étonnement profond, en voyant qu'au sein des maux effroyables qui fondent sur eux de toutes parts, dans cette tempête de sang et de feu qui les emporte, les révolutions politiques n'obtiennent que la moindre part de leur attention : les discussions religieuses, les schismes, les hérésies, la chute du paganisme, les occupent beaucoup plus que la chute de l'empire romain. Comme des soldats qui, au milieu d'une bataille, tandis que la mort moissonne à leurs côtés leurs compagnons et les menace sans cesse, causent de leur patrie, des lieux paisibles qui les ont vus naitre, de leurs vieux parents, de leurs affections, des honneurs et des récompenses qu'ils comptent obtenir, les hommes du ve siècle, tandis que sur la terre tout meurt ou s'écroule autour d'eux, ne pensent et ne s'intéressent qu'aux affaires du ciel, aux intérêts de l'autre vie. Le regard tourné vers une autre patrie, ils sentaient moins vivement les maux de celle-ci.

Un seigneur de Rome nommé Pinianus, jeune et immensément riche, avait fui de cette ville avec sa femme, Mélanie, et plusieurs personnes de sa famille, et, se retirant successivement devant le torrent de l'invasion des barbares, était venu en Afrique, à Tagaste. Sa famille et lui firent don à l'église de cette ville d'ornements précieux et de fonds de terre; ils bâtirent et dotèrent deux monastères, l'un pour quatre-vingts religieux, et l'autre pour cent trente religieuses.

Mais ils ne demeurèrent pas long-temps à Tagaste : ils étaient venus en Afrique pour y voir saint Augustin; ils se rendirent donc, le plus tôt qu'ils purent, à Hippone. Pinianus craignait que le peuple de cette ville ne l'obligeât de se faire prêtre, pour que, selon les lois de l'Eglise en ce temps, il fit cession de tous ses biens à la basilique et aux pauvres d'Hippone. Il fit donc promettre d'avance à saint Augustin qu'il ne l'ordonnerait pas prêtre malgré lui, et qu'il ne l'exhorterait même point à embrasser le sacerdoce.

Il ne s'était point trompé dans ses appréhensions. Un jour qu'il se trouvait dans la basilique d'Hippone au moment où saint Augustin et saint Alype y faisaient une instruction aux catéchumènes, le peuple interrompit leurs discours en demandant à grands cris que Pinianus fût fait prêtre. Saint Augustin se leva de son siége, et, après avoir attendu que ces cris se fussent un peu apaisés, il dit à la foule qu'il avait promis à Pinianus de ne point l'ordonner malgré lui, et qu'il renoncerait plutôt à l'épiscopat que de se rendre en quoi que ce fût complice de la violence qu'on voulait faire à son hôte à cause de ses richesses. Après ces mots, il s'en retourne vers son siége, qui était sur une estrade, auprès de laquelle Pinianus et sa jeune femme, Mélanie, s'étaient retirés dès le commencement du tumulte.

Surpris et déconcerté d'abord par la réponse du saint, le peuple, comme un feu que le vent a d'abord un peu comprimé, commença bientôt à s'agiter avec plus d'ardeur, pensant ou qu'il forcerait saint Augustin à manquer à sa promesse, ou que, s'il y persistait, on pourrait faire ordonner Pinianus par un autre évêque. Mais saint Augustin, s'adressant aux plus considérables d'entre les assistants, qui étaient montés sur les degrés de son estrade, leur répondait qu'il ne manquerait point au serment, et que, d'autre part, les canons des conciles de l'Afrique s'opposaient à ce que Pinianus fût ordonné, à Hippone, par un autre évêque que par celui du diocèse, à moins que ce ne fût du consentement de celui-ci; ce qui n'aurait pas lieu, attendu qu'il ne s'y prêterait jamais. Il leur représenta, en outre, qu'ordonner Pinianus malgré lui, ce serait le meilleur moyen de lui faire quitter le diocèse dès qu'il serait ordonné.

Ceux qui étaient auprès de saint Augustin, et qui avaient entendu ces raisons, en reconnurent la justesse et s'y rendirent; mais la foule, qui ne les avaient point entendues, et qui entourait l'estrade un peu en arrière de ses chefs, continuait à pousser des cris avec un bruit horrible, et, persévérant dans sa volonté, mettait ses chefs dans un grand embarras. Elle devenait menaçante, et, dans ses paroles, ne respectait même plus le caractère de ses pontifes, accusant saint Alype d'avoir, dans des vues d'intérêt, privé, détourné Pinianus de s'établir dans le diocèse d'Hippone.

Le tumulte devenait inquiétant, et il y avait lieu de craindre que quelques-uns de ces hommes perdus et avides de troubles, que l'on trouve dans toutes les émeutes populaires, ne profitassent de cette occasion pour se livrer à la violence et au pillage. Saint Augustin souffrait cruellement, non pour lui-même, mais pour saint Alype et pour Pinianus et sa jeune femme, qui se trouvaient là au milieu d'une populace en fureur, que ni la sainteté du lieu, ni le caractère vénérable des pontifes, ni les droits sacrés de l'hospitalité, ne pouvaient arrêter dans ses excès. Il voyait, d'un côté, son ami et son collègue, Alype, exposé aux injures et aux accusations calomnieuses de la foule, et, de l'autre,

Pinianus et Mélanie, qui se plaignaient de ce que le peuple d'Hippone cherchait non un prêtre, mais un homme qui lui distribuât de grandes richesses.

Il n'osait se retirer, dans la crainte que la foule, n'étant plus retenue par la présence de son évêque, ne se livrât aux dernières violences. Pinianus, espérant le tirer d'embarras, lui dit alors qu'il promettait de s'établir à Hippone si l'on voulait renoncer au projet de le forcer à s'engager dans les ordres. Saint Augustin, se flattant que cette nouvelle serait bien accueillie du peuple, lui demanda un peu de silence, et lui annonça la résolution de Pinianus. Mais il ne trouva pas tout l'accueil qu'il avait espéré : l'on murmura encore; et les plus mutins, après avoir un instant délibéré entre eux, demandèrent que Pinianus s'engageât en outre, dans le cas où il voudrait entrer dans la cléricature, de ne se faire ordonner que dans l'église d'Hippone et de ne s'attacher à aucune autre. Pinianus y consentit, et, après quelque hésitation sur les termes dans lesquels serait faite la promesse, il s'engagea par serment. Le peuple répondit : *Dieu soit béni*, et demanda ensuite qu'il signât cet engagement. Pinianus y consentit encore. Il voulut aussi que les évêques et les prêtres présents apposassent leur signature à cet acte; et déjà saint Augustin avait commencé la sienne, lorsque Mélanie déclara s'y opposer, sans pourtant donner de raisons; de sorte que le paraphe du saint demeura imparfait.

La famille de Pinianus et de sainte Mélanie (1) se plaignit d'autant plus amèrement de cette violence qu'on leur avait faite, que, dans le premier moment, elle n'en fut informée que d'une manière fort inexacte. Elle écrivit à ce sujet à saint Augustin. Le saint lui répondit, et se justifia en lui racontant les choses telles qu'elles s'étaient passées; et c'est par sa lettre (2) que le récit fidèle de cet événement si caractérisque nous est parvenu.

Saint Augustin obtint, du reste, du peuple d'Hippone, qu'il déchargeât Pinianus du serment qu'il lui avait arraché; car, après avoir vécu

(1) Mélanie fut admise par l'Eglise au nombre des saintes dont elle honore la mémoire.

(2) Lettre 225, saint Augustin à Albine, mère de Pinianus.

sept ans en Afrique, avec sa femme, sainte Mélanie, d'une manière admirable, et dans les exercices de la piété, il partit pour l'Orient, où il vit saint Jérôme. Ces affaires avaient néanmoins beaucoup chagriné saint Augustin, au point qu'il manifesta le désir de renoncer à l'administration des biens de l'Eglise.

Un événement plus important, qui se préparait alors, vint le distraire de ces peines : un grand concile de tous les évêques catholiques et donatistes s'assemblait à Carthage, pour y traiter et y décider, s'il était possible, la question du schisme. Les prélats catholiques s'y rendirent isolément et sans pompe. Les donatistes entrèrent, au contraire, dans Carthage en procession et avec un éclat extraordinaire. Aucun de leurs évêques n'y manqua, leur primat leur ayant ordonné de tout quitter pour y venir : ils s'y trouvèrent donc au nombre de deux cent soixante-dix-neuf; des quatre cent six évêques catholiques que l'on comptait alors en Afrique (1), deux cent quatre-vingt-six assistèrent à la conférence.

Les donatistes firent d'abord de grandes difficultés sur les questions d'ordre; lorsque, par leur esprit de conciliation, les catholiques les eurent aplanies, on aborda les questions de fond. Les évêques catholiques publièrent, dès le début, une déclaration par laquelle ils s'engageaient à se démettre de leur dignité pontificale, si les donatistes parvenaient à les convaincre d'erreur; dans le cas contraire, les évêques catholiques et les donatistes conserveraient également leur dignité; mais dans les villes où il se trouverait à la foi un évêque catholique et un évêque donatiste, celui-là jouirait de la préséance; à la mort de l'un des deux, le survivant administrerait désormais seul le diocèse.

« Pouvons-nous, dit à ce sujet saint Augustin, hésiter d'offrir ce sacrifice d'humilité au Sauveur qui nous a rachetés? il est descendu du ciel et a pris un corps semblable au nôtre, afin que nous fussions ses membres, et nous hésiterions à descendre de nos chaires pour ne pas

(1) Saint Augustin, Abrégé des Actes de la Conférence de Carthage. Quelques éditions du texte même de ces Actes portent le nombre des évêques catholiques à 506 : il y avait, en outre, à cette époque, environ 60 siéges vacants.

laisser ses membres déchirés par un schisme cruel ?... Si nous sommes évêques, c'est pour le service du peuple chrétien. Usons donc de notre épiscopat pour qu'il soit le plus utile possible au peuple chrétien, pour y établir l'union et la paix de Jésus-Christ. Il est notre maître, et, si nous désirons son avantage, nous ne devons point regretter qu'il fasse un gain éternel au profit de nos honneurs éphémères. Il vaudra bien mieux pour nous que, en quittant la dignité épiscopale, nous réunissions le troupeau de Jésus-Christ que si, en la conservant, nous le dispersons. »

« Il faut, mes frères, dit-il encore dans un sermon fait à cette occasion, que je vous fasse part d'une chose bien agréable et bien consolante qui nous est arrivée par la miséricorde de Dieu. Avant la conférence, nous nous rencontrâmes un jour quelques évêques ensemble, et nous entretînmes de cette vérité : Que c'est pour la paix de Jésus-Christ et pour le bien de l'Église qu'il faut être évêque, ou cesser de l'être. Je vous avoue qu'en jetant les yeux sur nos confrères, nous n'en trouvions pas beaucoup qui nous parussent disposés à faire ce sacrifice d'humilité au Seigneur. Nous disions, comme cela se fait ordinairement dans ces circonstances : Celui-ci en serait capable, celui-là ne le serait pas; un tel s'y prêterait, un tel autre n'y consentirait jamais; et en cela nous suivions nos conjectures, ne connaissant pas d'ailleurs quelles étaient leurs dispositions intérieures. Mais quand on vint à le proposer dans le concile général, qui était composé de près de trois cents évêques (catholiques), tous l'agréèrent d'un consentement unanime, et s'y portèrent même avec ardeur, prêts à quitter l'épiscopat pour l'unité de Jésus-Christ, et croyant non le perdre, mais le mettre plus sûrement en dépôt entre les mains de Dieu même (1). »

Les donatistes n'acceptèrent aucune de ces propositions.

Cependant saint Augustin prêchait dans la basilique de Carthage, et prêtait à la cause de la paix le secours puissant de son éloquence.

« Quant à vous, mes frères, disait-il au peuple, qu'avez-vous à faire dans cette circonstance? Ce que la piété a peut-être de plus grand et de plus important. Nous parlerons et nous discuterons pour vous; et vous, priez pour nous. Fortifiez vos prières par les jeûnes et les aumônes. En

(1) Augustinus, de Gestis cum Emerito.

travaillant ainsi pour la cause de l'Église, vous nous servirez peut-être plus que nous : car personne de vous ne s'appuie sur ses forces pour réussir dans cette discussion, et toute notre espérance est en Dieu seul. »

Mais les donatistes, soit qu'ils redoutassent la discussion, soit qu'ils voulussent gagner du temps pour mieux s'entendre entre eux, au lieu d'entrer dans le fond de la question, ainsi qu'on en était convenu, soulevèrent de nouveau toutes sortes de difficultés préalables, et consumèrent ainsi un temps précieux.

Un incident amena enfin le concile sur le véritable terrain : les donatistes présentèrent un mémoire où ils exposèrent leurs opinions sur l'Église ; saint Augustin le réfuta par écrit, et article par article.

Dès le début de la discussion, ils firent de grandes concessions sur les questions de dogme; mais ils ne les firent ni complètes ni franches; et même, après plusieurs conférences, ils revinrent sur leurs premières assertions, les nièrent, et s'efforcèrent d'embarrasser la discussion dans un dédale de subtilités et de digressions oiseuses.

Aussi le magistrat qui, au nom de l'empereur, et du consentement des deux partis, avait présidé toutes ces conférences et était chargé d'en rendre compte à son souverain, indigné de leur mauvaise foi, les condamna, en déclarant qu'ils avaient été convaincus d'erreur et réfutés sur tous les points par les catholiques.

Saint Augustin avait été l'âme et la lumière de cette grande assemblée : il y brilla par une douceur, une clarté, une beauté, une force et une solidité d'esprit que les Pères du concile ne pouvaient se lasser d'admirer, et qui faisaient le désespoir des donatistes. Dès que quelque question importante était soulevée, tous les regards se portaient vers lui comme vers le point d'où devait venir la lumière. Les donatistes, découragés par un aussi redoutable adversaire, refusèrent, à plusieurs reprises, de continuer à discuter contre lui : les discussions, disaient-ils, ne conviennent point à la religion chrétienne; Augustin n'est d'ailleurs qu'un disputeur, qu'il faut éviter et fuir, mais qu'on ne peut ni réfuter ni vaincre. »

« Vous traitez, leur répondait le Saint, d'amour de la dispute et vous me reprochez mon désir de combattre pour la vérité, parce que je vous ai souvent appelés à conférer avec nous dans le but de dissiper l'erreur et de renouer avec vous, sous les auspices de la charité, les liens d'une paix fraternelle (1). »

« Ceux de vos évêques, leur dit-il ailleurs, qui avaient été choisis par les autres pour parler au nom de tous ont fait tous les efforts, non pour soutenir votre cause, mais pour empêcher qu'on ne traitât l'affaire pour laquelle tant d'évêques s'étaient rendus à Carthage de toutes les parties de l'Afrique. Tout le monde était dans une grande attente de ce que déciderait une assemblée si nombreuse d'évêques, et les vôtres ne travaillaient qu'à faire en sorte qu'elle ne décidât rien. Pourquoi cela? N'est-ce pas parce qu'ils étaient persuadés que leur cause était mauvaise, et que, si on l'abordait au fond, il nous serait aisé de les confondre (2)? »

Le concile fut présidé par Flavius Marcellinus, qui portait les titres de *vir clarissimus*, de tribun et de notaire (ou plutôt secrétaire) de l'empereur en Afrique. Il s'acquitta de la difficile fonction de diriger les débats d'une telle assemblée avec un talent auquel les historiens contemporains ont tous rendu l'hommage le plus éclatant et le plus honorable. Il se montra d'une impartialité parfaite, et surtout d'une patience inaltérable envers les donatistes, qui engageaient sans cesse la discussion dans des digressions oiseuses et dans des subtilités inextricables.

Il annonça, dans la sentence qu'il rendit contre eux, après avoir entendu les deux parties, que désormais on exécuterait rigoureusement des lois portées contre les donatistes, ce qu'on n'avait point encore fait.

Ceux-ci en appelèrent à l'empereur; mais Honorius rejeta leur appel, et rendit contre eux des lois très-sévères; il leur imposa entre autres les amendes suivantes : les (donatistes) *illustres* paieront cinquante livres d'or; les *spectabiles*, quarante; les sénateurs, trente; les *clarissimi*, vingt; les évêques, trente; les *principales*, vingt; les décurions, les *negotiatores* et les *plebei*, cinq; les circoncellions, dix livres d'argent (3). Une autre loi, portée deux ans plus tard, vint ajouter à ces rigueurs :

(1) Saint Augustin, contre Cresconius, IV.
(2) Saint Aug., Lettres, 152.
(3) Voir Code Théodosien, LII, 30 janvier 412.

Honorius ordonna que les donatistes seraient désormais exclus de toute assemblée publique ; que leurs églises seraient confisquées, leurs prêtres frappés de mort civile et exilés dans les îles ; ceux qui leur donneraient asile seraient passibles des mêmes peines ; et enfin les amendes furent portées à un taux beaucoup plus élevé.

Un laïque présida, comme on l'a vu, au nom de l'empereur, la conférence de Carthage, et l'empereur fut juge en dernier ressort de toute l'affaire. Il n'y a pas lieu de s'en étonner : le pouvoir impérial était tout aussi intéressé dans la question qui se débattait dans cette assemblée que l'Eglise elle-même ; celle-ci, d'ailleurs, qui désirait cette conférence et qui l'avait sollicitée en vain pendant huit ans, n'avait aucun moyen de contraindre les donatistes à s'y rendre ; elle avait dû s'adresser, à cet effet, à l'empereur, qui se trouva ainsi saisi de l'affaire. Les deux parties se prétendaient persécutées l'une par l'autre, et invoquaient également la protection du prince ; elles le constituaient par-là leur juge dans leurs débats : de là la présidence de Marcellin. Celui-ci était d'ailleurs cher aux catholiques et digne en tout point de la mission délicate qui lui était confiée. Les donatistes qui l'avaient, comme les catholiques, accepté pour président de la conférence, le calomnièrent après qu'il eut rendu une sentence qui leur était défavorable ; on verra ci-dessous qu'ils poussèrent la vengeance encore plus loin. Ce Marcellin est le même auquel saint Augustin a fait l'honneur de dédier son grand ouvrage de la Cité de Dieu ; ce Père en parle d'ailleurs en plusieurs endroits de ses ouvrages dans les termes les plus flatteurs (1).

La conférence de Carthage ne laissa pas que d'avoir des résultats avantageux : un grand nombre de donatistes et même de circoncellions, éclairés enfin et scandalisés par l'évidente mauvaise foi de leurs chefs, se convertirent. Les circoncellions qui rentraient dans l'Eglise quittaient leur vie vagabonde et licencieuse, et s'occupaient de nouveau de l'agriculture et des arts, qu'ils avaient abandonnés.

Les édits d'Honorius exaspérèrent ceux des donatistes qui persévérè-

(1) Voir, sur le concile de Carthage, Gesta Collationis carthaginensis, publié pour la première fois, par J. Tilius, évêque danois, et François Baudoin, et imprimé, avec tous les documents qui concercent l'Histoire du Donatisme, à la suite de l'édition des Œuvres de saint Optat, publiée par Ellies Du Pin, Paris, 1700, in-folio.

rent dans le schisme : c'est alors qu'ils poussèrent leurs violences aux derniers excès, et que, entre autres crimes qu'ils commirent, ils tuèrent, comme on a pu le voir plus haut, saint Restitute, et remplirent l'Afrique de meurtres et de pillages.

Saint Augustin, poursuivant ses travaux apostoliques, ne cessait de les exhorter, dans ses écrits et dans ses discours, à rendre la paix à leur patrie, en rentrant dans l'unité de l'Eglise. Il assista, à cet effet, à un concile des évêques de la province de Cirthe, où les donatistes étaient en majorité, et y parla avec tant de force et d'onction contre le schisme qu'aussitôt après son départ presque tous les donatistes de Cirthe se convertirent et lui écrivirent pour lui témoigner leur reconnaissance pour l'heureux changement qu'il avait opéré parmi eux, et pour le prier de venir les visiter.

Le magistrat de la province d'Hippone avait fait arrêter un donatiste, nommé Donat, dont les prédications avaient entraîné beaucoup de personnes dans le schisme. On l'amena dans la prison d'Hippone ; mais, en route et dans sa prison, il essaya, à plusieurs reprises, d'attenter à ses jours, soit en se frappant la tête contre le sol, soit en se jetant dans un puits pour se noyer.

Saint Augustin en fut informé ; il alla le visiter et lui écrivit une longue lettre pour le calmer et le ramener dans la bonne voie. On ne sait jusqu'à quel point il réussit (1).

Une révolte qui arriva en Afrique en 413 vint prêter assistance aux donatistes. Le comte Héraclien, qui gouvernait cette province, se souleva, rassembla trois mille vaisseaux, et fit voile vers Rome (2) ; mais il fut défait par le comte Marin, et exécuté à Carthage, où il avait cherché un refuge. Marin passa en Afrique pour y poursuivre les complices d'Héraclien : il paraît que les donatistes, bien qu'ils eussent généralement trempé dans la révolte, parvinrent à séduire Marin, et à en faire le ministre moins de la justice de l'empereur que de leurs haines et de leur vengeance. Ils en obtinrent l'ordre d'arrêter et d'emprisonner Marcellin et son frère, sous l'accusation de haute trahison : ils se vengeaient ainsi

(1) Saint Augustin, Lettre 204.
(2) Orose, VII, 42.

de ce qu'il avait rendu justice aux catholiques lorsqu'il présidait la conférence de Carthage. Tous les évêques d'Afrique, saint Augustin à leur tête, ainsi que tout ce qu'il y avait de personnes dignes de respect, intercédèrent en faveur de ces deux illustres prisonniers. Une députation fut envoyée à la cour, et Marin promit qu'il ne poursuivrait point leur procès jusqu'à ce qu'elle fût de retour, et eût apporté la décision de l'empereur. La réponse d'Honorius fut des plus favorables : il déclara qu'il n'entendait point faire grâce à ces illustres prisonniers, car c'eût été les reconnaître pour coupables ou au moins pour suspects; mais qu'il allait envoyer au comte Marin l'ordre de les élargir sur-le-champ.

Cependant celui-ci n'avait point attendu cet ordre; et tandis que saint Augustin et les autres personnes qui s'intéressaient aux prisonniers, se fiant sur sa parole, commençaient à se rasurer, on vint les prévenir qu'il avait fait comparaître Marcellin et son frère devant le tribunal. Saint Augustin s'empressa de s'y rendre; mais il avait à peine fait quelques pas qu'on le prévint que le jugement de Marin contre les deux prisonniers avait déjà été prononcé et exécuté incontinent (1) Quand Honorius eut appris la mort de Marcellin et de son frère, il entra dans une grande colère; et, pour punir le comte Marin, il le dépouilla de tous ses titres et l'envoya en exil, l'abandonnant à sa conscience et à ses remords.

Les travaux de saint Augustin au sujet des donatistes n'absorbaient pas cependant tous ses instants : dans le même temps il combattait les autres hérésies qui surgissaient dans l'Eglise, poursuivait le cours de ses publications, et enfin donnait à son troupeau les soins apostoliques que sa dignité épiscopale lui imposait, et que sa charité lui inspirait.

Le pélagianisme s'était produit à cette époque, et, dès l'abord, saint Augustin s'en était occupé activement. Il le combattit d'abord dans ses sermons; plus tard, il l'attaqua et le réfuta dans des ouvrages spéciaux, comme nous le verrons plus bas. Les principaux ouvrages qu'il publia en ce temps, en dehors de la question du pélagianisme, furent ses trois

(1) L'Eglise a admis Marcellin au nombre des martyrs dont elle honore la mémoire.

livres *Sur le Baptême des enfants*, composés en 411, à la prière de saint Marcellin ; les livres *De l'Esprit et de la Lettre*, et enfin *l'Abrégé des Actes de la Conférence de Carthage.*

C'est en 412 (1) qu'il commença la *Cité de Dieu*, l'un des plus beaux et des plus importants monuments de l'antiquité chrétienne ; il l'acheva en 427, trois ans avant sa mort.

Lorsque, en 410, Rome fut prise par Alaric, et que la plus grande partie du monde civilisé était en proie aux barbares, il s'éleva des clameurs contre la religion : les païens se prirent à dire que, depuis l'établissement du christianisme, la décadence de l'empire, abandonné par les dieux qui avaient fait sa grandeur, était de jour en jour plus visible et plus rapide, et s'accomplissait au sein de calamités de plus en plus effroyables. Saint Augustin répondit à ces plaintes dans ses discours, et, en 412, dans ses lettres à Volusien et à Marcellin. Mais celui-ci l'engagea à traiter ce sujet d'une manière complète dans un ouvrage spécial.

Après quelques hésitations, saint Augustin entreprit ce travail. Il en avait à peine jeté les premières bases qu'il le vit s'étendre sous sa plume et prendre des proportions toutes nouvelles : la question des plaintes des païens n'en fut plus qu'un accident ; le vrai sujet, ce fut l'histoire et le développement de la vie selon le siècle et de la vie selon Dieu, de la *Cité des Hommes et de la cité de Dieu.* Ces Cités sont bâties par deux amours contraires : l'amour de soi, poussé jusqu'au mépris de Dieu, fait la Cité du monde ; l'amour de Dieu, poussé jusqu'au mépris de soi, fait la Cité de Dieu. Cette distinction féconde est l'âme de l'ouvrage ; car tout acte de la vie humaine se rapporte à l'un ou à l'autre de ces deux amours.

Voici le sommaire que saint Augustin a fait lui-même de son ouvrage dans le second livre de ses Rétractations (chapitre 43.)

« Cependant Rome, envahie par les Goths, sous la conduite de leur roi Alaric, est prise et ruinée. Les adorateurs des faux dieux, que nous appelons païens, rejetant cette désolation sur la religion chrétienne, commencèrent à se répandre contre le vrai Dieu en plaintes plus amères

(1) Ou 413.

et en invectives plus violentes que de coutume. Le zèle ardent de la maison du Seigneur me mit alors la plume à la main pour combattre leurs blasphèmes et leurs erreurs : j'aborde l'œuvre de la *Cité de Dieu.* Interrompu par de nombreuses affaires qu'il était impossible d'ajourner, et qui exigeaient une solution immédiate, ce grand ouvrage m'occupa plusieurs années. Enfin je terminai les vingt-deux livres qui le composent. Les cinq premiers réfutent ceux qui, attachant les prospérités temporelles au culte de tous ces dieux que les païens adorent, attribuent à la proscription de ce culte nécessaire les malheurs et les catastrophes de l'empire. Les cinq livres suivants s'élèvent contre ceux qui accordent, il est vrai, que ces malheurs n'ont jamais été et jamais ne seront épargnés aux mortels; que, plus ou moins terribles, ils se reproduisent dans la diversité des temps, des lieux et des hommes; mais qui soutiennent, d'autre part, l'utilité de ce culte et de ces sacrifices, dans l'intérêt de la vie future. Les dix premiers livres sont la réfutation de ces deux erreurs, ennemies de la religion chrétienne.

» Mais, pour prévenir le reproche d'avoir seulement combattu les sentiments d'autrui sans établir les nôtres, nous avons consacré les douze derniers livres à l'exposition de nos doctrines; cependant cette division n'est pas tellement rigoureuse que, dans les dix premiers livres, il n'y ait pas, au besoin, exposition, et, dans les douze derniers, réfutation. De ces douze livres, les quatre premiers contiennent la naissance des deux cités : celle de Dieu et celle du monde; les quatre suivants, leur développement et leurs progrès; les quatre derniers, leurs fins nécessaires.

» Et ces vingt-deux livres, traitant également des deux cités, empruntent cependant leur nom à la meilleure, et sont de préférence intitulés : *Livres de la Cité de Dieu.* »

On le voit, les livres contenus sous le titre commun de la Cité de Dieu forment à peu près deux ouvrages distincts : le premier, tout de circonstance et qui se compose des dix premiers livres, se propose de réfuter les païens dans les deux reproches qu'ils adressaient à la religion. Ils soutenaient d'abord que les dieux, irrités de la propagation de la doctrine du Christ, de l'abandon de leurs autels et de la cessation des sacrifices, avaient retiré aux Romains et transmis aux armes des barbares cette assistance et cette protection qui avaient fait la fortune de Rome païenne. Saint Augustin réfute cette assertion en énumérant, avec une éloquence admirable, les maux qu'avaient eu à souffrir ces Romains dont on vantait la prospérité, sous la prétendue protection de leurs dieux : les dieux n'ont pas sauvé Troie; ils n'ont pas préservé Rome des Gaulois, des Toscans; ils n'ont pas sauvé Régulus; ils n'ont pas arrêté les armes de Pyrrhus, d'Annibal. Où étaient-ils aux jours des carnages du Tésin, de Trasimène, de Cannes; le jour où quatre-vingt mille Romains furent égorgés par Mithridate, lors des guerres et des proscriptions de Marius et de Sylla ? Alaric a-t-il été plus cruel que le vieux consul et l'heureux dictateur ? Et les guerres civiles de César et de Pompée, et les proscriptions d'Antoine et du jeune Octave, et la déroute de Crassus; où étaient les dieux quand tous ces maux fondirent sur les Romains ? Jamais ils n'ont protégé les vaincus contre les vainqueurs.

» Ouvrez, dit saint Augustin (1), ouvrez les histoires de tant de guerres, soit avant la fondation de Rome, soit depuis sa naissance et l'établissement de son empire; lisez, et montrez-nous des étrangers, des ennemis, maîtres d'une cité, épargnant ceux qu'ils savent réfugiés dans les temples de leurs dieux ; montrez-nous un chef barbare donnant l'ordre, la ville forcée, de faire grâce à quiconque sera trouvé dans tel ou tel temple. Enée ne voit-il pas « Priam, immolé sur l'autel, éteindre de son sang les feux que lui-même a consacrés ! » Diomède et Ulysse « ont égorgé les gardes de la citadelle, et saisissant la statue de la déesse, ils osent de leurs mains sanglantes toucher ses chastes bandelettes (2) !... »

» Voilà donc à quels dieux les Romains s'applaudissaient de confier la tutelle de Rome ! O erreur digne d'une immense pitié ! Ces dieux, et quels dieux ! Virgile les déclare vaincus, et, pour échapper au vainqueur, n'importe par quelle voie, confiés à un homme ! et Rome sagement commise à de tels protecteurs ! et, sans leur perte, sa ruine impossible ! Quelle folie ! Quoi donc ! honorer comme tuteurs et patrons ces dieux vaincus, qu'est-ce sinon vouer ses destinées plutôt à de néfastes auspices qu'à des divinités bienfaisantes ? car n'est-il pas infiniment plus sage de croire, non que Rome, en prévenant leur perte, eût conjuré sa

(1) Cité de Dieu, I, 2, traduction de M. Moreau, Paris, 1843.

(2) Virgile, Enéide, II.

ruine, mais que leur perte l'eût précédée de long-temps si Rome ne les eût généreusement placés sous la protection de sa puissance ?... Je reviens maintenant à mon discours, impatient de flétrir d'un dernier mot l'ingratitude de ces blasphémateurs imputant au Christ les maux que leur perversité souffre avec tant de justice ; eux si indignes de pardon, et pardonnés pour l'amour du Christ sans qu'ils y pensent ! eux dont l'arrogante démence aiguise contre ce nom divin, ici, ces langues sacriléges qui ont faussement usurpé ce nom pour les sauver de la mort ; là, ces langues pusillanimes, muettes naguère aux lieux saints, sûrs asiles, inviolables remparts, qui les ont préservés, les ingrats ! de la fureur de l'ennemi, et d'où ils ne s'élancent qu'ennemis furieux et pleins de malédiction contre leur libérateur...

« Ainsi, ruines, meurtres, pillage, incendie, désolation, tout ce qui s'est commis d'horreurs dans ce récent désastre de Rome, la coutume de la guerre en est la cause. Mais ce qui s'est rencontré d'étrange et de nouveau, la férocité des barbares devenue ce prodige de clémence qui choisit, qui désigne à la multitude les plus vastes basiliques comme l'asile où nul ne sera frappé, d'où nul ne sera arraché, où les vainqueurs, plus humains, amèneront leurs captifs pour leur assurer la liberté, d'où les vainqueurs, plus cruels, ne pourront les emmener pour les rendre à l'esclavage, c'est au nom du Christ, c'est à l'ère chrétienne qu'il faut en faire honneur. Qui ne le voit est aveugle, qui le voit en silence est ingrat, qui s'élève contre les actions de grâce est insensé. »

Cette longue et belle citation, empruntée à l'élégante et fidèle traduction que M. Moreau a publiée récemment, aura pu donner une idée suffisante du sujet de la première partie de la Cité de Dieu. Dans les cinq livres suivants, le Saint aborde et traite la seconde question : les dieux du paganisme, inutiles en ce monde à leurs adorateurs, quand ils ne leur sont pas nuisibles par le scandaleux exemple des infamies que la mythologie et les poètes leur prêtent, leur sont tout aussi inutiles après cette vie.

De longs et savants détails sur la mythologie païenne, sur les doctrines des poètes et des principaux philosophes de l'antiquité, ainsi que l'analyse d'un grand ouvrage de Varron, entièrement perdu, rendent cette seconde partie on ne peut plus intéressante, en même temps qu'elle a une extrême importance historique. Dans le zèle ardent qui l'anime pour la destruction du paganisme, il le poursuit jusque dans ses derniers asiles, il dévoile ses misères, ses contradictions, ses honteux mystères; il le dépouille du manteau brillant dont l'avaient affublé les poètes, et l'expose nu à la risée du monde, objet de mépris pour ses propres croyants, et de dégoût non-seulement pour le chrétien, mais pour toute âme honnête. Le tout est entremêlé d'aperçus lumineux pour le gouvernement temporel de la Providence; mais l'ordre et l'enchainement des idées n'y sont pas toujours aussi rigoureux qu'on pourrait le désirer. C'est tout un monde de faits recueillis, avec une rare érudition, pour un même objet; mais la liaison en est souvent obscurcie par des détails surabondants et par des digressions à la vérité toujours intéressantes, mais ne se rattachant parfois pas assez au fond du sujet. La conception de l'œuvre est grandiose et magnifique; mais l'auteur, absorbé dans le travail de sa pensée, ne se préoccupe pas suffisamment de cette beauté qui fait le cachet des œuvres antiques, et qui résulte de l'harmonie parfaite de toutes les parties du monument. En un mot, la première partie de la Cité de Dieu, admirable dans les détails, pèche un peu par l'ensemble.

Les douze derniers livres renferment les deux histoires parallèles des deux cités : elles commencent à la division des anges, puis se poursuivent sur la terre et dans le ciel : sur la terre, où les hommes se partagent en adorateurs du vrai Dieu et en adorateurs des faux dieux; dans le ciel, dans la lutte des mauvais anges contre Dieu, dans le mystère de la rédemption, dans l'établissement de la religion; dans l'accomplissement de toutes les prophéties. Il explique ce que c'est que la Cité céleste, c'est-à-dire l'Eglise de Dieu, qui subsiste dans le ciel avec toute sa gloire, et dont quelques fragments sont dispersés dans la Cité terrestre. Presque toute la doctrine de saint Augustin se trouve exposée dans ce livre, noble peinture de la religion chrétienne. Elle y est présentée, comme dans tous les écrits du Saint, avec une douceur pénétrante, il semble toujours appeler les hommes au bonheur et à la plénitude de l'âme, non-seulement pour l'éternité, mais encore pour cette vie. Il parlait d'après son expérience; plein de passions et de scrupules, lui-même n'avait pu trouver de calme que dans cet asile (1). Le livre de la *Cité de Dieu* est une de ces œuvres immortelles auxquelles les siècles, en

(1) M. de Barante, Mélanges, T. I.

quelque nombre qu'ils s'accumulent, n'enlèvent rien de leur intérêt et de leur gloire. Celle de cet ouvrage est impérissable, et les hommes de tous les siècles l'ont également salué de leur admiration. C'est qu'en effet l'on ne saurait trop admirer dans cette œuvre, profondément chrétienne et profondément philosophique, cet esprit de justice et d'équité qui plane si haut sur les événements de ce monde. En présence de ces égarements de l'esprit et du cœur de l'homme, égarements mêmes qui témoignent de ses immenses facultés de connaître et d'aimer, l'auguste écrivain n'exclut jamais le cœur ni la raison de l'homme. Il discute, il rectifie, il montre toujours la voie de la science et du salut. On sent même en lui une charitable compassion pour ces grandes âmes, pour ces hautes intelligences détournées de la vérité. C'est avec le style et l'âme d'un Romain de la république que le saint évêque retrace les malheurs et l'héroïsme de la vieille Rome. Et quand il s'élève contre les doctrines des disciples de Platon, il est impossible d'accorder davantage aux droits de la raison humaine, en combattant ses erreurs (1).

Dès l'apparition des premiers livres, la Cité de Dieu excita un enthousiasme extraordinaire : les chrétiens, dont quelques-uns avaient été troublés par les accusations des païens, relevèrent la tête et les accablèrent de la puissante logique de saint Augustin. Macédonius, vicaire d'Afrique, après avoir lu les trois premiers livres de la Cité de Dieu, qui venaient de paraître, écrivit à saint Augustin :

« J'ai déjà lu vos livres; car ils ne sont pas si froids et si languissants qu'on les puisse quitter quand on les a une fois commencés. Ils m'ont entraîné et m'ont tellement attaché à eux qu'ils m'ont fait oublier toutes mes affaires. Aussi je vous proteste que je ne sais ce qu'on y doit admirer davantage, ou ces maximes de religion si parfaites et si dignes de nous être enseignées par un pontife de Jésus-Christ, ou la science de la philosophie, ou la profonde connaissance de l'histoire, ou une éloquence pleine d'agrément qui charme de telle sorte les ignorants mêmes qu'ils ne sauraient s'empêcher d'aller sans relâche jusqu'au bout; et, quand ils ont achevé de les lire, ils voudraient qu'ils ne fussent pas encore finis. Vous y confondez l'impudence et l'opiniâtreté de ceux qui rejettent sur

(1) M. Moreau, Préface de la traduction de la Cité de Dieu.

la religion chrétienne tous les malheurs qui arrivent dans le monde, et vous leur faites voir que, dans ce qu'ils appellent les temps heureux, il en est arrivé de plus grands, dont la cause est cachée dans l'obscurité des secrets de la nature; que ceux qui ont eu le plus de prospérité dans ces temps-là ont été trompés par une douceur mortelle qui les a conduits non à la béatitude, mais au précipice; et qu'au contraire les préceptes de notre sainte religion et les mystères du vrai et unique Dieu non-seulement conduisent à la vie éternelle ceux qui pratiquent les vertus dans toute leur pureté, mais qu'ils adoucissent encore tous les accidents par lesquels il faut que nous passions pendant notre séjour sur cette terre... Enfin ces livres sont si pleins d'esprit, de science et de piété, qu'on ne peut rien désirer au-delà. »

Charlemagne avait une prédilection toute particulière pour *la Cité de Dieu* : il la lisait et la relisait sans cesse, et en avait toujours un exemplaire près de son lit, comme Alexandre-le-Grand faisait d'Homère. Le premier traducteur français de cet ouvrage, Raoul de Praelles, avocat au parlement de Paris, fut magnifiquement récompensé de son travail par le roi Charles V, qui lui conféra la charge de maître des requêtes.

C'est chargé de l'imposante autorité de tous ces éloges prodigués par les siècles antérieurs, que le livre de la *Cité de Dieu* s'est présenté à la critique du XIXe siècle : il n'en a pas subi l'épreuve moins heureusement; et, sans parler encore de l'excellente traduction qui vient d'en être publiée, qu'il nous soit permis de rapporter ici le jugement que M. Villemain a porté sur cette œuvre de saint Augustin, et qu'il a rendu avec cette rare élégance, cette désespérante originalité et ce bonheur d'expression qui caractérise son style.

Après avoir dit que saint Augustin, qui recevait en Afrique, avec la plus généreuse charité, les victimes échappées du sac de Rome, voulut répondre aux reproches et aux plaintes des païens par un grand ouvrage d'histoire et de philosophie, M. Villemain ajoute : « C'est la *Cité de Dieu*, monument curieux d'érudition et de génie! vivant parallèle des deux civilisations qui précédaient le moyen-âge, et qui mouraient en se combattant! »

« Les infatigables travaux de l'ambition, les conquêtes, la gloire, y sont jugés par l'abnégation chrétienne; c'est l'oraison funèbre de l'empire romain prononcée dans un cloître. Quand un voyageur moderne passe à Rome, son imagination est assaillie par les plus grands contrastes des choses humaines : il voit des processions de moines dans le Forum; il entend de pieuses psalmodies près des lieux où parlaient Cicéron et César; il aperçoit sous la Rome nouvelle, pleine d'étrangers et d'oisifs, cette puissante et laborieuse Rome dont il ne reste que des ruines et des épitaphes; mais, dans une révolution si prodigieuse, il entrevoit cependant la grandeur de cette domination spirituelle qui fut exercée par la Rome pontificale...

» Tel est presque le spectacle que l'ouvrage d'Augustin fait passer sous nos regards. Sans doute la marque du temps se trouve dans une foule d'arguments subtils ou de mystiques hyperboles; mais on y sent *cette première sève du christianisme* dont parle Bossuet; une ardente conviction anime tout l'ouvrage, et cette conviction est l'arrêt de mort de l'ancienne société. Il est peu de livres où l'on puisse découvrir plus de détails précieux sur les mœurs et la philosophie antiques; mais un plus grand objet vous saisit : on regarde cette cité céleste que la croyance des peuples substituait aux intérêts de gloire ou de patrie; on conçoit alors que l'empire devait périr, quand tout ce qui restait d'énergie morale dans le monde civilisé se tournait vers ces pieuses contemplations, et cédait l'univers aux barbares. »

La gloire de saint Augustin s'était répandue dans tout l'univers catholique, et partout son nom était associé à ceux des Ambroise, des Chrysostôme et des Athanase. Son influence religieuse était prodigieuse : il était l'oracle et la lumière de l'Eglise, et de toutes parts on s'adressait à lui, soit qu'il fallût réfuter les ennemis de la religion, soit qu'il fallût résoudre des questions délicates ou difficiles. Les hommes les plus éminents de l'époque étaient jaloux de correspondre avec lui, le consultaient et accueillaient son avis avec déférence. Ce privilége si flatteur, il le partageait, à la vérité, avec deux autres hommes qui, en parcourant des carrières différentes, s'étaient aussi fait un grand nom dans l'Eglise : c'étaient saint Paulin de Nole et saint Jérôme.

Né dans l'ingénieuse ville de Bordeaux, vers 353, Paulin sortait d'une maison sénatoriale, et remplit les premières dignités de l'empire. Contemporain et compagnon d'étude d'Ausone, il fut consul avec lui. Possesseur d'un riche patrimoine, il épousa l'une des plus opulentes héritières de l'Espagne, et réunit ainsi sur sa tête tout ce qu'un homme pouvait avoir de crédit, de richesse et de bonheur à cette époque. Il s'en dégoûta, reçut le baptême, et alla vivre en Espagne.

Son ami Ausone lui écrivit pour le rappeler au monde et aux lettres; mais Paulin ne lui répondit pas : c'était en vain que son ami surchargeait son style d'allusions mythologiques, et qu'il invoquait les noms d'Homère et de Virgile; il ne pouvait vaincre sa silencieuse froideur. « O Muses, s'écriait-il, divinités de la Grèce ! entendez ma prière, et rendez un poète aux Muses du Latium. »

Paulin répondit enfin, et même en vers : « Pourquoi, dit-il, ô mon père! rappelles-tu en ma faveur les Muses que j'ai répudiées? Ce cœur consacré maintenant à Dieu n'a plus de place pour Apollon et les Muses. Je fus d'accord jadis avec toi pour appeler, non pas avec le même génie, mais avec la même ardeur, un Apollon sourd dans la grotte de Delphes, et pour nommer les Muses des divinités, en demandant aux bois et aux montagnes ce don de la parole qui n'est accordé que par Dieu. Maintenant une autre force, un plus grand Dieu subjugue mon âme. »

« Rien ne t'arrachera de mon souvenir, lui écrit-il dans une autre occasion, et dans les transports d'une amitié ennoblie par une espérance pure et céleste : pendant toute la durée de cet âge accordé aux mortels, tant que je serai retenu dans ce corps, quelle que soit la distance qui nous sépare, je te porterai dans le fond de mon cœur. Partout présent pour moi, je te verrai par la pensée, je t'embrasserai par l'âme, et, lorsque, délivré de cette prison du corps, je m'envolerai de la terre, dans quelque astre du ciel que me place le Père commun, là je te parlerai en esprit, et le dernier moment qui m'affranchira de la terre ne m'ôtera pas la tendresse que j'ai pour toi; car cette âme qui, survivant à nos organes détruits, se soutient par sa céleste origine, il faut bien qu'elle conserve ses affections, comme elle garde plus que son existence. Pleine de vie et de mémoire, elle ne peut oublier, non plus mourir (1). »

---

(1) *Traduction de M. Villemain :*

Meus quippe lapsis quæ superstes artubus
De stirpe durat cœliti,
Sensus necesse simul et affectus suos
Teneat æquè ut vitam suam :
Et ut mori, sic oblivisci non capit,
Perennè vivax et memor.

(*OEuvres de saint Paulin*, t. II, p. 37.)

Il demeura quatre ans en Espagne, où il embrassa volontairement la pauvreté, et vendit peu à peu tous ses biens pour en distribuer le prix aux pauvres. On assure même qu'il donna le premier l'exemple de l'héroïsme de charité, qui a été depuis renouvelé par saint Vincent de Paul, et qu'il se livra lui-même en esclavage pour racheter le fils d'une pauvre veuve.

Il habitait Barcelone. Le peuple de cette ville, plein d'admiration pour ses vertus, le fit ordonner prêtre le jour de Noël (393), quoiqu'il s'en défendît : « Non, dit-il, que je manquasse de goût pour cette dignité, car, au contraire, je souhaitais d'entrer dans le clergé par l'ordre de portier; mais, comme je désirais m'établir ailleurs qu'à Barcelone, je fus surpris et étonné de ce nouvel ordre de la Providence (1). »

L'année suivante il se rendit en Italie, où il se lia d'amitié avec saint Ambroise. Il se retira dans une maison de campagne aux environs de Nole. Après y avoir passé seize ans avec sa femme dans les exercices d'une piété ardente et de la vie la plus austère, il fut élu et ordonné évêque de Nole (409). Il mourut en 431.

Il entra en relation épistolaire avec saint Augustin par l'intermédiaire de saint Alype. Celui-ci avait envoyé plusieurs ouvrages de l'évêque d'Hippone : saint Paulin les lut avidement, et, pour témoigner à saint Alype, autant que possible, combien il était sensible à cet envoi, il lui adressa la Chronique d'Eusèbe, ainsi que le pain que les personnes liées d'amitié avaient coutume, à cette époque, de s'envoyer, en signe d'union intime : *Vous ferez*, lui dit-il, *une eulogie de ce pain* (c'est-à-dire qu'en le recevant il le bénira), *et il deviendra un sujet d'abondante bénédiction, par la charité avec laquelle vous le recevrez.*

Il écrivit en même temps à saint Augustin (394) pour lui dire combien ses ouvrages lui avaient plu et pour lui demander quelques conseils. Une correspondance assez active s'établit dès-lors entre les deux saints. Saint Paulin entra ainsi en relations d'amitié avec les autres amis de saint Augustin, surtout avec Romanien et Licentius. Il s'efforça de ramener ce dernier à la foi catholique ; mais on ne sait s'il fut plus heureux dans ses tentatives que ne l'avait été saint Augustin.

(1) Lettres de saint Paulin à Sulpice Sévère, Lettre I.

Saint Paulin publia plusieurs ouvrages en vers et en prose et une cinquantaine de lettres : son style est élégant, clair, bien que serré, très-correct pour le temps, mais un peu sentencieux. Il possède, du reste, l'art d'attacher le lecteur et de captiver son attention. Sur la recommandation de saint Jérôme, il avait étudié avec beaucoup de soin l'Ecriture sainte, et s'en était si bien pénétré qu'il en cite sans cesse des passages. Il excellait dans les portraits et dans les descriptions ; mais il n'a pas toujours su éviter la contagion du mauvais goût de son siècle : aussi trouve-t-on parfois, avec regret, dans ses écrits des pensées plus brillantes que justes et solides, des antithèses, des jeux de mots et des allusions puériles, en un mot les défauts de toutes les littératures en décadence.

Saint Paulin était plus remarquable par ses talents naturels que par son érudition. Il fut néanmoins estimé et chéri de tous les hommes éminents de son temps, de quelque parti qu'ils fussent, et il était en commerce épistolaire avec la plupart d'entre eux.

Ce fut encore saint Alype qui mit saint Augustin en relation avec saint Jérôme.

Il n'est point, dans les fastes du christianisme, parmi les noms des Pères de l'Eglise, un nom qui parle mieux à l'imagination que celui de saint Jérôme, toujours errant et solitaire, sans autre titre que celui de prêtre de Jésus-Christ ; loin des cours, des affaires, des grandes occasions de régner sur les esprits, il n'en exerça pas moins une influence immense sur son siècle. Du fond de sa solitude, il l'agitait, il le troublait au sein de ses joies éphémères, et chaque jour lui arrachait quelques-uns de ses plus beaux fleurons.

Né dans la Dalmatie, contrée alors demi-barbare (vers 331), il fréquenta, pendant son enfance, les écoles des maîtres les plus célèbres de Rome. La passion des lettres profanes et des plaisirs emporta sa première jeunesse. Il voyagea dans les Gaules, et s'y lia d'amitié avec plusieurs hommes célèbres. Son attention se porta dès-lors sur les livres saints, qu'il étudia avec la même fougue qu'il avait fait les livres profanes. Ayant eu à se plaindre de quelques calomnies, il entreprit le voyage d'Orient. Il parcourut d'abord les grandes cités de l'Asie, en entendit les orateurs les plus célèbres, en visita les écoles, en fouilla les bibliothèques, en interrogea les docteurs; et, las, mécontent, désillusionné, alla s'enfoncer dans un désert de la Syrie.

Il se prit bientôt d'amour pour sa retraite sauvage : les grande scènes de la nature convenaient merveilleusement à cette puissante imagination. Il écrivit à ses amis et les engagea à venir partager son séjour. « O désert, toujours couvert des fleurs de Jésus-Christ! dit-il à l'un d'eux. O retraite heureuse, où l'on converse familièrement avec Dieu! Que fais-tu, mon frère, dans le siècle? Jusques à quand habiteras-tu dans le cachot enfumé des villes? »

Mais cette âme était plus tourmentée d'elle-même que du monde : et cette paix qu'il croyait avoir trouvée dans le désert était maintes fois troublée par de dangereux souvenirs. « Seul, dit M. Villemain, se refusant même l'étude, abandonné entre l'imagination et la prière, son âme éprouva des tourments qu'il a retracés avec une éloquence passionnée, mais si chaste que la vérité du tableau n'en peut altérer l'innocence. »

« Combien de fois, dit-il, retenu dans le désert, parmi ces solitudes dévorées des feux du soleil, je croyais assister aux délices de Rome! J'étais assis seul, parce que mon âme était pleine d'amertume. Mes membres étaient couverts d'un sac hideux. Mes traits brûlés avaient la teinte d'un Ethiopien. Je pleurais, je gémissais chaque jour. Si le sommeil m'accablait malgré ma résistance, mon corps heurtait contre une terre nue. Eh bien! moi qui, par terreur de l'enfer, m'étais condamné à cette prison habitée par les serpents et les tigres, je me voyais, en imagination, transporté parmi les danses des vierges romaines. Mon visage était pâle de jeûnes, et mon corps brûlait de désirs. Dans ce corps glacé, dans cette chair morte d'avance, l'incendie seul des passions se rallumait encore. Alors, privé de tout secours, je me jetais aux pieds de Jésus-Christ, je les arrosais de larmes. Je me souviens que plus d'une fois je passai le jour et la nuit entière à pousser des cris et à frapper ma poitrine, jusqu'au moment où Dieu renvoyait la paix dans mon âme. Je redoutais l'asile même de ma cellule : il me semblait complice de mes pensées. Irrité contre moi-même, je m'enfonçais dans le désert ; et, si je découvrais quelque vallée plus profonde, quelque cime plus escarpée, là je me jetais en prière. Souvent, le Seigneur en est témoin, après des larmes abondantes, après des regards longtemps élancés vers le ciel, je me voyais transporté parmi les chœurs des anges, et, triomphant d'allégresse, je chantais : Nous accourons vers toi, attirés par l'encens de la prière (1). »

Il erra de désert en désert, jusqu'à ce qu'il s'arrêta enfin dans les ruines de Bethléem ; et là, s'appliquant à l'hébreu, il se mit à traduire les livres saints, s'inspirant du spectacle même des lieux où ils avaient été écrits. Il se délassait de cette tâche difficile par la lecture des écrivains de Rome et de la Grèce païennes, mais sa piété jalouse s'effrayait de cette distraction : c'était à ses yeux un danger nouveau, une tentation de l'esprit, non moins redoutable que celle des sens : « Homme faible et misérable, dit-il, je jeûnais avant de lire Cicéron. Après plusieurs nuits passées dans les veilles, après des larmes abondantes que m'arrachait le souvenir de mes fautes, je prenais Platon. Lorsque ensuite, revenant à moi, je m'attachais à lire les prophètes, leur discours me semblait rude et négligé. Aveugle que j'étais, j'accusais la lumière !... Un jour, dit-il, je me crus transporté devant le tribunal du juge suprême, qui semblait entouré d'une si vive et si éblouissante clarté que, retombé sur la terre, je n'aurais pu jamais y fixer les yeux. Une voix me demanda qui j'étais : Je suis chrétien, répondis-je. — Tu mens, dit le juge suprême ; tu es cicéronien, et non pas un chrétien ; où est ton trésor, là est ton cœur. »

Ailleurs il remarque avec satisfaction combien l'empire de la littérature profane s'était rétréci : « Quel homme, dit-il, lit maintenant Aristote ? Combien de gens connaissent les écrits ou même le nom de Platon ? A peine quelques vieillards oisifs qui les relisent dans un coin ; mais nos grossiers apôtres, nos pêcheurs d'hommes, sont connus, sont cités dans tout l'univers. »

Rappelé en Italie pour assister, à la suite du célèbre Epiphanes, évêque de Chypre, à un concile assemblé à Rome pour y régler les débats élevés sur l'élection de Flavien, évêque d'Antioche, il y reparut avec tout l'éclat que lui donnaient ses vertus et le grand travail qu'il avait entrepris sur les livres sacrés ; ses décisions y exercèrent un grand empire, et sa parole fut accueillie comme celle d'un docteur de la foi.

Il retrouva à Rome, dans la route des vertus les plus austères, quel-

(1) Œuvres de saint Jérôme, t. IV, p. 80, traduction de M. Villemain.

ques Romaines qu'il avait autrefois détachées de leurs grandeurs, des héritières des noms les plus glorieux de Rome, des filles des Scipions, des Marcellus, des Camilles, se consacrant aux œuvres de charité, et sacrifiant leurs trésors, leur beauté et leur jeunesse, pour secourir des malades et des pauvres, comme si, par une digne expiation, la Providence eût voulu faire sortir les plus humbles consolatrices de l'humanité du milieu de ces familles dont la gloire avait opprimé l'humanité (1).

Une descendante des Fabius, Fabiola, inspirée par les discours de saint Jérôme, consacra son immense fortune à fonder les premiers hospices que la charité ait élevés à Rome, et s'y dévoua elle-même au soin des malades et des pauvres.

Mais, tandis qu'il animait ainsi d'illustres Romaines aux vertus les plus austères, l'âpre vivacité avec laquelle il reprochait aux hommes vicieux le scandale de leur conduite suscita contre lui de grandes haines, que sa rude franchise ne diminuait pas. Ses ennemis, pour s'en venger, employèrent contre lui cette arme formidable de la calomnie, contre laquelle il n'y a point de défense possible. Il dut céder, et retourner dans son désert. Rien n'est plus touchant que les adieux qu'il fit, à cette occasion, à l'une de ces femmes, plus sublimes encore qu'illustres, dont il avait mérité la pieuse confiance :

« Noble Asella, je vous écris à la hâte, au moment de m'embarquer, triste et les yeux pleins de larmes. Je rends grâces à Dieu d'avoir été jugé digne d'être haï par les hommes. Insensé! j'ai voulu chanter le cantique du Seigneur sur une terre étrangère, et, abandonnant le mont Sinaï, j'ai recherché le secours de l'Egypte. J'avais oublié l'Evangile, qui nous apprend qu'au sortir de Jérusalem, le voyageur est dépouillé, meurtri, laissé pour mort. Mes ennemis ont jeté sur moi la honte d'un faux crime. Mais je sais qu'à travers la bonne ou la mauvaise renommée, on arrive également au royaume des cieux. Saluez Paule et Eustochie, qui sont toujours, en dépit du monde, mes sœurs en Jésus-Christ. Saluez Albina leur mère, Marcella, Marcellina, Félicité, et dites-leur : Nous serons tous un jour devant le tribunal de Dieu, où chacun montrera la conscience qu'il a eue pendant sa vie. Adieu, modèle de la vertu la plus

(1) M. Villemain.

pure ; souvenez-vous de moi, et, par vos prières, apaisez les flots sur ma route. »

Saint Jérôme fut en discussion ou en amitié avec tous les hommes célèbres de son temps, et notamment avec saint Augustin. Nous avons vu que ce fut par l'intermédiaire de saint Alype que ces deux Pères entrèrent en relation l'un avec l'autre (393). Saint Augustin lui écrivit le premier, et saint Jérôme lui répondit par une lettre où il parlait contre Origène, dont les doctrines hérétiques faisaient alors grand bruit en Orient. Une correspondance, aussi active que le permettaient les distances qui les séparaient, s'engagea alors entre eux. La négligence et l'infidélité d'un des messagers de saint Augustin faillirent, dès le début, être fatale à leur amitié naissante. Saint Augustin avait écrit à saint Jérôme une lettre dans laquelle il combattait, avec la liberté d'un ami, quelques-unes de ses opinions sur les points d'érudition ou de discipline. Cette lettre fut lue en Italie, avant de parvenir à sa destination. Le bruit courut aussitôt que le saint évêque d'Hippone avait écrit un livre contre saint Jérôme, et qu'il l'avait envoyé à Rome. Saint Augustin, qui ne savait d'où ce bruit était venu, s'empressa de se justifier près de son ami, et de lui protester que, bien loin de vouloir le désobliger en quoi que ce fût, il désirerait vivement ou demeurer avec lui, ou le consulter fréquemment par lettres. Il apaisa ainsi facilement l'impression fâcheuse que ce bruit avait produite sur saint Jérôme ; mais, lorsque la lettre égarée parvint à ce Père, il ne put se défendre d'une certaine irritation quand il se vit contredit dans ses opinions par sant Augustin. Ce sentiment perce dans la réponse qu'il fit à son ami (1). Celui-ci s'empressa de le calmer en lui écrivant une lettre où brille toute sa charité. Saint Jérôme, touché de ce procédé, lui répondit dans des termes pleins de tendresse et d'affection ; et, revenant sans doute sur les questions qui avaient fait l'objet de leur discussion, il les étudia de nouveau, ce qui lui fit modifier sa première manière de voir, et le ramena à celle de saint Augustin (2).

Un évènement tel qu'on en voyait alors beaucoup, mais qui n'en était

(1) Œuvres de saint Jérôme, Lettre 91.
(2 Voir soint Jérôme, contre les Pélagiens, I, 8.

pas moins admirable, contribua puissamment à resserrer les liens d'amitié qui unissaient les deux saints. Une jeune fille, la plus noble et la plus riche du monde romain, et qui réunissait en elle le sang des familles Proba, Olybria et Anicia, les plus illustres de l'empire, Démétriade, déjà fiancée, renonça soudain à son fiancé et au monde pour se consacrer tout entière à Jésus-Christ. Elle voulut, dit un historien (1), relever une famille où les consulats et toutes les plus grandes charges de l'empire étaient ordinaires, par la gloire de la virginité, à laquelle aucune autre de sa race n'avait jamais osé aspirer.

Sa mère et les autres femmes de sa famille étaient, du reste, d'une grande piété, à laquelle saint Jérôme et saint Augustin ne peuvent assez rendre hommage. Elles étaient allées à Hippone uniquement pour y voir et y entendre saint Augustin ; et les paroles du vénérable évêque avaient produit sur elles un effet si salutaire que ce fut à la suite de ce voyage que Démétriade embrassa la virginité. Saint Jérôme en fut informé par des familles qui avaient quitté la Gaule à cause des ravages des barbares, et qui s'étaient retirées en Orient, après avoir passé par l'Afrique et y avoir vu saint Augustin. Il en fut transporté de joie.

« Quelle force! s'écrie-t-il à cette occasion ; quel courage ! et qui le croira d'une enfant ? Élevée dans la soie et les pierreries, entourée d'une troupe d'eunuques et de jeunes filles, accoutumée aux flatteries de ses esclaves, qui s'empressaient autour d'elle, nourrie des mets les plus délicats, au sein de l'abondance, elle embrasse les travaux du jeûne, se consacre aux rigueurs de la mortification, se charge d'habits rudes et grossiers (2). »

Le même Père entre ensuite (*lettre* 8) dans des détails intéressants sur l'histoire de cette conversion.

« Démétriade nourrissait son âme de ces pieux sentiments, pendant qu'elle ne craignait rien tant que de causer du chagrin à sa mère et à son aïeule. Leur exemple l'animait ; mais, en même temps, leur amitié et leur tendresse pour elle lui faisaient craindre, non que son pieux dessein leur déplût, mais qu'elles ne voulussent pas y croire et attendre

(1) Tillemont, Mémoires pour servir à l'Histoire Ecclésiastique, t. XIII, p. 620.

(2) Saint Jérôme, contre les Pélagiens, I.

d'elle une si grande résolution. Elle en ressentait de vives inquiétudes. Cependant l'éclat mondain dont elle était encore obligée de s'environner lui était odieux : aussi dit-on qu'elle ne couchait point sur la plume, qu'elle ne se servait point de draps, et qu'elle n'avait d'autre lit qu'un petit cilice étendu sur le sol nu ; quelques pieuses vierges, qui servaient dans la maison, et auxquelles seules elle avait confié son secret, l'aidaient à exécuter ces austérités. Elle versait d'abondantes larmes, se jetait en esprit aux pieds du Sauveur, et le suppliait de lui donner la grâce d'accomplir son projet, et de disposer sa mère et son aïeule à y consentir. »

Le temps de son mariage approchait : déjà elle voyait préparer la chambre nuptiale. Elle ne pouvait y songer sans se reprocher sa faiblesse : « Si tu trembles dans la paix, se disait-elle, que ferais-tu s'il fallait souffrir le martyre ? si tu n'oses soutenir le regard d'une mère, comment paraîtras-tu devant le tribunal des persécuteurs ? Ne sais-tu pas qui t'a conservé l'honneur et la virginité dans ce jour horrible où la maîtresse du monde est devenue le sépulcre du peuple romain ? Tu n'as échappé au carnage de Rome que pour te voir reléguée dans un pays étranger, et tu songes à y prendre un mari fugitif et banni ainsi que toi ! Non, non, ne balance plus : un parfait amour de Dieu doit bannir toute crainte. Il faut aller au combat. Mais que parlé-je de combat ? Pourquoi craindre une mère ? pourquoi trembler devant elle ? »

Animée par ce discours qu'elle se tient à elle-même, elle se dépouille de tous ses ornements, se couvre d'une humble tunique et d'un manteau d'étoffe vile, et, vêtue ainsi, elle va tout-à-coup se jeter aux pieds de son aïeule, sans prononcer une parole, mais versant des larmes et gémissant. Son aïeule et sa mère, qui était accourue à sa voix, surprises d'abord de la voir en cet état, sont ravies de joie quand elles en apprennent le motif. Elles ont peine à se persuader qu'elles ne sont pas le jouet d'une heureuse illusion ; elles se jettent au cou de leur fille, la serrent dans leurs bras, l'arrosent des larmes que la joie leur fait répandre, la rassurent et la calment par toutes les marques possibles de l'affection la plus tendre, en lui protestant qu'elle ne faisait rien qu'elles ne désirassent, la louant de ce qu'elle relevait l'éclat de leur famille par celui de la virginité ; et de ce qu'elle les consolait de la ruine de leur patrie.

Démétriade prit donc publiquement le voile dans la basilique de Carthage. L'évêque Aurélius l'en couvrit, après avoir invoqué le nom de

Dieu, et, ajoute saint Jérôme, ce saint pontife eut la joie de présenter à Jésus-Christ cette nouvelle épouse (1).

Probe et Julienne, la mère et l'aïeule de Démétriade, s'empressèrent d'envoyer à saint Augustin la nouvelle de la résolution de cette jeune vierge ; elles y joignirent un présent, en signe de la solennité de la consécration, et pour lui témoigner que c'était à ses exhortations et à ses enseignements qu'était dû cet effet merveilleux de la grâce. Elles remirent à leur fille toute sa dot, « afin, dit saint Jérôme, de ne point faire injure à Jésus-Christ, en la lui donnant moins riche qu'elles ne l'eussent fait à un époux mortel, et afin qu'elle employât en faveur des serviteurs de Dieu ce qu'elle eût perdu dans les dépenses du siècle. »

Le bruit de cette conversion se répandit rapidement dans tout l'empire, où il n'y avait point alors de famille plus illustre et plus populaire que celle de Démétriade, et y fut accueilli avec autant de joie que d'étonnement. Rome, à demi-ruiné, oublia un instant ses désastres, et se réjouit comme si elle eût appris la défaite des barbares qui venaient de la saccager.

L'exemple de Démétriade fut contagieux dans sa maison et jusque dans l'Orient : encouragées par les éloges et la gloire qui lui étaient prodigués, beaucoup de jeunes filles, dont la condition sociale était bien inférieure à celle de cette vierge illustre, eurent, dit le Père auquel tous ces détails sont empruntés, la sainte ambition de partager avec elle la célébrité et les autres récompenses promises à la chasteté. Au lieu des lions, des tigres et des autres bêtes féroces ou curieuses que l'on envoyait à ses parents, lorsque, en leur qualité de consuls, ils étaient obligés de donner des spectacles au peuple, on envoyait à Démétriade, de toutes les parties de l'empire, de saintes jeunes filles, pour en faire une pieuse offrande à Dieu, et pour que son exemple les encourageât à persévérer dans la sainteté.

Ce fut peu de temps après cette conversion que saint Augustin écrivit pour Julienne le livre de la *Viduité* : son dessein, dans cet ouvrage, est d'instruire les veuves chrétiennes de leurs devoirs, et de les exhorter à embrasser avec ardeur la vie austère du veuvage.

(1) Saint Jérôme, Lettre 8.

L'admiration qu'avait excitée dans le monde romain l'action de Démétriade ouvrit, dit saint Ambroise, la bouche des plus grands hommes de l'Eglise, qui crurent ne pouvoir mieux employer les lumières que Dieu leur avait accordées qu'en l'instruisant et en le fortifiant dans son généreux dessein. Saint Jérôme lui écrivit entre autres; il lui recommanda de s'attacher invariablement à la foi orthodoxe, à celle du souverain pontife, comme s'il eût prévu qu'elle serait exposée aux tentations des hérésiarques. Pélage lui écrivit en effet aussi, et mêla sa voix à celle des docteurs de l'Eglise. Son ouvrage, fort bien écrit, contient d'excellentes règles de piété. Mais saint Augustin, entre les mains de qui cette lettre tomba, y reconnut facilement les traces de l'hérésie de Pélage, bien que celui-ci se fût, avec beaucoup d'habileté, attaché à les dissimuler sous des expressions ambiguës. Il en avertit Julienne, qui l'en remercia et l'assura de sa fidélité et de celle de toutes les personnes de sa maison.

Démétriade y persévéra en effet pendant tout le reste de sa vie, qui fut fort longue. Lorsque, en 455, les Vandales eurent pillé Rome, saint Léon lui persuada de faire bâtir une église en l'honneur de saint Etienne, dans une terre qu'elle possédait à trois milles au nord de cette ville (1). Telle est la dernière mention que l'histoire nous ait conservée de cette illustre élève de saint Augustin. Il nous a semblé que, indépendamment de l'état religieux qui s'attache à ce récit, on nous en pardonnerait la longueur en faveur des détails intimes dont il abonde, et de la vérité avec laquelle s'y reflète, sous certains points de vue, l'éclat de la société romaine au IVe et Ve siècle.

Parmi les autres hommes célèbres de son temps avec lesquels saint Augustin fut en commerce d'amitié, outre saint Paulin et saint Jérôme, dont il a déjà été fait mention plus haut, il faut encore citer Lusitanien, de la province actuelle de Bragance (en Portugal); il se nommait Paul Orose, et était prêtre. Il eut la douleur de voir son pays en proie aux Vandales, aux Alains et aux Suèves. Ce ne fut qu'avec peine, dit-il, qu'il évita leurs dards; il adoucit leur rigueur par sa soumission, se précautionna avec sagesse contre leur perfidie, et échappa, par son adresse, aux piéges qu'ils lui tendirent.

(1) Saint Léon, Lettres, n° 331.

L'Espagne était alors troublée encore par diverses hérésies, ce qui, dit saint Augustin (1), affligeait Orose encore plus que de voir sa patrie ravagée par les barbares. Plein de zèle pour la défense de la foi orthodoxe, Paul Orose résolut d'aller demander à saint Augustin les lumières nécessaires pour combattre avec succès les hérétiques. Il se rendit donc en Afrique, non sans courir beaucoup de dangers, auxquels il assure qu'il n'échappa que par miracle (2).

Saint Augustin lui fit tout l'accueil désirable, et composa, pour son usage, un petit traité où il examine et refute succintement toutes les hérésies qui avaient alors le plus de cours en Espagne : c'était alors des origénistes et celle des priscillianistes, espèces de manichéens. Il y avait encore quelques autres points sur lesquels Orose l'avait interrogé ; mais pensant que saint Jérôme serait plus apte à l'éclairer, il le lui adressa. Il profita de cette occasion pour écrire à ce saint deux traités en forme de lettres, où il lui expose ses vues sur l'origine de l'âme et sur un passage de l'Epître de saint Jacques. Mais saint Jérôme ne partagea point toutes les vues que saint Augustin émettait dans ces deux ouvrages : il ne voulut point cependant y répondre, parce qu'il était de l'intérêt de l'Eglise qu'ils ne parussent point divisés d'opinion, même dans les questions étrangères au dogme.

Arrivé en Orient, près de saint Jérôme, Orose demeura près de ce Père, vivant dans la retraite, d'où il ne sortait guère que pour se joindre, dans les jours de grande cérémonie, au cortége du patriarche de Jérusalem. Il avait trouvé saint Jérôme occupé, ainsi que l'était saint Augustin, de la polémique du pélagianisme. Lui-même assista à une conférence qui eut lieu à Jérusalem (28 juillet 415), et y soutint contre Pélage lui-même, qui y comparut en personne, les doctrines de saint Augustin et de toute l'Eglise catholique. Pélage prétendait que l'homme pouvait être aisément sans péché et garder les commandements de Dieu, pour peu qu'il le voulût fermement, et qu'il n'avait nul besoin, à cet effet, du secours divin de la grâce.

« C'est là, lui répondit Orose, ce que le concile d'Afrique a détesté

(1) Saint Augustin, Lettre à Orose, n° 28 et 102.
(2) Paul Orose, Histoire, liv. V, 2; III, 20.

dans Céleste ; ce que l'évêque Augustin a rejeté avec horreur, comme vous venez de l'entendre ; ce qu'il condamne encore présentement dans la réponse qu'il fait aux écrits de Pélage ; ce que le bienheureux Jérôme, si célèbre par ses victoires sur les hérétiques, a aussi condamné, et ce qu'il vient de réfuter aujourd'hui (1). « Anathème, dit-il encore, sur celui qui nie le secours de Dieu. »

Cependant, la question était fort obscure, et la discusion se prolongeant sans beaucoup s'éclaircir, parce que, des assistants, les uns n'entendaient pas le grec, et les autres le latin, et qu'ils étaient ainsi obligés de se servir d'interprètes, on résolut d'envoyer des lettres au pape Innocent, afin qu'il décidât ce que l'on devait croire et de quel côté était l'erreur.

Le saint Père ordonna qu'un concile s'assemblerait en Orient pour s'occuper de cette affaire. Il eut lieu à Diospolis. Pélage y comparut, et justifia de sa bonne foi ; il fut absous ; mais la doctrine qu'il avait enseignée jusqu'alors fut condamnée et anathématisée. Il se montra bientôt indigne de l'indulgence qu'il avait trouvée dans les Pères du concile. Il rétracta ses désaveux, publia des écrits dans lesquels il altérait le texte des décisions du concile, et faisait approuver par celui-ci précisément ce qu'il avait condamné.

Paul Orose revint en Occident avec le récit de tous ces événements, et chargé de lettres et d'écrits que saint Jérôme adressait à saint Augustin. Dans l'un de ces écrits on trouve ces paroles remarquables, qui font voir quelle opinion les plus célèbres docteurs de l'Eglise professaient alors sur l'illustre évêque d'Hippone :

« Puisque, dit saint Jérôme, Augustin, ce saint et éloquent évêque, a résolu d'écrire contre Pélage, je me crois dispensé désormais de ce soin, le considérant comme inutile. Car ou je dirai la même chose que lui, et cela serait superflu ; ou je dirai autre chose, et alors je ne pourrais qu'être au-dessous de cet esprit éminent, qui me préviendra toujours dans ce qu'il aura de meilleur à dire.

La tenue habituelle du concile d'Afrique coincida avec l'époque du retour d'Orose en Afrique (juin 416) : les Pères, réunis à Carthage,

(1) Paul Orose, Apologie.

reçurent tous les documents qui concernaient Pélage et sa doctrine. Ils décidèrent qu'il y avait lieu d'agir sévèrement contre cette hérésie naissante ; ils l'anathématisèrent, et, afin d'ajouter à l'autorité d'un concile provincial celle du chef suprême de l'Eglise, ils envoyèrent leurs actes au pape, afin qu'il leur donnât le caractère d'universalité, en y souscrivant en présence de toute l'Eglise catholique.

Saint Augustin reçut, dans cette occasion, un nouveau témoignage de l'estime de ses collègues : le concile le chargea de rédiger sa sentence. Un autre concile, assemblé à Milène, prit les mêmes dispositions que celui de Carthage, et chargea, en outre, saint Augustin d'étudier la doctrine de l'Eglise sur la question du pélagianisme et de l'exposer clairement dans un ouvrage spécial.

En considération de cette tâche, et pour pouvoir s'en occuper à loisir, il obtint de son peuple qu'on le laisserait en repos cinq jours de la semaine, pendant lesquels on ne l'importunerait plus pour le jugement des affaires civiles. On dressa un acte pour l'attester, et le peuple l'approuva avec acclamations. On fut fidèle pendant quelque temps à cette convention ; mais bientôt la violence de ceux qui avaient besoin de lui l'emporta, et on le tira malgré lui de sa retraite, pour le forcer de juger des procès, et de quitter ses occupations chéries, pour traiter des affaires des autres.

Peu de temps après (417), Orose lui dédia son *Histoire générale du monde*. Il l'avait entreprise à la prière de saint Augustin, qui désirait que cet ouvrage fût une sorte de complément de la Cité de Dieu, et au moins qu'il fût composé dans le même but, pour répondre aux païens, qui attribuaient la prise de Rome et les malheurs de l'empire à l'abandon du culte de leurs dieux. Orose s'attacha donc à recueillir dans les historiens de l'antiquité le récit de tous les événements malheureux qui étaient arrivés dans le monde, les guerres, les pestes, les famines, les tremblements de terre, les débordements des rivières, les volcans, et même les grands crimes ; il en fit un corps d'histoire, afin de faire voir qu'il n'était point arrivé plus de ces malheurs depuis la venue de Jésus-Christ qu'avant cette époque. Le livre d'Orose comprend tous les temps qui se sont écoulés depuis le commencement du monde jusqu'en 417.

On loue dans cet ouvrage le style concis, quoique coulant et même éloquent ; mais on reproche à Orose son peu de critique, et de fréquentes erreurs en théologie. Ces défauts ne l'empêchèrent pas d'avoir un succès très-grand et durable. Les approbations les plus flatteuses lui furent prodiguées, souvent de fort haut. Le pape Gélase fit le plus grand éloge du livre d'Orose dans le concile de Rome : « Et parce que, dit-il, il renferme beaucoup de choses en peu de mots, et parce qu'il nous est fort utile contre les calomnies des païens. »

Quant au projet pour lequel Orose avait quitté l'Espagne, il ne put jamais l'accomplir : le désordre n'avait fait que croître dans cette malheureuse province, et les ravages des barbares avaient fait taire un instant toutes les dissensions religieuses. Orose ne put même jamais y retourner. Il paraît cependant qu'il se rendit à Magone, dans l'île de Minorque, et qu'il y apporta des reliques de saint Etienne. Ce sont là les derniers renseignements qui nous soient parvenus de lui.

La lutte de l'Eglise contre les pélagiens devenait de jour en jour plus vive. Le pape Innocent répondit sans tarder aux évêques de l'Afrique, qui l'avaient prié de s'associer à leurs arrêts de condamnation contre les hérétiques ; il loua beaucoup l'érudition, le zèle et la vigilance pastorale de ces pontifes, dont la sollicitude s'étendait non-seulement sur les Eglises qu'ils gouvernaient, mais sur le monde catholique tout entier. Il déclara s'associer entièrement à leurs déclarations, et retrancha Pélage et ses sectateurs de la communion de l'Eglise.

Cet arrêt produisit un heureux effets sur les moins endurcis d'entre les pélagiens : ils s'empressèrent de rentrer dans le sein de l'Eglise dès qu'ils eurent appris qu'elle les avait condamnés par la bouche de son chef. Mais ceux qui persévérèrent dans l'hérésie s'irritaient contre la main qui les frappait : ils voulurent s'en venger sur ceux qui avaient le plus puissamment contribué à l'attirer sur leur tête. Saint Augustin, dans un ouvrage qu'il publia en ce temps sur le concile de Diospolis, raconte qu'une troupe de gens sans aveu, excités par les pélagiens, se ruèrent sur les monastères où saint Jérôme, d'un côté, et quelques saintes femmes, de l'autre, s'étaient retirés ; qu'ils les brûlèrent ; que saint Jérôme n'avait préservé ses jours qu'en se sauvant dans une tour, et que sainte Eustochie et sa nièce Paula avaient failli périr dans les flammes, après avoir vu blesser ou mettre à mort ceux qui avaient essayé de les défendre.

Ces désordres avaient soulevé contre les pélagiens une indignation générale. Mais Pélage et Céleste, le principal de ses disciples, surent conjurer un instant l'orage. Le pape Zozime avait succédé à Innocent. Ils s'adressèrent à ce pontife, surprirent sa religion par leurs protestations équivoques de soumission, et en obtinrent qu'il écrivit en Afrique en leur faveur. Mais les évêques de cette province avaient l'expérience de l'habileté de Pélage : ils supplièrent le souverain pontife d'interroger de nouveau cet hérésiarque, et de le presser afin d'en obtenir, non des paroles hypocrites, mais des réponses catégoriques et un désaveu formel de son hérésie. Pélage, pressé ainsi, trahit sa mauvaise foi, et fut condamné par Zozime, comme il l'avait été par Innocent. La condamnation des pélagiens fut publiée par toute l'Eglise, et reçue universellement. Anathême fut prononcé contre eux. L'empereur Honorius ajouta à ces rigueurs par une loi qu'il publia. Ils en appelèrent en vain à des conciles, et ne trouvèrent pas d'évêques qui voulussent de nouveau examiner leur affaire. Pélage fut chassé honteusement de Jérusalem, où jusqu'alors il avait trouvé un refuge : on ne sait plus ce qu'il devint depuis ; on voit seulement, par un passage de saint Augustin, qu'il vivait encore en 421 (1).

C'est ainsi que l'Orient et l'Occident s'unirent pour percer d'un seul trait les doctrines hérétiques de Pélage et de Céleste : la principale gloire en revint à l'église d'Afrique, qui les avait poursuivies le plus vivement, et, dans cette Eglise, à saint Augustin, qui, par sa science et son génie en avait été l'âme.

Ce fut aussi le jugement de tout l'univers catholique : de l'Occident et de l'Orient les témoignages les plus flatteurs en furent envoyés en foule à saint Augustin, et durent mettre son humilité à d'extrêmes épreuves. Tandis que saint Prosper célébrait sa gloire dans de beaux vers, saint Jérôme lui écrivit que, bien qu'il eût toujours aimé en lui Jésus-Christ, qui habitait dans son cœur, il avait senti s'accroître à un tel point son amour et son respect pour lui qu'il ne pouvait être une heure de temps sans parler de lui. « Conservez, lui dit-il, cette grande réputation que vous vous êtes acquise dans le monde entier. Les catholiques vous respectent et vous admirent comme le restaurateur de l'antique foi, et ce qui n'est pas moins glorieux, vous êtes un objet de haine et de terreur pour les hérétiques. »

« Je voudrais, dit-il une autre fois en parlant à saint Augustin et à

(1) Saint Augustin, contre Julien, II, 10.

saint Alype, je voudrais avoir les ailes de la colombe pour m'envoler vers vous. Dieu sait avec quelle joie je vous embrasserais tous deux, surtout en ce temps-ci où vous venez de donner le coup de mort à Céleste. »

Dans un voyage qu'il fit, en 418, dans la Mauritanie, il fit abolir une étrange coutume qui, depuis des siècles, était en vigueur à Césarée (Alger), capitale de cette province. Tous les ans, à certaine époque, les habitants de la ville en sortaient, divisés en deux partis, citoyens contre citoyens, parents contre parents, frères contre frères, et même enfants contre pères, et se battaient durant quelques jours à coups de pierres, se blessant et se tuant les uns les autres à qui mieux. Ils nommaient cela *la Faction*.

Saint Augustin, dans un sermon qu'il prêcha devant eux, fit tout ce qu'il put pour déraciner cette coutume odieuse. « J'employai, dit-il, tout ce que je pus trouver de plus grand et de plus fort pour leur en faire concevoir de l'horreur et les en détourner. Ils m'applaudissaient; mais je ne crus avoir rien fait, tant que je ne leur vis point verser de larmes : leurs applaudissements me marquaient seulement qu'ils m'écoutaient avec faveur; mais leurs larmes me firent voir qu'ils étaient touchés. Aussi, dès que je les vis pleurer, fus-je persuadé, avant même d'en avoir vu l'effet, que cette détestable coutume, qu'ils avaient reçue de leurs ancêtres par une longue succession de temps, serait abolie. Je cessai donc aussitôt mon exhortation, et, me tournant vers Dieu, je lui rendis grâces, en engageant toute l'assistance à m'imiter. Et, par la miséricorde de Jésus-Christ, voici déjà huit ans qu'ils ont entièrement renoncé à la Faction (1).

En 419, saint Augustin avait dédié à un Romain illustre, le comte Valère, un livre qu'il avait composé sur le mariage. Dès que cet ouvrage eut paru, un pélagien, célèbre alors et nommé Julien, en publia une prétendue réfutation. Il était de grande naissance et issu de parents fort pieux et inébranlables dans la foi orthodoxe. Son père lui avait fait prendre les premiers ordres, quoiqu'il fût marié; mais il s'était de bonne heure séparé de sa femme par esprit de continence. Il devint par la

(1) Saint Augustin, Doctrine chrétienne, IV, 24.

suite évêque d'Eclane, dans la Campanie sa patrie. Mais, ayant adopté l'hérésie de Pélage, il en fut bientôt l'un des principaux soutiens. Ses mœurs s'altérèrent avec la pureté de sa foi, et non-seulement il renonça à la continence, dont il avait fait profession jusqu'alors, mais il scandalisa jusqu'aux hérétiques par ses excès. Chassé d'Italie, il s'était réfugié en Orient, où le pélagianisme trouvait plus de tolérance, bien qu'il n'y fût pas moins anathématisé qu'en Italie. Après avoir erré long-temps, il se retira enfin dans un village de la Sicile, où il eut pour occupation d'enseigner les lettres à ceux de sa secte. Il y mourut, et les pélagiens lui élevèrent un tombeau, avec cette inscription : « *Ici repose Julien, évêque catholique.* » Le monument fut retrouvé au IXe siècle, et quelques personnes qui suivaient les erreurs du semi-pélagianisme voulurent rétablir la mémoire de Julien; mais des évêques habiles firent voir que les pélagiens avaient toujours pris le nom de catholiques, et qu'ainsi rien n'empêchait que Julien ne fût mort hérétique.

Julien était d'ailleurs un homme d'une incontestable supériorité; mais il abusait étrangement de ses brillantes facultés. Dans ses écrits, il attaqua violemment saint Augustin, l'appelant le disputeur (*disputator*) de l'Afrique. Saint Augustin écrivit plusieurs ouvrages pour répondre, non à ses injures, mais aux doctrines hérétiques que cet homme avait avancées; il adressa ces ouvrages au pape Boniface, qui l'avait chargé de répondre aux pélagiens. Ces ouvrages sont des chefs-d'œuvre dans leur genre; aussi saint Augustin nous assure-t-il que, de tous ceux qu'il publia, il n'en est aucun auquel il ait travaillé avec plus de soin.

L'année suivante (421), il publia un autre écrit non moins remarquable. Laurent, chef des notaires de l'Eglise de Rome, l'avait prié de lui faire un livre qui lui servît de *Manuel* où il pût apprendre ce qu'il devait croire, quelles étaient les doctrines qu'il devait rejeter comme hérétiques; en quoi la raison appuie la religion, et en quoi elle est insuffisante en fait de dogme : en un mot, ce qu'il lui demandait c'était un abrégé succint de la doctrine chrétienne.

Saint Augustin se prêta avec empressement à ce vœu; et, comme toutes les questions de Laurent se réduisaient à demander ce qu'il faut croire, ce qu'il faut aimer, ce qu'il faut espérer, il divisa son livre en trois parties, sous les titres de la *Foi*, l'*Espérance* et la *Charité*. C'est un véritable catéchisme, digne en tous points de son illustre auteur. Il y traite entre autres une question fort obscure, qu'il n'osa aborder qu'une seule fois dans la chaire (sermon 71), parce que, dit-il, il la regardait comme l'une des plus grandes et des plus difficiles que la théologie puisse soulever. Il s'agit du péché contre le Saint-Esprit, dont l'Ecriture parle sans en déterminer la nature. Après des explications fort étendues, saint Augustin conclut en disant qu'il estime que ce péché consiste dans le mépris de la pénitence, de la réconciliation et de l'unité de l'Eglise, quand on y persévère jusqu'à la mort.

La même année (421), il dut répondre à d'autres questions qui lui furent adressées par son ami, saint Paulin : ce Père lui demandait, à l'occasion de la coutume où l'on était, à cette époque, de se faire ensevelir, autant que possible, auprès des tombeaux des saints et des martyrs, jusqu'à quel point cette coutume pouvait être utile.

Saint Augustin lui répondit quelle ne lui semblait avoir d'autre utilité pour le mort qu'en ce que le voisinage d'une tombe révérée engageait à prier davantage pour lui. Quant aux prières qu'on dit pour les morts, elles leur sont on ne peut plus utiles lorsque, pendant leur vie, ils n'ont point empêché, par leur conduite ou leurs croyances, que les mérites de ce pieux devoir leurs fussent appliqués. Il raconte à ce propos plusieurs aventures miraculeuses, et entre autres celle d'un habitant d'Hippone, nommé Curina, nullement lettré et fort candide.

Ce Curina, étant malade, tomba dans un évanouissement profond, qui dura plusieurs jours, et pendant lequel il ne donna aucun signe de vie. Dans cet état, il eut une vision : il se crut transporté dans l'autre monde, et il lui sembla voir comment on y traitait les morts, selon qu'ils l'avaient mérité. Il y aperçut plusieurs personnes de sa connaissance, mais qui néanmoins étaient encore en vie. Plusieurs ecclésiastiques de son pays et le prêtre de son village en faisaient partie. Celui-ci lui dit d'aller à Hippone se faire baptiser, ce qu'il s'imagina faire à l'instant même. On le conduisit ensuite à la porte du paradis ; mais il n'y put entrer, et il entendit une voix qui lui dit : « Retournez sur la terre, et, si vous voulez venir dans cette demeure, allez vous faire baptiser. » Il sortit en ce moment de son évanouissement, et se hâta d'aller se faire inscrire au nombre des *compétens* (c'étaient ceux qui devaient recevoir le baptême). Quelque temps après, il se fit baptiser par saint

Augustin, qui fut informé de son aventure et se la fit raconter par lui-même (1).

A seize lieues d'Hippone, mais dans le même diocèse, se trouvait le bourg de Fussale, habité presque exclusivement par des donatistes. Saint Augustin, qui poursuivait le schisme et l'hérésie jusque dans leurs dernières retraites, résolut de les déraciner de ce lieu. Les premiers prêtres qu'il y envoya furent dépouillés, battus, mutilés, aveuglés; quelques-uns furent même tués. Mais leurs souffrances ne furent pas inutiles; et, après bien des dangers et des travaux, la mission de Fussale porta les fruits les plus abondants, et les donatistes, réduits par les conversions à un petit nombre, songèrent moins à persécuter qu'à se cacher.

Cependant saint Augustin souhaitait ardemment de conquérir ces derniers débris du schisme; mais, craignant que l'éloignement du lieu ne lui permît pas d'y veiller avec tout le soin qu'il eût désiré, il se décida à y établir un évêque, sans être en cela arrêté par la crainte de diminuer l'étendue de sa juridiction et de ses revenus. Il était indispensable que la personne qui devait être élevée à cette dignité, outre toutes les vertus nécessaires pour un tel état, connût encore et sût parler la langue punique; ce qui restreignait fort le cercle de ceux parmi lesquels le saint pouvait choisir. Après avoir cherché long-temps, il trouva enfin un ecclésiastique qui, par ses vertus, ses talents et ses connaissances, lui parut remplir toutes les conditions désirables. Il lui proposa donc l'évêché de Fussale; après beaucoup d'hésitation, son offre fut agréée.

Il écrivit aussitôt au primat de la province d'Hippone, qui demeurait fort loin, pour le prier de venir faire cette ordination. Le primat vint à Hippone; mais, au moment où toutes choses étaient déjà prêtes et où l'ordination allait se faire, le prêtre que le Saint destinait pour cet évêché, pris d'un scrupule subit, refusa absolument de se laisser ordonner.

Ne voulant point avoir fait faire en vain un long voyage au primat, saint Augustin choisit un prêtre, encore jeune, nommé Antoine, qu'il avait élevé près de lui dès son enfance. Dans son embarras, il le pré-

(1) Saint Augustin, Du soin que l'on doit prendre des morts, ch. 12.

senta aux habitants de Fussale, qui l'acceptèrent de confiance. Il fut donc ordonné ; mais saint Augustin eut bientôt à regretter vivement ce choix

Antoine, qui, par une dissimulation profonde, avait surpris la religion de son père spirituel, abusa de son autorité, au point que les habitants de Fussale vinrent s'en plaindre à saint Augustin, et que celui-ci dut lui retirer l'administration de son diocèse. Antoine, mécontent de cet arrêt, tout indulgent qu'il fût, alla se plaindre auprès du primat de Numidie, et jusques aux pieds du Souverain Pontife. Il séduisit ces vieillards vénérables par ses artifices et ses récits mensongers, et obtint d'eux qu'ils manifestassent à saint Augustin le désir qu'Antoine fût rétabli dans la plénitude de ses pouvoirs. Saint Augustin, qui regrettait amèrement le choix qu'il avait fait de cet homme pour l'élever à l'épiscopat, répondit au saint Père par une lettre où brillent à la fois son humilité extrême et le vif sentiment de ses devoirs et de la responsabilité qui pesait sur lui :

« Pour moi, dit-il, j'avoue ingénieusement à Votre Sainteté que le péril où je vois et Antoine et les habitants de Fussale, et moi-même, m'alarme si fort et me jette dans une si profonde tristesse que, s'il faut que je vois cette Eglise de Jésus-Christ ravagée par un homme que mon imprudence a fait évêque, et que le mal aille (ce qu'à Dieu ne plaise) jusqu'à la faire périr avec celui qui en serait la cause, je crois que je renoncerais à l'épiscopat, pour ne plus songer qu'à pleurer ma faute. Car je me souviens de ce que dit l'Apôtre : *Si nous nous jugeons nous-mêmes, nous ne serons pas jugés de Dieu.* Ainsi je me jugerai moi-même, afin que celui qui viendra juger les vivants et les morts me pardonne. Si, au contraire, par un effet de votre charité pour les membres de Jésus-Christ qui sont dans cette contrée, vous les tirez de la crainte et de la tristesse mortelle où ils sont, et que vous consoliez ma vieillesse par cette action, qui ne sera pas moins de miséricorde que de justice, celui qui nous aura délivrés par vous de cette peine, et qui vous a placé dans le siége que vous remplissez, vous en récompensera et dans ce monde et dans l'autre (1). »

(1) Saint Augustin Lettre 261.

Le saint Père, éclairé et touché par ces nobles paroles, revint sur ce qui n'avait d'ailleurs été qu'un désir vaguement manifesté par lui : Antoine garda le titre, mais perdit les pouvoirs d'évêque; et l'Eglise ne fut point privée d'un saint dont les enseignements et la gloire lui étaient d'un si puissant secours.

L'an 424, saint Augustin reçut à Hippone les reliques de saint Etienne : il les déposa dans une chapelle de sa basilique; sur la voûte il fit graver quatre vers, où il disait qu'il fallait rapporter à Dieu les miracles qui s'opéraient alors par l'intercession et par les reliques de ce saint martyr. Ce fut à l'occasion de ces miracles, parmi lesquels il mentionne trois résurrections (1), qu'il introduisit en Afrique la coutume de faire donner par ceux en faveur desquels le miracle était opéré un mémoire sur le succès qu'il avait obtenu; on lisait ensuite ces mémoires au peuple.

Peu de temps après qu'il eut reçu ces précieuses reliques, il arriva dans son diocèse un événement qui l'affligea beaucoup. Depuis qu'il était évêque, il avait rassemblé dans son palais épiscopal tous ses ecclésiastiques, et vivait avec eux dans une communauté parfaite, sans que personne n'eût rien en propre. Il n'ordonnait aucun prêtre qu'à la condition qu'il vécût ainsi avec lui, et il en avait fait la déclaration solennelle devant le peuple. Du reste, il s'en remettait entièrement, à cet égard, à la conscience de ses ecclésiastiques, et n'examinait point si réellement ils ne conservaient rien en propre. En entrant dans les ordres, les prêtres abandonnaient leur bien à l'Eglise, qui, en retour, leur devait l'entretien.

Un prêtre de son diocèse, nommé Janvier, avait été marié avant de se faire ordonner, et était demeuré veuf avec un fils et une fille en bas âge. En entrant dans les ordres, il avait placé ses enfants dans des maisons religieuses; et, comme il ne pouvait savoir si, lorsqu'ils seraient en âge de choisir un état, ils persisteraient dans la vie monastique, il n'avait donné à l'Eglise qu'une partie de ses biens et avait réservé l'autre pour ses enfants, dans le cas où l'un des deux voudrait rentrer dans le monde. Cette disposition n'avait rien de blâmable, et saint Augustin

(1) Saint Augustin, cité de Dieu, liv. 22.

l'avait approuvée. Quelques années après, Janvier tombe malade et meurt, après avoir fait un testament par lequel il déshérite ses enfants encore mineurs, et institue l'église d'Hippone pour son héritière.

Un tel legs ne pouvait que lui nuire, en ternissant l'éclat dont le clergé d'Hippone avait brillé jusqu'alors aux yeux des peuples. Saint Augustin, qui s'était fait une loi de refuser tous les legs que l'on faisait à son église lorsqu'il y avait des héritiers naturels qui se trouvaient frustrés, abandonna le legs de Janvier à ses enfants, et y renonça pour son église. C'était le salut des hommes qu'il convoitait, et non leur argent. Après s'être ainsi acquitté de ce qu'il devait à sa conscience, il crut que, vivant à la vue du peuple, pour lui et, pour ainsi dire, par lui, il lui devait compte de sa conduite, principalement en cette circonstance, et afin que cet exemple profitât.

Il l'assembla donc le lendemain, et lui fit un discours fort simple, mais touchant, où il lui représenta la manière dont il avait toujours entendu vivre avec son clergé, la faute que Janvier avait commise, la résolution qu'il avait prise de renoncer à sa succession pour l'Eglise, et les motifs qu'il avait d'agir ainsi en toute occasion semblable, bien que quelques personnes l'en eussent blâmé. Quant aux membres de son clergé, il annonça qu'il allait s'informer de la situation de chacun d'eux, pour s'assurer si, contre ses vœux et contre les canons des conciles d'Afrique, il n'y en avait point qui eussent conservé une partie de la fortune qu'ils avaient avant d'entrer dans les ordres, et il promit d'en rendre compte publiquement à quelques mois de là, après la fête de l'Epiphanie.

En effet, quand cette époque fut arrivée, il monta en chaire, et, dans un discours plein de détails intéressants sur l'état de l'Eglise d'Afrique à cet époque, il rendit le compte qu'il avait annoncé.

Il fit lire d'abord par un diacre les passages des Actes des Apôtres où se trouve dépeinte la vie des premiers chrétiens, sur laquelle il désirait que son clergé se réglât. Il assura ensuite au peuple que tous les ecclésiastiques de son diocèse s'y conformaient et n'avaient rien gardé en propre. Un petit nombre d'entre eux, il est vrai, paraissaient n'avoir pas encore renoncé entièrement à leurs biens, ou en étaient accusés, mais c'était à tort.

« Qu'on ne médise donc pas des serviteurs de Dieu, ajouta-t-il : cela est trop dangereux pour ceux qui le font. Les serviteurs de Dieu qui auront été déchirés par des calomnies en recevront d'autant plus de récompenses; mais les calomniateurs en seront d'autant plus punis. Nous ne voulons pas profiter de votre malheur et recevoir des récompenses aux dépens de votre salut. Puissions-nous n'avoir qu'une moindre gloire dans le royaume de Dieu, et vous y avoir pour compagnons! »

Ses prêtres, ajouta-t-il, étaient tous pauvres et n'avaient apporté à la communauté que leur charité et leur dévoûment. Il en cita ensuite quelques-uns qui avaient été plus particulièrement exposés à la calomnie.

« Je veux bien vous dire, mes frères, en faveur de quelques-uns d'entre vous qui ignorent ce que la plupart connaissent, que le prêtre Léporius, quoiqu'il fût d'une naissance illustre selon le monde, et descendu des personnes les plus considérables de son pays, a été reçu dans notre clergé comme pauvre, après avoir tout quitté pour se consacrer à Dieu. Ce n'est pas qu'il n'eût point eu de biens, mais il en avait déjà disposé conformément à ce que prescrit la lecture que nous venons de faire (les *Actes des Apôtres*). Ce n'est pas ici qu'il l'a fait; mais il n'y a qu'un Jésus-Christ et qu'une Eglise. Quelque part qu'il ait fait cette bonne œuvre, nous devons nous en réjouir avec lui. Il a bâti dans le jardin que vous savez un monastère pour ses esclaves, qu'il a affranchis d'abord, puis consacrés au service de Dieu. Ce jardin n'appartient ni à l'Eglise ni à lui. Et à qui donc? dira quelqu'un. Au monastère même qui y est. Il est vrai que, jusqu'à ce temps-ci, il a pris soin d'eux, il a eu le maniement du peu de bien qu'ils ont pour leur subsistance, et il l'a dépensé pour eux comme il le jugeait à propos. Mais, pour ôter tout prétexte aux gens qui se repaissent de faux soupçons, au lieu de nourrir leur âme des bons exemples qu'ils voient, nous avons jugé, lui et moi, qu'il serait mieux de laisser ces moines prendre eux-mêmes soin de leurs affaires comme s'il n'était plus au monde : aussi bien faudra-t-il qu'ils se passent de lui et de ses soins quand il sera mort... Il n'a point d'argent qui lui appartienne. Il a eu la commission de faire bâtir l'hôpital, qui en ce moment est achevé. C'est moi qui l'en ai chargé et qui le lui ai commandé. Il m'a obéi et il a travaillé, comme vous avez pu le voir. C'est de même par mon ordre qu'il a bâti l'église des Huit-Martyrs de l'argent que Dieu nous a donné par votre intermédiaire. Il commença cet ouvrage avec l'argent que l'on avait donné à l'Eglise pour l'hôpital; et des personnes de piété, qui ne désirent faire connaître leur nom que dans le ciel, voyant le commencement de cet édifice, ont contribué, chacune selon ses moyens, à l'achever et à le mettre dans l'état où vous le voyez aujourd'hui. Le soin que Leporius a pris de ce bâtiment paraît aux yeux de tout le monde ; aussi personne n'en doute-t-il. Mais pour l'argent, comme on ne peut s'assurer par ses yeux qu'il n'en a point, il faut m'en croire, et que les langues médisantes se taisent, si elles ne veulent se faire plus de tort qu'à lui. Il avait acheté, de l'argent donné pour construire l'hospice, une maison dont il croyait que les pierres lui serviraient pour ce bâtiment. Mais comme il n'en a pas eu besoin, parce qu'on en a eu d'ailleurs, la maison est demeurée et fait un revenu, non à ce prêtre, mais à l'Eglise. Il ne faut donc point dire que c'est la maison de ce prêtre : il n'en a point d'autre que la mienne, qui est partout où Dieu se trouve. »

Dans un autre passage de ce même sermon, le Saint a un de ces mouvements heureux d'éloquence qui abondent dans ses œuvres. « J'ai appris que l'on faisait courir le bruit que le prêtre Barnabé avait acheté une terre de notre cher et honoré fils Eleusin : cela est faux. Eleusin l'a donnée au monastère, et il ne l'a point vendue. C'est de quoi je vous assure, car j'en ai été témoin. Que pouvez-vous demander encore? Oui, je suis témoin qu'il l'a donnée et ne l'a point vendue. Mais parce qu'on n'a pas cru qu'il l'ait pu donner, on s'est imaginé qu'il l'avait vendue. *Qu'il est heureux d'avoir fait une si bonne œuvre qu'on n'ait pu se persuader qu'il l'ait faite.* Mais croyez-le au moins à présent, et n'écoutez plus si facilement la médisance : oui, je suis témoin qu'il l'a donnée.

» On a aussi dit de Barnabé qu'il avait contracté exprès des dettes l'année qu'il fut économe de notre maison, afin que, pour qu'il pût acquitter ces dettes, je le laissasse jouir pour dix ans de la métairie de Victoriane. Cela est faux. Voici quelle a été la source de ce bruit : ce prêtre a contracté en effet quelques dettes au nom de la communauté. J'en ai payé une partie comme j'ai pu : il reste encore quelque chose que l'on doit au monastère que Dieu a établi par son ministère. La ferme de Victoriane s'est trouvée en même temps à donner, et il ne s'est présenté personne qui en offrît plus de quarante pièces d'argent. Cependant elle vaut davantage. J'ai dû préférer lui en laisser le soin. pour en employer le revenu, non à la subsistance de nos frères les ecclésiastiques, mais à acquitter ce qui est dû.

» On s'en rapporte à sa bonne foi ; et ce prêtre ne demande pas mieux que de céder sa place à quelque autre qui paie sur cette ferme ce que l'on doit au monastère. Donnez-moi quelqu'un qui veuille bien s'en charger. N'y en a-t-il point parmi ceux qui sont venus nous faire ces rapports? Qu'il vienne quelqu'un qui se charge de cet héritage pour en vendre avec fidélité tous les fruits au prix qu'ils valent, afin de rendre au plus tôt ce qui est dû, et que ce prêtre soit déchargé de ce soin.

» S'il ne se présente pour cette ferme aucun laïque, je commettrai un autre ecclésiastique ; car, pour Barnabé, il n'y retournera plus.

» Le diacre Hipponensis est pauvre, et n'a rien à donner. Cependant, avant que d'entrer dans le clergé, il avait acheté, du fruit de son travail, quelques esclaves, qu'il va mettre aujourd'hui en liberté, en votre présence.

» Valens, diacre d'Hippone, a aussi quelques esclaves ; mais il les possède en commun avec son frère : le partage va s'en opérer, afin qu'ils soient affranchis et donnés à l'Eglise (1). »

L'année même où saint Augustin prononça ce sermon (425), eut lieu, au tombeau de saint Etienne, un miracle qui, s'il ne fut pas le plus grand de ceux qui s'y opérèrent, fut néanmoins celui qui fit le plus de bruit, parce qu'il se passa en public, en présence de toute la population d'Hippone, assemblée dans la basilique.

Il y avait à Césarée, en Cappadoce, une famille jusqu'alors généralement considérée. Le père en était mort, laissant à sa veuve dix enfants, sept garçons et trois filles. Cette femme était un modèle d'amour maternel, de vertu et de piété. Mais ses enfants étaient loin de lui ressembler ; et, au lieu de trouver près d'eux quelques consolations dans sa peine, cette mère infortunée, en retour de sa tendresse, ne recevait d'eux que des témoignages d'ingratitude et de mauvais procédés.

Elle n'y opposa d'abord qu'une pieuse résignation, dans l'impuissance où elle se voyait de réprimer leurs excès. En proie aux angoisses de l'amour maternel méconnu, elle demandait avec ferveur à Dieu la force nécessaire pour porter sa croix. Mais bientôt les outrages qu'elle avait à subir passèrent toutes les bornes. L'aîné de ses fils était le plus acharné

(1) Saint Augustin, Sermon 356.

à la tourmenter ; un jour même il s'oublia au point de la frapper cruellement. Dans ce moment, où il semble que le cœur d'un enfant, quelque dur qu'il fût, eût dû s'émouvoir, les enfants de cette malheureuse mère, qui étaient tous présents à cet outrage, demeurèrent froids et immobiles ; aucun d'eux n'avança pour la secourir ; aucun d'eux ne prit même la parole en sa faveur ; aucun d'eux n'intervint pour mettre un terme à cette horrible scène.

Et l'aîné la maltraitait toujours ? Pauvre veuve ! mère infortunée entre toutes ! dans l'égarement de sa douleur, elle s'arrache des bras de ce monstre, elle se précipite, le désespoir dans l'âme, hors de sa demeure. Sur son chemin, la malheureuse rencontre un homme qui avait tous les traits et l'extérieur et le son de la voix du frère de son mari défunt ; elle le prit pour lui, et comme il lui demande où elle allait, elle lui répond d'une voix douloureuse : Je vais... je vais... maudire mon fils aîné, à cause de l'outrage qu'il m'a fait.

Alors cet homme mystérieux, qui, dit saint Augustin, n'était autre que le démon, trouvant un cœur que le désespoir ouvrait à ses abominables suggestions, conseille à cette mère, rendue insensée par l'excès de ses maux, de maudire aussi tous ses autres enfants, puisqu'ils ne l'avaient ni secourue ni défendue.

Cette femme, poussée par une puissance irrésistible, les vêtements en désordre, les cheveux épars et l'œil flamboyant de colère, entre dans la basilique, se jette aux pieds des fonts baptismaux, les embrasse d'une étreinte convulsive, et supplie Dieu, de toutes les forces de son âme, au nom de son amour, de sa dignité maternelle outragée, de rendre ses enfants errants par toute la terre, et d'en faire un exemple terrible pour tous les hommes.

L'excès et le délire de la douleur pouvaient seuls arracher un tel vœu à la bouche d'une mère ; mais Dieu l'exauça, parce qu'il est juste, et qu'après les devoirs qu'il nous a prescrits envers lui, il n'en est point qu'il ait imposés avec plus de force que le respect et l'amour de nos parents. Il exauça donc à l'instant même la prière de cette mère.

L'aîné de ses enfants, celui qui avait été le plus coupable et avait osé porter la main sur elle, fut soudain saisi d'un tremblement horrible dans tous ses membres, qui ne le quitta plus, et qui l'agitait même dans les courts instants d'un sommeil troublé par les remords où le jetait l'excès de la fatigue ; et, dans l'espace d'une année, le même mal frappa l'un après l'autre tous ses frères et ses sœurs. Leur mère infortunée, d'autant plus cruellement punie qu'elle voyait plus complètement exaucés les vœux qu'elle avait adressés à Dieu dans la basilique, ne pouvant supporter ses remords et l'infamie dont elle était couverte, se pendit de désespoir.

Ainsi une famille apprit aux enfants combien sont sacrés les devoirs qu'ils ont à remplir envers leurs parents ; combien sont terribles les châtiments qui attendent, avec justice, ceux qui violent ces devoirs ; et aux mères à ne jamais oublier qu'elles sont mères.

Ne pouvant supporter les regards de leurs concitoyens, ces dix enfants, exemples vivants de la justice divine, quelque pitoyable que fût leur état, quittèrent leur pays et s'en allèrent, l'un d'un côté, l'autre de l'autre. Ils parcoururent ainsi tout l'empire romain, offrant partout le triste spectacle de leur misère, et répandant autour d'eux un sentiment indicible de terreur.

Trois d'entre eux obtinrent enfin miséricorde ; on ignore quel fut le sort des sept autres. Le second des fils fut guéri à Ravenne, au contact des reliques de saint Laurent.

Quant aux deux autres, qui se nommaient Paul et Palladie, ils visitèrent successivement tous les lieux renommés pour les miracles qui s'y opéraient. Ils allaient voyager sans cesse, méprisant la fatigue, et soutenus par le désir d'être guéris de leurs maux. Ils acquirent ainsi une sorte de célébrité : on savait que la main de Dieu s'était appesantie sur eux, et ceux qui les voyaient passer ne pouvaient se défendre d'un saisissement mêlé de crainte et d'horreur.

Ils visitèrent les églises d'Ancône, en Italie, et d'Uzale, en Afrique, renommées pour les miracles qui s'y opéraient par le moyen de quelques reliques de saint Étienne qui y étaient déposées. Mais ils ne purent y être guéris, ou plutôt, dit saint Augustin, ce n'était pas dans la volonté de Dieu. Le Tout-Puissant réservait à la ville d'Hippone ce glorieux privilége.

A l'approche du moment où devait se passer leur guérison miraculeuse, Paul et Palladie en furent avertis l'un et l'autre par des visions qu'ils eurent au premier du mois de janvier. Ils vinrent donc à Hippone, et se présentèrent à saint Augustin. Paul dit à l'illustre prélat : « Un vieillard en cheveux blancs et tout éclatant de lumière m'est apparu en songe, et m'a assuré que dans trois mois j'obtiendrais ma guérison.

Ma sœur a eu aussi une vision, où elle a vu Votre Sainteté telle que nous la voyons en ce moment : ce qui nous a marqué que nous devions venir en ce lieu-ci. Je vous ai vu moi-même en songe dans plusieurs villes qui se trouvaient sur notre route, et vous me paraissiez tel que je vois en ce moment Votre Sainteté. Nous avons regardé tout cela comme une voix du ciel, qui nous avertissait de venir dans cette ville, où nous sommes arrivés il y a environ quinze jours. Nous y visitons chaque jour l'église et la chapelle de saint Etienne, priant Dieu avec abondance de larmes de nous pardonner et de nous rendre la santé. »

La fête de Pâque vint : le jour du dimanche, lorsque l'assemblée du peuple était déjà fort nombreuse, comme Paul priait en tenant les balustres de la chapelle de saint Etienne, il tomba soudain à terre, et y demeura comme enseveli dans un profond sommeil. Ce tremblement qui agitait tout son corps, ce tremblement qui frappait d'horreur tous ceux qui le voyaient avait cessé. Tous ceux qui étaient présents étaient saisis d'étonnement et de crainte. Les uns voulaient relever Paul, les autres les en empêchaient, disant qu'il fallait attendre l'issue de cet étrange événement. Mais voilà que Paul se relève de lui-même ; il marche sans trembler ; puis, s'arrêtant, il regarde la foule attentive, et tous les yeux sont pleins de larmes de reconnaissance et d'admiration.

« Qui put, dit saint Augustin, s'empêcher alors de rendre grâce à Dieu ? Toute l'Eglise retentit de cri de joie. On accourut en toute hâte vers moi dans la sacristie, où j'étais, pour me l'annoncer. Ils venaient tous l'un sur l'autre ; le dernier me racontait cette nouvelle comme si je ne l'avais pas apprise du premier. Tandis que j'en rendais, avec joie, grâces à Dieu en moi-même, le jeune homme tout guéri entra lui-même, accompagné d'une foule de personnes, et se jeta à mes pieds. Je le relevai aussitôt pour l'embrasser. Nous entrâmes ensuite dans l'église, qui était toute pleine, et où l'on entendait partout que ces paroles : Dieu soit béni, Dieu soit loué ! Je saluai le peuple, et ils recommencèrent encore plus fort que jamais les mêmes acclamations. Enfin, quand on eut fait silence, on fit les lectures ordinaires de l'Ecriture, et, quand le temps où je devais parler fut venu, je dis ce que cette lecture me suggéra, mais en peu de mots, aimant mieux que les fidèles s'accupassent de ce que Dieu lui-même leur disait par ce miracle, et avec une éloquence digne de lui, que de ce que j'aurais pu leur en dire. »

Il se contenta donc de leur montrer Paul, qui se tenait debout à côté de lui, et de leur dire que sa vue tenait lieu des mémoires que les autres publiaient pour faire connaître les grâces qu'ils avaient reçues de Dieu par l'intercession de saint Etienne. Après la cérémonie, il mena Paul dîner chez lui, et, lui ayant fait rapporter exactement la lamentable histoire de sa famille, il fit sur ce sujet un petit discours et un mémoire, qu'il promit de lire au peuple.

En effet, le mardi de Pâques, étant monté au jubé, d'où il prêchait, il fit, après en avoir, en quelque sorte, demandé la permission au peuple, monter sur les degrés Paul et Palladie, sa sœur, qui n'était pas encore guérie, afin que tout le monde la vît. L'un était dans un état de tranquillité parfaite ; l'autre dans une agitation horrible de tous ses membres. De sorte que ceux qui n'étaient pas encore instruits de l'événement apprenaient, par la sœur, la faveur qu'avait obtenue le frère, et ce qu'il fallait demander pour Palladie. On lut ensuite le mémoire de Paul, qu'il terminait en demandant qu'on priât pour sa sœur.

Après la lecture de ce mémoire, qui nous est parvenu tout entier (*Cité de Dieu*, *XXII*, 8), saint Augustin les fit descendre. Palladie s'en alla à la chapelle de saint Etienne, et le vénérable évêque commença à instruire son peuple sur tout ce qu'il venait d'entendre, et dit qu'il espérait que tous les neuf autres frères seraient enfin guéris, comme l'avait été Paul. Il avait commencé à parler des miracles qui s'opéraient à Ancône et à Uzale par les reliques de saint Etienne, quand on entendit soudain un cri parti de la chapelle de ce Saint : *Gloire à Dieu*, *louange à Dieu*, disait-on. Ce cri de joie annonçait la guérison de Palladie. A peine cette malheureuse était-elle arrivée aux barreaux de la chapelle qu'elle était tombée comme endormie, ainsi que l'avait fait son frère, et s'était réveillée ensuite parfaitement guérie. On amena aussitôt Palladie dans la basilique et au jubé, où saint Augustin prêchait, au même lieu où peu d'instants auparavant on l'avait vue toute tremblante. A ce ce spectacle, un immense cri de joie s'éleva de toutes les parties de l'édifice (1).

Sévère, évêque de Milène et ami particulier de saint Augustin, mourut au commencement de 426. Il avait désigné avant sa mort, son suc-

(1) Saint Augustin, Cité de Dieu, XXII, et Sermons 320, 321, 322, 321, 324.

cesseur, mais, au lieu de le faire devant tout le peuple, comme c'en était l'usage, il se contenta de le désigner à son clergé assemblé. Aussi quand il fut mort, craignit-on qu'il n'y eut quelque trouble parmi le peuple. Les *frères* et les *serviteurs de Dieu* (les prêtres et les moines prièrent saint Augustin d'assister à la cérémonie de la promotion, afin d'en imposer par sa présence. Il s'y prêta volontiers. Un petit nombre d'assistants murmurèrent un peu de ce que Sévère ne les eût pas consulté; mais leur tristesse se changea en joie quand ils surent quel était celui qui avait été choisi pour son successeur (1).

Cet événement appela néanmoins l'attention de saint Augustin sur les troubles qu'il avait vu souvent éclater dans quelques églises à l'élection des évêques. Il résolut donc de pourvoir à ce que celle de son successeur fût exempte de tous ces inconvénients. Il jeta les yeux sur l'un des moins anciens de ses prêtres, nommé Héracle. Il avait consacré ses premières années à l'étude des lettres profanes, dans laquelle il était fort instruit, et avait exercé quelque temps la profession d'avocat. Mais étant venu à Hippone dans un âge déjà mûr, il se mit entièrement entre les mains de saint Augustin, pour être formé et instruit par lui dans les lettres sacrées et dans la pratique de la vertu.

Son père lui avait laissé des biens considérables : il en avait employé une partie à faire élever une église; il avait voulu donner l'autre à saint Augustin, pour qu'il en fît tel usage qu'il lui plairait. Mais le saint avait un très-grand soin de sa réputation, non pour lui, car le témoignage de sa conscience lui suffisait, mais à cause de son peuple, auquel il voulait éviter jusqu'à l'occasion de concevoir aucun soupçon sur le parfait désintéressement de ses guides spirituels. Il engagea donc Héracle à acheter une terre de cet argent.

Celui-ci le fit, et donna ensuite la terre à l'Eglise. Saint Augustin en rendit compte au peuple, comme nous avons pu voir qu'il faisait de toute son administration. « Je vous avoue, dit-il à ce sujet, que je ne me fiais pas encore à son âge, et que d'ailleurs, comme je connais les hommes, je craignais que sa mère ne fût fâchée, et ne se plaignît de ce que je faisais dépenser à son fils ce qu'il avait reçu de son père, pour le laisser ensuite

(1) Saint Augustin, Lettre 110.

dans la pauvreté. Je crus donc devoir lui faire employer son argent de cette terre, afin que, s'il lui arrivait quelque malheur, ce qu'à Dieu ne plaise, je pusse lui rendre cette terre, et empêcher que ma réputation n'eût à souffrir. Je lui rends du reste ce témoignage qu'il est demeuré pauvre, et qu'il ne possède rien plus que la charité. »

Héracle prêcha plusieurs fois avant son élévation à la dignité épiscopale. Un jour, tandis qu'il n'était encore que prêtre, saint Augustin, dans la vue de s'assurer de sa capacité, voulut qu'il prêchât en sa présence, ce qu'il n'avait point encore fait, non plus qu'aucun prêtre du diocèse, parce que saint Augustin prêchait toujours lui-même. On a trouvé dans un manuscrit, à Beauvais, le sermon qu'Héracle prononça dans cette circonstance.

Le samedi 25 septembre 426, saint Augustin pria le peuple de s'assembler dans le plus grand nombre qu'il pourrait, pour recevoir une communication importante qu'il avait à lui faire. La réunion eut lieu dans la basilique de la Paix : deux évêques, Religianus et Martianus ; sept prêtres, dont Héracle faisait partie, et tous les diacres et sous-diacres d'Hippone s'y trouvèrent. Pensant, avec raison, que l'impatience d'apprendre ce qu'il avait annoncé qu'il communiquerait à l'assemblée empêcherait qu'on ne l'écoutât avec toute l'attention désirable, saint Augustin ne fit point ce jour son instruction accoutumée, et aborda directement le sujet de la réunion. Il représenta aux fidèles la nécessité où il croyait être de pourvoir à la paix de son peuple, pour éviter l'inconvénient qui était arrivé à Milène, et pour ne donner à personne le sujet de se plaindre. Il déclara ensuite qu'après avoir invoqué les lumières du Saint-Esprit, il avait choisi le prêtre Héracle pour lui succéder. Le peuple approuva ce choix avec acclamation. Les notaires de l'Eglise dressaient en même temps acte et des paroles de saint Augustin et de l'approbation que l'assistance y donnait. Le Saint exhorta ensuite les fidèles à se joindre à lui pour prier Dieu de confirmer ce qu'il avait fait lui-même en eux. « Voilà donc, dit-il, ce que je désire, ce que je demande à Dieu avec des prières très-ardentes, malgré la froideur de mon âge. Je vous exhorte, je vous prie, je vous conjure de le lui demander avec moi, afin que, la paix de Jésus-Christ unissant tous les cœurs et tous les esprits, il plaise à Dieu de confirmer ce qu'il a fait en nous. Qu'il me garde par sa miséricorde celui qu'il m'a envoyé ; qu'il qu'il lui conserve la vie et la santé, qu'il lui conserve sa réputation sans tache, et qu'il permette qu'il remplisse ma place après ma mort, comme il a fait ma joie pendant ma vie. »

Il dit encore au peuple que son âge avancé lui faisait éprouver de jour en jour plus vivement le besoin d'un aide qui se chargeât d'une partie du fardeau de l'épiscopat, et qu'il priait l'assemblée d'agréer que désormais il s'en remît à Héracle du soin de juger les procès et de régler les affaires entre particuliers, que l'on avait coutume de porter au tribunal de l'évêque. Il demanda donc, comme une formalité indispensable, que tous ceux qui le pourraient signassent l'acte de tout ce qui venait de se passer, acte que les notaires de l'Eglise avaient dressé, et que le peuple tout entier y donnât son consentement ; ce qui fut fait aussitôt : les uns signèrent l'acte, les autres s'y associèrent par les diverses acclamations dont on avait coutume de se servir dans les élections des évêques ; elles se répétaient souvent jusqu'à vingt et trente fois ; et les notaires de l'Eglise dressaient acte de chacune d'elles.

L'histoire ne fait plus mention d'Héracle après cette cérémonie.

Saint Augustin avait été bien inspiré en se choisissant un successeur et un coadjuteur : de graves affaires allaient lui réclamer tout ce que les années lui avaient laissé de force et d'activité. Les vieilles hérésies n'étaient point toutes éteintes, et de nouvelles surgissaient chaque jour. D'ailleurs de grands événements politiques se préparaient et allaient mettre à de nouvelles épreuves son génie et sa vertu. Les horribles calamités de l'invasion n'avaient point ralenti l'ardeur des polémiques théologiques : les peuples s'en préoccupaient plus que de leurs malheurs, et, jusque dans le silence des cloîtres, la paix en était troublée.

Une lettre où saint Augustin traitait la question de la grâce, à propos de l'hérésie de Pélage, était tombée entre les mains de quelques religieux du monastère d'Adrumète. Ils la lurent à leurs frères, à l'insu du supérieur de la maison. Cinq d'entre eux, comprenant mal la pensée de saint Augustin, et se blessant de ce qui eût dû les guérir, soutenaient contre leurs frères que, dans cette lettre, l'influence attribuée à la grâce était exagérée au point de détruire le libre arbitre, et qu'il résultait de cette doctrine qu'au dernier jour nous ne serions point jugés selon nos œuvres. Aussi niaient-ils que cette lettre fût de saint Augustin. La discussion fut très-vive, et jeta un moment la dissension dans le monastère. Valentin, le supérieur du monastère, en fut enfin instruit : il ne douta point que l'ouvrage fût de saint Augustin, et ne contînt une doctrine orthodoxe. Il connaissait assez le style du Saint et cette sagesse digne d'un ange qui brille dans ses écrits. Il voyait dans ce livre la grâce de Dieu relevée avec trop d'éclat, et avec une éloquence trop vive, pour n'en pas connaître l'auteur. Il le lut avec joie, et travailla en même temps à apaiser ces discussions dangereuses, que l'inexpérience de quelques-uns de ses frères avait soulevées. Il les envoya en outre à saint Evode d'Uzale, afin qu'il leur donnât les explications dont ils avaient besoin pour l'intelligence du livre de saint Augustin. Saint Evode leur dit qu'il louait leur amour pour la connaissance de la vérité, mais qu'il fallait éviter que cet amour ne dégénérât en un zèle aigre et disputeur. Il leur apprit ensuite, conformément à la doctrine de saint Augustin, que le libre arbitre est dans l'homme, mais que, depuis le péché, il y est blessé et infirme, et que Jésus-Christ a été envoyé pour le guérir. Il termina en avertissant ces religieux que, lorsqu'ils trouveraient dans les écrits des docteurs de la foi des choses qu'ils n'entendraient point, au lieu de se hâter de les juger et de les reprendre, ils devaient prier Dieu pour qu'il leur en donnât l'intelligence.

Mais ceux qui n'avaient pas été satisfaits du livre de saint Augustin ne le furent pas davantage des explications de saint Evode, et résolurent, malgré l'opposition de leur supérieur, d'aller trouver saint Augustin lui-même. Le Saint les reçut fort bien, les instruisit, leur expliqua la lettre (1) qui avait causé le trouble, et écrivit, pour leur usage et pour celui de leurs frères du couvent d'Adrumète, un traité en forme de lettre, adressé à Valentin, leur supérieur, dans lequel il expose et discute avec un talent admirable cette question si difficile de l'accord de la grâce et de la volonté. Sa charité le porta même plus tard à faire un ouvrage spécial pour eux, intitulé : *De la Grâce et du libre Arbitre*. Il leur démontra, dans cet écrit et dans les lettres qu'il leur adressa encore depuis, que l'homme ne peut sans la grâce marcher dans les voies du salut ; que Dieu ne donne pas la grâce à tous, parce qu'il ne la doit à personne ; que néanmoins les hommes sont coupables lorsqu'ils violent la loi de Dieu, parce qu'ils le font volontairement ; que les hommes n'ont point le droit de se plaindre lorsque Dieu ne leur donne point sa

(1) Saint Augustin, lettre 105, à Sixte.

grâce, parce qu'ils l'ont rejetée volontairement ou en eux-mêmes, ou par Adam; qu'il est donc juste que nous soyons repris, puisque nous sommes coupables; que cela est d'ailleurs utile, puisque Dieu peut, s'il lui plaît, joindre sa grâce à la correction, comme à beaucoup d'autres moyens dont il se sert pour nous sauver. L'ouvrage où saint Augustin développe cette belle théorie, et où il expose la distinction lumineuse entre les deux grâces, celle qu'Adam avait avant son péché, et celle par laquelle nous sommes rachetés de la masse du péché; cet ouvrage (*De la Grâce et du libre Arbitre*), dit le cardinal Noris (1), est la clef de toute la doctrine de saint Augustin sur la grâce; c'est celui où cette doctrine est exposée de la manière la plus complète, et envisagée sous toutes ses formes : ce qui en fait le commentaire indispensable et souvent le complément de tous ceux qu'il publia sur la question du pélagianisme.

Une nouvelle hérésie appela, peu de temps après, l'attention des évêques et surtout de saint Augustin. « Jusqu'alors, dit ce Père (2), personne n'avait encore été assez aveugle et assez ignorant pour oser dire que Jésus-Christ n'était qu'homme, et qu'il avait mérité, en vivant sans péché par le libre arbitre, de devenir fils de Dieu. » Un pélagien, nommé Léporius, fut le premier qui mit en avant cette opinion. Il était né dans les Gaules, et y avait même embrassé la vie monastique. Il ne craignit pas de publier ses opinions, et souleva ainsi contre lui une indignation générale. Chassé des Gaules, il se réfugia en Afrique. Aurélius, primat de Carthage, saint Augustin et plusieurs autres évêques entreprirent de lui ouvrir les yeux sur son erreur. Leurs efforts furent couronnés du plus heureux succès : Léporius abandonna son audacieuse hérésie, et en reconnut publiquement l'erreur avec une vive douleur. Comme la Gaule avait été témoin de sa chute, il voulut qu'elle fût aussi instruite de son retour dans le sein de l'Eglise. « Ce fut pour ce sujet, dit M. de Tillemont, qu'il envoya un écrit plein des larmes et des gémissements de sa pénitence, où il exprime avec étendue les erreurs qu'il avait suivies et la foi qu'il avait embrassée depuis, et qu'il

(1) Le cardinal Henri de Noris, Histoire du Pélagianisme (en latin), Padoue, 1673.
(2) Saint Augustin, De la Correction et de la Grâce, 2.

protestait de garder jusqu'à la fin de sa vie. » Cet écrit produisit dans toute l'Eglise un effet extraordinaire, à cause de la conversion de Léporius, dont il était le monument, et surtout à cause du talent avec lequel il est composé, et qui lui a valu l'honneur d'être admis par quelques historiens ecclésiastiques au rang des ouvrages des Pères de l'Eglise.

Le comte Boniface, qui gouvernait à cette époque (427) l'Afrique, était l'homme le plus distingué de l'empire par ses talents comme administrateur et comme capitaine. C'était, avec Aétius, le dernier Romain. D'après une lettre qu'on lui attribue à tort, on le fait naître en Thrace ; mais Procope assure qu'il était Romain. Il commandait la garnison de Marseille en 413, et il mérita la reconnaissance et les bénédictions de cette ville pour l'avoir vaillamment défendue contre Ataulphe, roi des Goths, qu'il blessa de sa main. En 417, il se trouvait en Afrique, en qualité de tribun ; et, quoiqu'il n'eût à sa disposition qu'un petit nombre de troupes, il fit une si rude guerre aux barbares nomades, qui depuis des siècles désolaient l'Afrique par leurs incursions et leurs ravages, qu'il les réduisit à demeurer en paix. Aussi n'y avait-il qu'une voix pour manifester le désir qu'il devînt comte, c'est-à-dire général en chef de toutes les troupes de l'Afrique. On était persuadé que, si ces éminentes fonctions lui étaient confiées, il aurait promptement dompté toutes ces hordes insoumises, et les rendrait même tributaires de l'empire.

Un écrivain de ce temps (1) rapporte une action de Boniface où éclatent sa vigilance et son activité. Un paysan vint un jour se plaindre à lui de ce qu'un de ces barbares lui avait enlevé sa femme. Boniface lui demanda où ce soldat l'avait conduite et où on pourrait le trouver : le plaignant lui répondit que c'était à soixante-dix stades (2) de là. Boniface le congédie, et lui dit de revenir le trouver le lendemain matin. Puis, le soir même, il sort sans en avertir personne, se rend à l'endroit que le paysan lui avait indiqué, y trouve le soldat avec la femme enlevée, coupe la tête au premier et s'en retourne aussitôt. Quand le paysan fut revenu le lendemain, comme il en avait reçu l'ordre, Boniface lui montra la

(1) Olympiadore, cité dans sa Bibliothèque de Photius, ch. 80.
(2) Environ trois lieues et demie.

tête, encore toute sanglante du barbare, et lui demanda s'il le reconnaissait. Le mari outragé la reconnut à sa grande surprise, et, après avoir bien remercié Boniface, il s'en alla fort content.

Du reste, une piété profonde s'alliait, dans le comte Boniface, à la valeur et à l'habileté. Il était très-estimé et très-aimé de la plupart des évêques, et était en relation d'amitié avec saint Augustin, qui dit de lui, dans une de ses lettres, que « tandis qu'il combattait les ennemis visibles des saints, c'est-à-dire les barbares idolâtres, les saints combattaient pour lui, par leurs prières, contre les démons (1).

Il n'aspirait qu'à renoncer au monde et à ses grandeurs pour vivre en anachorète et ne servir plus que Dieu seul. Il manifesta ces intentions à saint Augustin et à saint Alype, qui l'en détournèrent, en lui représentant qu'il était plus utile à l'Eglise dans l'état actuel qu'il ne pourrait l'être en qualité de solitaire, et que l'Eglise d'Afrique spécialement, si elle avait besoin de saints qui, par leurs prières, appelassent sur elle les bénédictions du ciel, avait aussi besoin de braves guerriers qui la défendissent contre les ravages des barbares et des circoncellions.

Boniface demeura donc dans ses fonctions. En 422, il suivit le général Castinus en Espagne pour y combattre les Vandales; et ses talents et son habileté eussent sans doute empêché l'issue malheureuse de cette guerre si, rebuté par l'esprit altier de Castinus, il ne se fût retiré à Porto et de là en Afrique.

Il fut nommé comte de cette province; et, lorsque, en 423, l'impératrice Placidie fut contrainte de se retirer à Constantinople, Boniface seul lui demeura fidèle, et lui envoya même l'argent dont elle avait besoin pour soutenir l'éclat de son rang. Au mois d'août de la même année, Honorius mourut, et un usurpateur, nommé Jean, s'empara de l'empire d'Occident. Boniface n'abandonna point la cause du légitime souverain, le jeune Valentinien III, et de sa mère Placidie. Il défit en outre les troupes que Jean avait envoyées en Afrique pour s'emparer de cette province, et, en l'affaiblissant ainsi, de même qu'en retenant les blés qui devaient alimenter Rome, il prépara la chute de l'usurpateur. Jean fut vaincu et tué dans une bataille.

(1) Saint Augustin, lettre 205.

Boniface, appelé à la cour, y fut élevé à la dignité de comte des domestiques, la plus élevée de l'empire, qu'il cumula avec celle de comte d'Afrique. Ce comble d'honneurs devint la cause de sa perte, en excitant la jalousie d'Aétius, dont la fortune commençait alors.

Il s'était de plus aliéné les évêques catholiques, en renonçant à ses habitudes de piété, à la vie austère qu'il avait menée jusque-là, pour se jeter dans les plaisirs. On l'accusait aussi, et non sans fondement, de pencher vers l'arianisme (1). Il avait fait baptiser l'une de ses filles par les prêtres de cette secte, et leur avait confié le gouvernement de sa maison.

Aétius était fils de Gaudence, maître de la cavalerie romaine et comte d'Afrique. Elevé dans la garde de l'empereur, on le donna en otage à Alaric, vers l'an 403, et ensuite aux Huns, dont il acquit l'amitié. Il avait les qualités d'un homme de cœur; un trait particulier le distinguait des gens de sa sorte : l'ambition lui manquait, et pourtant il ne pouvait souffrir de rival d'influence et de gloire. Cette jalouse faiblesse le rendait faux envers Boniface, quoiqu'il eût de la droiture : il invita Placidie, qui gouvernait l'empire pendant la minorité de Valentinien III, à retirer à Boniface son gouvernement d'Afrique, et en même temps il mandait à Boniface que Placidie le rappelait dans le dessein de le faire

(1) L'hérésie la plus maligne et la plus répandue de toutes celles des premiers siècles de l'Eglise, l'arianisme, dut son origine à l'hypocrite et ambitieux Arius, Lybien, qui, n'ayant pu succéder au patriarche Achillès sur le siége d'Alexandrie, attaqua publiquement comme hétérodoxe le nouveau patriarche Alexandre. C'était être hétérodoxe, selon Arius, que de croire à la divinité du Christ! Mélice, en Egypte, les deux Eusèbe, à la cour, soutinrent la doctrine d'Arius, qui eut bientôt une vogue immense en Orient, grâce à son opuscule indécent intitulé *Thalie*. Cependant Constantin sut résister d'abord à l'hérésie. Il assembla le Concile de Nicée, qui fulmina solennellement l'anathème contre la doctrine arienne, dressa un symbole, et donna au Christ l'épithète de *homousios* (consubstantiel); pour l'empereur, il relégua l'hérésiarque en Illyrie. Mais Arius ne se tint pas pour battu : ses amis maneuvrèrent si bien qu'ils se firent tolérer, en masquant leur nom et prêchant toujours les mêmes doctrines, comme *origénistes*. Des conciliabules défont en détail l'œuvre du concile. Alexandre est déposé; Arius est réhabilité, et va peut-être souiller le siége patriarcal de Constantinople, lorsqu'il meurt. L'arianisme disparait de l'histoire vers le IVe siècle. (M. VALÉRIEN PARISOT.)

mourir. Boniface s'arme pour défendre sa vie, qu'il croit injustement menacée; Aétius représente cet armement comme une révolte qu'il avait prévue (1).

Boniface fut déclaré ennemi public : une armée fut envoyée contre lui; elle était commandée par trois généraux : Mavortius, Galbio et Sinex. Ils assiégèrent le comte d'Afrique on ne sait dans laquelle de ses places; mais Sinex trahit ses deux collègues et les fit assassiner, et lui-même, étant tombé entre les mains de Boniface, fut mis à mort.

Saint Augustin interrompit ses relations avec ce général tant que dura la guerre ; il n'osait lui écrire, pour ne point exposer au péril le messager qu'il eût chargé de sa lettre, et aussi de peur que, si celle-ci tombait entre les mains des ennemis de Boniface, ils n'y vissent que le Saint condamnait sa conduite. Mais les circonstances étant devenues plus favorables, et saint Augustin ayant trouvé un homme sûr et que Boniface lui-même aimait, savoir le diacre Paul, sa charité et l'espérance que le comte ne serait pas sourd à ses avis l'engagèrent à lui écrire pour l'avertir de songer à son salut.

» Augustin

« Au seigneur son fils Boniface, pour le protéger et le diriger, par la miséricorde divien en vue de son salut présent et éternel (2).

» Je t'écris pour t'entretenir non de la puissance et des honneurs dont tu es revêtu dans ce siècle méchant ; non à cause du salut de ta chair corruptible et mortelle, parce qu'elle est éphémère et que l'on ne sait jamais combien elle doit durer ; mais je t'écris à cause de ce salut que nous a promis le Christ, qui a été outragé et crucifié pour nous apprendre à mépriser plutôt qu'à rechercher les biens du monde, et à placer

(1) Châteaubriand, Etudes historiques, IV, 2, p. 123, t. 4, édition de 1832.

(2) Saint Augustin, Lettre 70.

notre affection et notre expérience dans ce qu'il nous a fait voir dans sa résurrection : *car il est ressuscité des morts pour ne plus mourir, et désormais la mort ne le domptera plus* (1).

» Je sais qu'il ne manque pas d'hommes qui t'aiment en vue de la vie de ce monde ; et qui te donnent des conseils en conséquence, tantôt utiles, tantôt inutiles : ils sont hommes, et, autant qu'ils le peuvent, sages pour le présent, mais ne sachant pas ce qui arrivera le lendemain. Mais tu trouveras difficilement des hommes qui te conseillent selon Dieu et pour le salut de ton âme. Ce n'est pas que ces hommes manquent, mais parce qu'ils ne peuvent guère trouver l'occasion de te parler de ces choses. C'est ainsi que je l'ai long-temps désiré, et que je n'ai jamais trouvé le moment ni le lieu propice pour m'occuper avec toi comme je l'eusse dû avec un homme que j'aime beaucoup en Jésus-Christ. Tu sais en quel état tu m'as trouvé à Hippone quand tu as daigné venir me voir : je pouvais à peine parler, tant j'étais faible et fatigué.

» Maintenant, mon fils, écoute-moi, t'instruisant par mes lettres, que je n'ai pu t'envoyer plus tôt, au milieu des dangers que tu courais et à cause de ceux qu'eût courus mon courrier, et craignant enfin que ma lettre ne retombât entre des mains entre lesquelles je n'eusse pas voulu qu'elle tombât ; écoute-moi donc, ou plutôt écoute le Seigneur parlant par le ministère de ma faiblesse.

» Souviens-toi que tu étais tant qu'a vécu ta femme, de religieuse mémoire, et, dans les premiers jours de sa mort (2), à quel point la vanité du siècle te déplaisait, combien tu désirais le siècle de Dieu. Nous en sommes témoins, nous à qui tu ouvris alors ton âme et tes pensées ; nous étions seuls avec toi, mon frère Alype et moi ; car je ne pense pas que les soucis du monde, dont tu es accablé, aient eu assez de pouvoir pour effacer entièrement ces choses de ton souvenir ; tu voulais abandonner tous les soins publics qui t'occupaient, pour te retirer dans un saint repos et vivre dans cette vie où les solitaires se consacrent à Dieu.

» Qui t'en a détourné, sinon la réflexion que tu as faite d'après nos avis, que tu serais bien plus utile aux églises, en continuant à les défen-

(1) Epître aux Romains, VI, 9.

(2) Il s'agit de la première femme de Boniface.

dre du ravage des barbares et ne prenant toi-même du monde que ce qui est nécessaire au soutien de la vie, sous le bouclier d'une austère continence, et défendu, au milieu des armes temporelles, par les armes de l'esprit, qui sont plus fortes et plus sûres ?

» Tandis que je me réjouissais de te voir dans cette disposition, tu as fait un voyage par mer, tu t'es marié. Mais ton voyage, tu l'as fait à cause de l'obéissance que tu devais, selon les paroles de l'Apôtre, à la puissance supérieure. Mais tu ne te serais point marié, si, renonçant à la continence que tu t'étais proposé de tenir, tu n'avais été vaincu par la concupiscence. Quand je l'appris, je te l'avoue, j'en fus stupéfait d'étonnement. Je me consolai quelque peu lorsque l'on m'eut dit que tu ne prendrais ton épouse que lorsqu'elle se serait faite catholique. Et cependant l'hérésie de ceux qui nient que Jésus-Christ soit le vrai fils de Dieu prit une telle influence dans ta maison que c'est par ces mêmes hommes que ta fille fut baptisée. Déjà même, si ce que l'on nous a rapporté est exact, ce qu'à Dieu ne plaise, des jeunes filles attachées à ta maison, et qui s'étaient vouées à Dieu, ont été rebaptisées, De quels torrents de larmes un tel malheur ne doit-il pas être pleuré !

» Que dirai-je donc ? Tu es chrétien, tu as un cœur, tu crains Dieu : examine-toi, cherche ce que je n'ose te dire, et tu trouveras de quelles fautes tu dois faire pénitence, afin que, j'en ai la confiance, Dieu te pardonne, et que tu sois délivré de tous ces maux. Fais donc pénitence comme tu le dois. Ecoute ce qui est écrit ; *Ne tarde pas à te tourner vers le Seigneur, ne diffère pas de jour en jour.*

» Tu dis que ta cause est juste : je n'en suis pas juge, puisque je ne puis entendre les deux parties. Mais, quelle que soit ta cause, et il n'est pas besoin de l'examiner et d'engager une discussion à ce sujet, peux-tu nier devant Dieu que tu n'eusses pas été réduit à cette nécessité si tu n'avais aimé les biens du siècle, ces biens que, en qualité de serviteur de Dieu, tel que nous t'avons connu auparavant, tu eusses dû mépriser tout-à-fait et ne compter pour rien ? Ceux de ces biens qui s'offraient à toi, tu ne devais les prendre que pour de pieux usages, et ceux qui t'étaient refusés, ou qui ne t'étaient que confiés, tu ne devais point y aspirer au point de te réduire à cette nécessité. L'amour des vanités mène à l'accomplissement du mal. Peu de maux ont été faits par toi, j'en conviens, mais beaucoup à cause de toi. Et tandis que l'on craint ce qui ne peut nuire que pour un peu de temps, mais nuit cependant, on commet des actes qui nuisent pour l'éternité.

» Que dirai-je de la dévastation de l'Afrique, du ravage que font les barbares, pendant que tu es retenu par des intérêts de famille, et que tu n'ordonnes rien pour détourner ces maux? Qui aurait supposé, qui aurait craint que, Boniface, comte du palais et de l'Afrique, occupant cette province avec une si grande armée et une si grande puissance, les barbares deviendraient si hardis, avanceraient si loin, désoleraient un si grand espace, et rendraient déserts tant de lieux habités? Qui n'aurait dit, quand tu prenais la puissance de comte, que non-seulement les barbares seraient domptés, mais qu'ils deviendraient tributaires de la puissance romaine? Et maintenant tu vois à quel point l'espérance des hommes est démentie; et je n'ai pas besoin de t'en parler davantage; car tu peux penser à cet égard plus que je ne peux dire. »

Après avoir touché ainsi, avec un art singulier, à la trahison de Boniface, saint Augustin combat le ressentiment que ce général avait contre les ministres de l'empereur. Il n'oppose point à sa colère des principes de devoir politique et de fidélité, mais seulement le pardon des injures prêché par l'Evangile.

« Ne sois pas tenté, lui dit-il, d'être un de ces fléaux par lesquels Dieu frappe les hommes qu'il veut punir. Songe qu'il garde des peines éternelles à ces méchants, qu'il emploie pour infliger aux autres des peines temporelles. Tourne-toi vers Dieu; contemple le Christ, qui a fait tant de bien et souffert tant de maux. Tous ceux qui veulent faire partie de son royaume aiment leurs ennemis, font du bien à ceux qui les haïssent, et prient pour ceux qui les persécutent. Si tu as reçu de l'empire romain des bienfaits, quoique terrestres et périssables, car il ne peut donner que ce qu'il a lui-même, ne rends pas le mal pour le bien; si, au contraire, tu en as reçu d'injustes traitements, ne rends pas le mal pour le mal. Laquelle est vraie de ces deux oppositions, je ne veux pas l'examiner, je ne puis le juger; je parle à un chrétien, et je lui dis: Ne rends pas le mal pour le bien, ni le mal pour le mal. »

La seconde femme que Boniface avait épousée était nièce de Genséric, ou plutôt Gizerich, roi des Vandales établis en Espagne. Dans sa lutte contre les forces de l'empire, et pour donner des auxiliaires à sa révolte, il appela ces barbares en Afrique, au printemps de l'année 428. Par le traité qu'il avait conclu avec eux, il leur cédait le tiers de l'Afrique, et s'engageait à leur prêter son secours, si quelque ennemi extérieur venait les troubler dans leur possession.

Les Vandales avaient habité autrefois le long du rivage méridional de la Baltique, entre l'embouchure de la Vistule et celle de l'Elbe. Ils envahirent la Pannonie vers l'an 170 de Jésus-Christ, mais ils en furent chassés par l'empereur Marc-Aurèle. Ils firent ensuite la paix avec les Romains, s'unirent à eux, et en obtinrent un établissement dans cette même province. C'est de là qu'au commencement du ve siècle, ils s'acheminèrent vers les Gaules, accompagnés de plusieurs autres peuplades barbares.

Jamais ravages ne furent plus horribles que ceux qu'ils y firent : les contemporains, qui avaient de si tristes termes de comparaison à établir en ce genre, sont unanimes en ce point. « Quand tous les flots de l'Océan, dit l'un d'eux, auraient inondé cette contrée, ils n'y auraient point fait de si horribles dégâts. On nous a pris nos bestiaux, nos fruits, nos grains; on a dévasté nos vignobles et nos oliviers ; nos villes, nos habitations des champs, ont été détruites : le peu qui en reste demeure abandonné; nous manquons même du courage nécessaire pour faire servir ces choses à notre entretien. Les Goths et les Vandales ne sont occupés qu'à répandre le sang des peuples. Les châteaux bâtis sur des roches escarpées, les bourgades situées sur les plus hautes montagnes, les villes entourées de murs et protégées par de larges fossés ou par de grandes rivières, n'ont pu garantir leurs habitants de la fureur de ces barbares : des populations entières ont été exterminées ou emmenées captives. »

Au mois d'octobre 409, les Vandales pénétrèrent dans l'Espagne, et avec eux y entrèrent tous les maux qui peuvent accabler l'humanité. Ils s'établirent dans la province qui aujourd'hui porte encore leur nom (Andalousie); et, chose étrange, ce peuple, si destructeur, devint soudain agriculteur paisible.

Les écrivains attachés à la cause de l'empire romain ont peint les Vandales sous les plus sombres couleurs. Salvien, qui, avec tous les catholiques, ses frères, voyait dans la chute de l'empire, et dans les horribles catastrophes dont elle était accompagnée, le doigt de Dieu, le juste châtiment de la corruption des Romains et du sang des martyrs qu'ils avaient répandu à flots; Salvien, prêtre catholique, atteste, au contraire, que, parmi les nations suscitées de Dieu pour régénérer le genre humain sous le rapport moral, les Vandales occupaient le premier rang. Suivant lui, ils étaient exempts de tout vice national : aussi la Providence leur avait-elle donné les deux meilleures provinces de l'empire : l'Espagne et l'Afrique.

Ce fut, continue ce Père, Dieu, plutôt que le comte Boniface, qui les amena en Afrique : eux-mêmes avouaient qu'ils cédaient moins à leur volonté qu'à une impulsion irrésistible (1). « Ces conscrits du Dieu des armées, dit à ce sujet M. de Châteaubriand, n'étaient que les aveugles exécuteurs d'un dessein éternel : de là cette fureur de détruire, cette soif de sang qu'ils ne pouvaient éteindre ; de là cette combinaison de toutes choses pour leur succès : bassesse des hommes, absence de courage, de vertu, de talent, de gloire. Genséric était un prince sombre, sujet aux accès d'une noire mélancolie ; au milieu du bouleversement du monde, il paraissait grand, parce qu'il était monté sur des débris. Dans une de ses expéditions maritimes, tout était prêt, lui-même embarqué : où allait-il? il ne le savait pas. — Maître, lui dit le pilote, à quels peuples veux-tu porter la guerre? — A ceux-là, répond le vieux Vandale, contre qui Dieu est irrité.

» Salvien fait un tableau affreux de la corruption de l'Afrique en ce temps, et représente les Vandales comme les exécuteurs de la justice divine, irritée contre les crimes qui se commettaient dans cette province, contre l'impureté et les blasphêmes de ses habitants, et surtout contre son penchant invétéré pour l'idolâtrie.

» Genséric passa donc en Afrique, par suite du traité qu'il avait conclu avec le comte Boniface. Pour ajouter à l'épouvante que devait causer son invasion, et faire croire son armée plus nombreuse qu'elle ne l'était en réalité, il en fit faire le dénombrement, en y comprenant les hommes, les enfants, les vieillards et les esclaves. Il se trouva qu'il menait à sa suite quatre-vingt mille personnes. Il fit aussitôt publier que ses combattants s'élevaient à ce nombre.

» Il trouva l'Afrique dans le repos et dans l'abondance. Salvien la

(1) Cœlestis manus ad punienda Hispanorum flagitia, etiam ad vastandam Africam transire cogebat. Ipsi denique fatebantur non suum esse quod facerent, agi enim se divino jussu ac perurgeri. (Salvien, Du Gouvernement de Dieu, livre VII.)

nommait *l'âme de l'empire*. Les Vandales en eurent bientôt changé l'aspect. L'Afrique dans ses terres fécondes fut écorchée par les Vandales, comme elle l'est dans ses sables stériles par le soleil (1). »

« Cette dévastation, dit Posidonius, témoin oculaire, rendit très-amer à saint Augustin le dernier temps de sa vie; il voyait les villes ruinées, et à la campagne les bâtiments abattus, les habitants tués ou mis en fuite, les églises dénuées de prêtres, les vierges et les religieux dispersés. Les uns avaient succombé aux tourments, les autres péri par le glaive; les autres encore réduits en captivité, ayant perdu l'intégrité du corps, de l'esprit et de la foi, servaient des ennemis durs et brutaux... Ceux qui s'enfuyaient dans les bois, dans les cavernes et les rochers, ou dans les forteresses, étaient pris et tués, ou mouraient de faim (2). »

« Les Vandales arrachèrent les vignes, les arbres à fruit, pour que ceux qui avaient trouvé une retraite dans les antres des montagnes fussent privés d'aliments. Ils rasèrent les édifices publics échappés aux flammes; dans quelques cités il ne resta pas un seul homme vivant. Quand ils rencontraient une ville fortifiée qui résistait à leurs moyens d'attaque, ils rassemblaient autour de son enceinte une multitude de prisonniers, qu'ils passaient au fil de l'épée; l'infection de ces cadavres amoncelés autour des murs, sous un soleil brûlant, se répandait dans l'air, et les barbares laissaient au vent le soin de porter la mort dans les murs qu'ils n'avaient pu franchir (3). »

C'était surtout contre les églises et les monastères qu'ils s'acharnaient. Ils employaient les tortures et les supplices les plus cruels pour obliger les prêtres à leur livrer l'or et l'argent des églises. Ils ne voulaient jamais croire qu'on leur eût tout livré, et plus on leur donnait, plus ils tourmentaient et exigeaient. Un grand nombre d'évêques et de personnages de la plus haute distinction furent réduits par eux en esclavage, et condamnés à porter des fardeaux comme des bêtes de somme. Pour les

(1) Châteaubriand, Etudes historiques.

(2) Traduction de Fleury, Hist. ecclésiastique.

(3) Châteaubriand, Etudes historiques; Victor, Vitensis Episcopus, de Persecutione Africâ, I.

presser de marcher, les Vandales les piquaient avec leurs lances ou leurs épées, de sorte qu'on en vit plusieurs mourir sous le faix.

Ils arrachaient les enfants des bras de leurs mères, et, sous les yeux de ces malheureuses, ils les écrasaient sous leurs pieds, ou les fendaient en deux d'un coup de leur sabre. Mansuet, évêque d'Urice, fut brûlé vif; Papinien, évêque de Vite, eut tout le corps couvert de plaques de fer rouge.

« Saint Augustin, l'homme de Dieu, dit son biographe Possidius, vit comme les autres le commencement et les suites de ces ravages; mais il les vit avec des pensées bien différentes de celles des autres hommes. Il y découvrit des maux et des dangers bien plus terribles que ceux qui frappaient la plupart des autres hommes; et, prévoyant tous les périls auxquels cette incursion des barbares exposait les âmes, et où plusieurs d'entre elles pouvaient périr, ses larmes ordinaires redoublaient, et elles devinrent, selon l'expression du prophète, un pain dont il se nourrissait le jour et la nuit. Il passa ainsi le reste de ses jours, et acheva sa vieillesse dans une amertume et une tristesse dont celle des autres n'approchait pas. »

Au sein de ces calamités, les évêques d'Afrique consultèrent saint Augustin sur la règle de conduite qu'ils devaient adopter. Quodvultdeus, l'un de ces prélats, lui écrivit pour lui demander s'il pouvait laisser fuir ses peuples, et se retirer lui-même pour éviter le péril. Saint Augustin lui répondit qu'il ne devait point détourner les fidèles de fuir le danger, mais que les évêques ne pouvaient abandonner leurs églises, ni rompre les liens qui les attachaient à leur ministère; qu'ils ne pouvaient donc faire autre chose que de s'abandonner avec une entière confiance à la volonté de Dieu, et de tout attendre de son secours.

Cette réponse ayant été publiée, un évêque nommé Honoratus ne la trouva pas assez explicite. Il objecta à saint Augustin que Jésus-Christ avait lui-même commandé de fuir le danger, et en avait donné l'exemple. Saint Augustin lui répondit par une lettre fort belle et pleine des plus beaux sentiments. Honorat lui avait cité ces paroles de l'Évangile : « *Lorsqu'on vous persécutera dans une ville, fuyez dans une autre.* »

« Qui croira, dit le saint, que le Seigneur ait voulu ordonner, par ces paroles, que les troupeaux qu'il a rachetés de son sang seront abandonnés, privés du ministère sans lequel ils ne peuvent vivre? Est-ce là ce qu'il a fait lorsque, porté par ses parents, il a fui tout enfant en

Egypte? Il n'avait point encore assemblé d'Eglises, qu'il dût craindre d'abandonner... Si quelque évêque était poursuivi, il pourrait fuir de cité en cité, parce que son Eglise ne serait point pour cela privée de pasteur. Si la population entière pouvait fuir vers les lieux fortifiés, l'évêque devrait la suivre; mais il y a toujours des fidèles qui ne peuvent fuir, et c'est près de ceux-ci que l'évêque doit demeurer, parce qu'ils ont le plus besoin de ses secours spirituels; il doit vivre avec eux, et souffrir avec eux ce qu'il plaît au père de famille de leur envoyer... Ceux-là souffrent pour les autres qui, pouvant fuir, ont préféré demeurer et ne point abandonner leurs frères dans leurs malheurs. C'est là cette charité que recommande l'apôtre saint Jean, quand il dit : *Le Christ a donné sa vie pour nous; nous devons de même donner la nôtre pour nos frères.* » Ceux qui sont pris lorsqu'ils fuyaient, ou lorsqu'ils étaient retenus malgré eux, souffrent pour eux et non pour leurs frères; mais ceux qui, lorsque leurs frères avaient besoin d'eux pour faire leur salut, n'ont pas voulu les abandonner, ceux-là, sans aucun doute, donnent leur vie pour leurs frères. Personne, sans doute, n'exigera que les ministres du Seigneur demeurent dans des lieux où leur ministère ne peut plus s'exercer, parce que leur troupeau est détruit ou dispersé. Mais si le troupeau reste, et que les ministres prennent la fuite, et le privent de leur ministère, leur fuite ne sera-t-elle pas comparable à celle de ces mercenaires qui n'ont aucun souci de leurs brebis? Ayons plus peur de voir les pierres vives de l'Eglise périr en notre absence que de voir les pierres et les bois des édifices matériels consumés en notre présence. Craignons que les membres du corps du Christ ne périssent privés de la nourriture spirituelle, plutôt que de craindre que les membres de notre corps n'aient à subir la violence d'un ennemi... »

Comme il fallait que quelques ecclésiastiques se retirassent pour servir ceux qui échapperaient aux barbares, il ajoute que, pour ceux qui prendraient ce parti ne passassent point pour lâches, on pouvait tirer au sort pour décider quels seraient ceux qui partiraient et ceux qui resteraient. Il termine sa lettre en disant que le meilleur conseil que l'on pût prendre dans ces malheurs, c'était de recourir à la prière, en demandant à Dieu qu'il eût pitié de son peuple.

Tous les ravages des barbares ne pouvaient imposer silence aux controverses religieuses, ni empêcher saint Augustin de défendre la vérité contre ceux qui l'attaquaient. C'est ainsi qu'il continua dans ce temps-l même de s'occuper de la polémique que Julien avait engagée contre lui, à propos de son livre sur le *Mariage*, et dont nous avons parlé plus haut. Il fit un dernier ouvrage contre cet hérésiarque, et y travailla jusqu'à la fin de sa vie, et même tandis que les Vandales l'assiégeaient dans Hippone. Il interrompit ce travail à diverses reprises, tantôt pour rassembler ses principales lettres et les revoir, pour les publier, tantôt pour engager et soutenir, par écrit, d'importantes discussions contre les ariens, les pélagiens ou les semi-pélagiens. Il soutint une polémique publique contre Maximin, évêque arien. Après la conférence, celui-ci osa se vanter, à Carthage, d'avoir battu saint Augustin sur la question qui divisait l'arianisme et le catholicisme, la divinité de Jésus-Christ. Mais, dans cette même conférence, tous deux s'étaient engagés à la continuer par écrit. Saint Augustin, pour tenir son engagement, publia un ouvrage en trois livres, où il réfuta, l'une après l'autre, toutes les propositions hérétiques de Maximin, et le somma de lui répondre catégoriquement. Mais Maximin crut devoir s'en dispenser.

« En même temps, dit un historien, que saint Augustin combattait pour la divinité du Verbe, il n'oubliait pas que le Verbe l'avait aussi chargé du soin de sa défense (1). Le midi de la Gaule avait presque tout entier adopté les erreurs de Pélage, un petit nombre de personnes, à la tête desquelles se trouvait saint Prosper, luttaient seules contre le torrent : elles prièrent saint Augustin de seconder leurs efforts, d'autant plus que les pélagiens soutenaient que leur doctrine avait pour elle l'autorité de la tradition et celle des Pères de l'Eglise.

Saint Augustin prit donc la plume, et, malgré les immenses travaux dont il était déjà accablé, malgré le bruit de l'invasion et de la guerre, qui grondait autour de lui, il composa deux ouvrages : *De la Prédestination des Saints* et *du Don de la Persévérance*, qui ont été honorés du suffrage et de l'admiration de tous les siècles suivants, « et où, dit Tillemont, on trouve tant de lumière et de force, qu'ils semblent surpasser les efforts et la puissance d'un homme, et ne pouvoir être que la production et l'ouvrage d'un saint. » En effet l'Eglise, par l'organe de plusieurs papes et plusieurs conciles, a déclaré que sa doctrine sur la grâce

(1) M. de Tillemont.

n'était autre que celle qui est exposée et soutenue dans les écrits de saint Augustin en général, mais particulièrement dans ces deux derniers.

Cependant la détermination du comte Boniface avait causé à Rome une surprise douloureuse. Ses amis ne pouvaient croire que la soif seule de régner l'y avait poussé. Quelques-uns d'entre eux, par l'ordre de Placide, partirent pour l'Afrique, y virent Boniface, s'entretinrent avec lui de toute l'affaire, prirent connaissance des lettres d'Aétius, y découvrirent le fil de l'intrigue, et se hâtèrent de retourner à Rome pour y rendre compte de leur mission. Quoique la perfidie d'Aétius eût été ainsi mise au jour, l'impératrice Placidie n'osa point punir ce général, soit qu'elle redoutât sa puissance, soit à cause du grand besoin qu'elle en avait dans la situation déplorable où se trouvait l'empire. Elle supplia seulement les amis de Boniface de réveiller dans son cœur l'amour de la patrie, pour que l'empire romain ne succombât point sous les barbares. Elle assurait en outre, sous la foi du serment, qu'il n'aurait rien à craindre, et que sa vie et sa personne seraient respectées s'il voulait faire sa soumission.

Cette dépêche éveilla dans l'âme du comte Boniface le repentir de sa faute. Il pria donc les barbares de se retirer de l'Afrique. Les Vandales accueillirent sa demande avec mépris. Il fallut en venir aux armes. Boniface, vaincu, se réfugia dans Hippone, la plus forte ville maritime de la Numidie. Les Vandales l'y assiégèrent; mais ils ne purent forcer la place. Ils levèrent le siége, et, comme, dans l'intervalle, Boniface avait reçu des secours de Rome et de Constantinople, il tenta une seconde fois la fortune des combats; mais, accablé par le nombre, il fut encore vaincu, et s'enfuit en Italie. Hippone, attaquée une seconde fois, fut prise presque sans coup férir et brûlée (432).

Saint Augustin ne fut point témoin de cette dernière calamité. Trois mois après le commencement du premier siége d'Hippone, il tomba malade. Il n'en continua pas moins à travailler, principalement à son ouvrage contre Julien, sans que les assauts des Vandales pussent l'en détourner. Plusieurs évêques, qui s'étaient jetés dans ce dernier boulevard de l'Afrique, avec les débris de leurs troupeaux, demeuraient avec saint Augustin, l'assistaient dans ses souffrances.

Possidius, l'un d'eux, qui a laissé une biographie du Saint, parle de ces tristes moments : « Les malheurs que nous voyions faisaient le sujet de nos entretiens habituels. Nous considérions les jugements terribles que la divine justice exerçait devant nos yeux, et nous disions : Vous êtes juste, Seigneur, et vos jugements sont équitables. Nous mêlions ensemble nos douleurs, nos gemissements et nos larmes, et nous en faisions un sacrifice au Père des miséricordes et au Dieu de toute consolation, pour le prier de nous secourir et de nous délivrer des maux que nous souffrions et que nous craignions.

» Je me souviens qu'un jour, comme nous nous entretenions avec lui à table sur les misères du temps : Ce que je demande à Dieu, nous dit-il, parmi des misères si affligeantes, c'est qu'il lui plaise de délivrer cette ville des ennemis qui l'assiégent, ou, s'il en a ordonné d'une autre manière, qu'il donne à ses serviteurs la force de supporter tous les maux qu'il permettra qu'il leur arrive, ou au moins qu'il me retire de ce monde et qu'il daigne m'appeler à lui.

» Nous profitâmes de cette instruction, et nous nous joignîmes à lui, nous et ceux de notre compagnie, aussi bien que les autres qui étaient alors dans la ville, pour faire à Dieu la même prière.

» Le troisième mois du siége, le Saint fut attaqué de la fièvre, qui l'obligea de se mettre au lit, et il ne s'en releva pas. On vit par-là que Dieu n'avait pas rejeté la prière de son serviteur, de même qu'en d'autres occasions il avait exaucé les prières et les larmes qu'il lui avait adressées, en lui demandant quelque grâce, soit pour lui, soit pour les autres. »

Le même biographe de saint Augustin, auquel sont empruntés ces détails, les seuls qu'on ait sur la mort de saint Augustin, raconte que, tandis que ce saint, couché sur son lit de mort, était déjà à l'agonie, un homme dont le fils était malade le lui amena et le pria d'imposer les mains à cet enfant pour lui rendre la santé. Le Saint répondit que, s'il avait le pouvoir de guérir ainsi les malades, il aurait commencé par lui-même. Mais cet homme lui dit qu'il avait eu un songe dans lequel une voix avait proféré ces paroles : « Allez trouver l'évêque Augustin, priez-le d'imposer les mains à votre fils, et celui-ci recouvrera la santé. » Saint Augustin fit alors ce que cet homme lui demandait : il imposa les mains au jeune malade, qui à l'instant même fut guéri (1).

(1) Possidius, Vie de saint Augustin, C. 29.

« Dieu, dit à ce sujet le biographe, voulut, par ce miracle qu'il fit faire par le saint à l'extrémité de sa vie, sceller en quelque sorte la sainteté de cette vie, ainsi que ses pieux et savants écrits. Je sais aussi que, lorsque Augustin n'était que prêtre, et depuis qu'il fut évêque, on est venu lui demander de prier pour les possédés, et qu'ayant offert à Dieu ses prières et ses larmes, il obtint la délivrance de ces personnes. »

Ce sont là, du reste, les seuls miracles de ce genre que l'on connaisse de saint Augustin. On pourrait d'ailleurs lui appliquer ce que le pape Jean XXII disait de saint Thomas d'Aquin : « Il n'est pas nécessaire de rechercher avec tant de soin les miracles qu'il pourrait avoir faits : ses premiers miracles sont ses ouvrages et les solutions merveilleuses qu'il a données à une foule de questions importantes. »

Il voulut consacrer les derniers jours de sa vie à la pénitence : il fit transcrire en gros caractères les psaumes de David sur la pénitence, et en fit appliquer la copie contre la muraille qui était près de son lit, d'où il les lisait, en versant des torrents de larmes. Et, afin de n'être pas interrompu dans cette occupation, il pria ses amis et les évêques qui habitaient dans sa maison de n'entrer dans sa chambre qu'en même temps que le médecin ou les gens de service. On fit ce qu'il souhaitait, et il put ainsi consacrer exclusivement à la prière les dix derniers jours de sa vie.

Il mourut dans la nuit du 28 au 29 août 430, à l'âge de soixante-seize ans, après avoir été près de quarante ans prêtre ou évêque. Il venait à peine de fermer les yeux lorsque l'on reçut une lettre de l'empereur d'Orient, Théodose-le-Jeune, qui le priait instamment d'assister en personne au concile œcuménique d'Ephèse, qui devait s'assembler à quelque temps de là.

Le corps du saint fut enseveli dans la basilique de Saint-Etienne, à Hippone : il y demeura environ cinquante-six-ans, jusqu'à ce que les évêques d'Afrique, que Hunéric, roi des Vandales, avait relégués en Sardaigne, l'y transportassent avec eux. Il reposa dans cette île deux cent trente-trois ans, et il fit beaucoup de miracles. Les Sarrasins s'étant rendus maitres de la Sardaigne, Luitprand, roi de Lombardie, leur acheta ces précieuses reliques pour une somme énorme. Il les fit transporter à Pavie, et les ensevelit dans l'église de Saint-Pierre, le

28 février 710 (1). Quelques doutes s'élevèrent, au XIIIe siècle, sur la place où elles étaient ensevelies : on prétendit qu'après avoir été perdues, elles avaient été retrouvées, et le Père don Bernard de Monfaucon fit même imprimer la relation de cette découverte dans son savant voyage en Italie (2).

La principale autorité sur laquelle on se fonde pour établir la translation des reliques de Sardaigne à Pavie, c'est celle d'Oldrad, archevêque de Milan, que Charlemagne avait chargé d'examiner cette question, et qui fit un petit ouvrage là-dessus. On sait que ces cendres ont été récemment rendues à la terre d'Afrique.

Jamais vie d'homme ne fut mieux remplie que celle de saint Augustin. Quand on considère l'énorme quantité d'ouvrages qui sortirent de sa plume, l'on est tenté de croire, au premier abord, que sa vie tout entière y fut consacrée (3); et cependant ce n'est là que le fruit des moments qu'il pouvait dérober aux affaires qui le sollicitaient de toutes parts.

Quels que soient les soins et les travaux qu'impose de nos jours à ceux qui en sont revêtus le caractère de l'épiscopat, ils étaient bien autres au IVe et Ve siècles. L'évêque prêchait, entendait à confesse, célébrait chaque jour en public les offices, administrait les biens de son Eglise, instruisait lui-même et dirigeait son clergé, entendait et jugeait les procès, donnait des consultations pour les intérêts spirituels de ses fidèles et pour leurs affaires temporelles, assistait à des conciles provinciaux qui souvent se renouvelaient plusieurs fois l'année, discutait oralement ou par écrit contre les hérétiques et les païens, travaillait à les convertir, publiait des instructions et des ouvrages sur toutes les questions qui sur-

(1) Voir don Mabillon, Voyage en Italie.

(2) On n'est pas d'accord sur l'année : Luitprand ne monta sur le trône que le 2 avril 712; aussi les uns placent-ils cette translation en 712, les autres en 718, et quelques-uns même seulement en 725. Mais on est fixé sur le jour et le mois où elle se fit.

(3) Saint Augustin publia quatre-vingt-treize ouvrages en deux cent trente-deux livres, sans compter ses lettres, qui, au nombre de plus de deux cents, forment à elles seules un très-gros volume. Ses œuvres complètes remplissent vingt-six gros volumes du format grand in-8° à deux colonnes.

gissaient, visitait les pauvre, les malades, intercédait près des puissants du jour en faveur des opprimés, en un mot, était le centre d'activité, l'âme de tout son diocèse.

« Si je pouvais, écrit saint Augustin à son ami Marcellin, vous rendre compte de mon temps et des ouvrages auxquels j'ai été obligé de mettre la main, vous seriez surpris et affligé de la quantité d'affaires qui m'accablent... Quand j'ai un peu de relâche de la part de ceux qui ont recours à moi, je ne manque pas d'autre travail; j'ai toujours quelque chose à dicter qui me détourne de suivre ce qui serait plus de mon goût dans les courts intervalles de repos que m'accordent les besoins ou les passions des autres. »

Saint Augustin eût désiré une toute autre vie : s'il eût été libre de choisir, il eût voulu passer chaque jour une partie de son temps à un travail manuel, et le reste à prier, à lire et à étudier les lettres sacrées. « Il n'y aurait personne, dit-il, qui fût plus porté que moi à une vie si agréable, si paisible et si pure. Y a-t-il rien de plus utile et de plus doux que d'approfondir les trésors de Dieu, loin du bruit et du tumulte des hommes? Quels biens et quelles douceurs n'y trouve-t-on pas! Mais, de prêcher, de reprendre, de corriger, d'être obligé de prendre soin de tout le monde, quel poids, quelle charge, quelles difficultés! Qui se soumettrait à un emploi aussi laborieux s'il ne craignait les menaces de l'Evangile. »

Il éprouvait au plus haut degré ce besoin, cet amour de la vie méditative, qui ont toujours sollicité les âmes d'élite. Son imagination était vive, nette et d'une fécondité inépuisable. Son érudition était prodigieuse pour son temps. Ce puissant génie avait su s'approprier toutes les sciences connues alors : théologie, méthaphysique, politique, histoire, littérature, musique, poésie, beaux-arts, archéologie, philosophie, mathématiques, il avait tout étudié, il savait tout ce que savaient ses contemporains. Quand cet esprit subtil, pénétrant, abordait une question, il y enfonçait si avant, la fouillait si profondément, qu'il semblait, après qu'il l'avait exposée, que tout était dit. Il n'y avait pas dans l'âme humaine de repli si caché qu'il ne l'eût découvert. Aussi reconnaissait-il parfaitement le chemin des cœurs.

Sa parole avait d'ailleurs cette propriété merveilleuse qui a de tout temps caractérisé les grands, les vrais orateurs : en pénétrant dans les organes, elle y causait je ne sais quel ébranlement indéfinissable, quelle action mystérieuse, qui faisait, pour ainsi dire, sentir ce que l'on entendait. Son éloquence était toute puissante : il avait le secret de toucher et de charmer à la fois, et, quand il le fallait, d'arracher des larmes, de faire éclater les sanglots de son auditoire. Il possédait ce qui, selon Démosthène, est la première qualité du grand orateur : l'art si difficile du geste ; et il l'avait avec autant plus d'avantage qu'il parlait presque toujours d'abondance. Il improvisait avec une incroyable facilité, ce qui n'empêchait nullement que son style ne fût net, vif, aisé, naturel et surtout pittoresque.

Il était formidable, invincible dans la discussion : son rare talent de dialecticien était célébré même par ses ennemis, et il vint un temps où aucun hérétique n'osa plus entrer en lice contre lui. Leurs plus rudes champions s'étaient mesurés avec lui et avaient été forcés de lui rendre les armes. Mais aussi nul ne savait mieux que lui retorquer ou réduire en poussière l'argument le plus solide en apparence. Puis, quand il avait triomphé, ce terrible adversaire subjuguait ceux qu'il avait vaincus par sa simplicité, sa modestie, sa douceur, son ardente charité.

L'excellence de son cœur a fait faire plus de prosélytes au christianisme que n'eussent pu les plus habiles raisonnements. En peu d'années il changea la face de son diocèse ; quand il y vint, les catholiques n'y formaient qu'une imperceptible minorité ; il y était à peine depuis quelque temps que les positions étaient changées, et que le chisme n'y comptait plus que de rares partisans.

Son style se ressentit de la diversité de ses études. Les ouvrages de sa jeunesse ont une pureté et une élégance cicéroniennes qui trahissent ses études profanes ; mais, à mesure qu'on s'éloigne de cette époque, on sent que les traditions des beaux siècles de la littérature et le souvenir de sesétudes s'évanouissent peu à peu, et font place au goût du siècle souvent même à l'incorrection et à la barbarie africaine ; mais sous cette diversité dans la forme se retrouve toujours un fond commun : de vives et naissantes images, une expression nette, claire, facile, et qui semble moins faite pour la pensée que la pensée ne semble faite pour elle ; une fécondité prodigieuse d'idées, de faits et d'arguments ; une richesse, une exubérance qui déborde de toutes parts.

Il est vrai qu'à ces qualités se joignent des défauts considérables : c'est ainsi que si l'on excepte les ouvrages de sa jeunesse, ses *Confessions* et ses *Méditations*, on trouve dans ses écrits plus de raison, de force et d'imagination que de goût. L'antithèse y abonde jusqu'à l'abus ; il ne sait pas toujours s'astreindre à un plan bien déterminé et se perd souvent dans des digressions qui ne se rattachent pas suffisamment au sujet, ou ne tendent pas assez directement au but.

Son chef-d'œuvre, ce sont ses *Confessions*. Elles ont toutes les qualités de ses autres écrits et n'en ont aucun des défauts : c'est une œuvre d'art digne d'être mise à côté des plus beaux monuments de l'antiquité. Elles ont même sur eux une supériorité incontestable sous un certain point de vue : c'est celle qu'elles tiennent de ce fonds de mélancolie qui est répandue dans tout l'ouvrage, et dont on ne trouve guère d'analogue que dans la morbidesse des tons que l'on remarque dans certains tableaux de Raphaël. Ce livre est d'ailleurs le premier modèle de ces révélations intimes qui appellent sur un homme la sympathie de tous les temps et de tous les hommes, comme les *Rétractations* sont le premier modèle d'une critique éclairée et de bonne foi, exercée sur les œuvres de sa propre pensée. C'était comme un double testament qu'il voulait laisser après lui.

Ce qui fait le charme principal des œuvres de saint Augustin c'est la vive sensibilité qui les anime ; tout y parle au cœur, parce que tout y est profondément senti et, pour ainsi dire, vivant. Elles seront toujours lues avec ardeur, tant qu'il y aura parmi les hommes des âmes rêveuses, tendres et croyantes, ou tourmentées du désir de croire. Ecoutons-le parler dans ses Soliloques, des ennuis et des misères de la vie. « Je m'ennuie bien, ô mon Dieu, de ce pèlerinage si pénible. Cette misérable vie est sujette à mille maux capables de la détruire ; tout y est incertain, à la réserve des peines qu'on est sûr d'y trouver. Ce n'est qu'iniquité : les plus méchants y sont les maîtres, les plus superbes y dominent ; elle est sujette à tant d'erreurs et de misères que c'est bien moins une vie qu'une véritable mort. Nous nous voyons tous à chaque instant mourir d'autant de morts différentes que nous sommes sujets à différents changements. Comment serait-ce une véritable vie que celle que l'on mène en ce monde ? Ce n'est qu'une faible étincelle, que le moindre souffle et la moindre humeur sont capables d'éteindre. Est-il quelque espèce de misère à laquelle nous ne soyons point sujets dans cette chair mortelle ? Les douleurs l'exténuent, les chaleurs la dessèchent, la moindre intemperie de l'air n'est que trop capable d'altérer ce qui peut lui rester de vigueur ; l'excès de nourriture la surcharge, les jeûnes l'épuisent, les plaisirs l'affaiblissent, mille ennuis la consument, mille soins la tourmentent, l'inaction l'engourdit. Qu'est-ce que cette vie, où la prospérité ne fait qu'enfler le cœur, l'adversité le resserrer ; où la jeunesse n'est que témérité, qu'inconstance, la vieillesse que pesanteur, qu'assoupissement ; où mille infirmités nous accablent, où mille chagrins nous dévorent, où, pour comble de maux, nous sommes sujets à la mort, qui nous enlève avec tant de fureur à cette misérable vie et à ses faux plaisirs qu'à peine cessons-nous de vivre, il semble déjà que nous n'ayons pas vécu ? Et quoique cette vie mourante, ou plutôt cette mort vivante, ne soit pleine que de véritables amertumes, combien encore s'en trouve-t-il, hélas ! qui charmés de ses fausses douceurs, s'en laissent misérablement séduire, jusqu'à s'enivrer des appas trompeurs qu'elle leur présente sans cesse dans une coupe d'or ! Heureux, mais infiniment rares, ceux qui n'ont que du mépris pour les vanités de ce monde ! On ne peut s'attacher à des biens aussi périssables sans se mettre soi-même en danger de périr avec eux. »

Une fois qu'il fut entré dans le giron de l'Eglise, saint Augustin ne cessa d'écrire pour faire voir que la doctrine chrétienne offrait seule une solution définitive de ces grands problèmes que la philosophie ancienne avait soulevés et laissés obscurs, et que résolvait encore moins le manichéisme. Après avoir combattu les obstacles extérieurs, il voulut également triompher des obstacles intérieurs, en ramenant tout à l'unité de dogme et de discipline. Les pélagiens, les semi-pélagiens, les priscilianistes, les donatistes, tous les schismatiques et hérétiques, si nombreux dans ces premiers siècles, le trouvèrent constamment sur la brèche, prêt à la conciliation sur les petites questions de discipline, à la guerre de l'intelligence sur les questions les plus importantes du dogme. Le premier, en Occident, il donna une forme systématique à la doctrine évangélique ; il inventa l'expression du *péché originel*, et établit avec de larges et définitifs développements, la doctrine de la grâce ; enfin, cherchant à concilier les idées philosophiques et le christianisme, il alla jusqu'à donner de la sainte Trinité une explication fondée sur les systèmes de la philosophie antique (1).

(1) Notice littéraire sur saint Augustin, par M. Bochon.

On a déjà pu voir plus haut qu'il excellait dans la prédication : ce fut surtout depuis son épiscopat qu'il utilisa son talent dans ce genre en faveur de l'Eglise. Il continua cette fonction de son ministère jusqu'à la mort, avec la même ardeur, le même bonheur et la même force. On en avait une si haute idée, alors même qu'il était encore jeune, que, où qu'il se trouvât, s'il fallait parler au peuple, c'était toujours lui qu'on choisissait pour le faire ; et il était bien rare qu'on lui permît d'écouter les autres et de demeurer dans le silence.

Il était d'une faible santé ; aussi dit-il qu'il fut « vieux par les infirmités de son corps long-temps avant que de l'être par l'âge. » Il supportait néanmoins ses maux avec une grande patience. « Dans cet état même, dit-il, je ne saurais dire autre chose, sinon que je suis bien, puisque je suis comme Dieu veut que je sois ; car quand nous ne voulons pas ce qu'il veut, c'est nous seuls qui sommes en faute, et non pas Dieu, qui ne saurait rien faire ni permettre que de juste... Je recommande donc à vos saintes prières et mes jours et mes nuits ; les jours, afin que j'use sobrement des soulagements que je suis obligé de chercher, et les nuits, afin que je supporte les douleurs avec patience. » Cette faiblesse extrême de sa santé le fit toujours dispenser des voyages que ses confrères faisaient au-delà des mers, en qualité de députés de la cour de l'empereur.

Sa tenue était des plus modestes ; il ne portait aucun vêtement qui le distinguât des prêtres de sa communauté. « Que personne, dit-il, ne nous donne ni habits, ni chemise, ni tunique, ni quoi que ce soit, sinon pour la communauté tout entière. Je ne prendrai mes vêtements que parmi ceux de notre communauté : je ne veux rien avoir qui ne soit aussi aux autres. Je vous prie donc, mes frères, de ne point me présenter d'habits dont les autres ne puissent se servir avec bienséance, aussi bien que moi. On m'apportera, par exemple, un vêtement de grand prix : peut-être qu'un évêque peut s'en servir, mais cela ne convient point à Augustin, qui est pauvre et né de parents pauvres. Voulez-vous qu'on dise que j'ai trouvé dans l'Eglise le moyen d'avoir des habits plus riches que je n'en eusse pu avoir chez mon père, ou dans l'emploi que j'avais dans le siècle ? cela me serait honteux. Il faut que mes habits soient tels que je puisse les donner à mes frères s'ils n'en ont point. Je n'en veux point d'autres que ceux que peut porter un prêtre, un diacre, un sous-diacre, parce que je reçois tout en commun avec eux. Si l'on m'en donne de plus chers, je les vendrai, comme je fais ordinairement, afin que, si ces habits ne peuvent pas servir à tous, l'argent qu'on en aura tiré puisse y servir. Je les vends donc, et j'en donne le prix aux pauvres. Que si l'on souhaite que je porte ceux que l'on me donne, que l'on m'en donne qui ne me fassent point rougir. Car, je vous l'avoue, un habit de prix me fait rougir, parce qu'il ne vient point à ma profession, à l'obligation où je suis de prêcher, à un corps cassé de vieillesse, à ces cheveux blancs que vous me voyez. »

Il était chaussé, et disait à ceux qui allaient pieds nus : « J'aime votre courage, souffrez ma faiblesse. » Il mangeait toujours à la même table que ses clercs, et des mêmes aliments. Sa nourriture était simple et frugale. Sa santé l'obligeait à ne s'abstenir ni de vin ni de viande, mais il n'en faisait usage qu'avec une réserve extrême. A part les couverts, qui étaient d'argent, on ne voyait sur sa table que des vases de bois, de terre ou de pierre.

Il recevait chez lui un grand nombre d'étrangers, souvent même d'inconnus, envers lesquels il exerçait les devoirs de l'hospitalité. Il avait pour principe de ne repousser personne, pensant qu'il valait mieux s'exposer à recevoir un méchant qu'à faire un mauvais accueil à un serviteur de Dieu. Quoiqu'il eût ainsi presque chaque jour du monde à sa table, il ne s'écartait néanmoins jamais de ses habitudes de frugalité et d'austérité. Afin que l'heure même des repas ne pût se passer sans profit pour son intelligence, il faisait lire, ou l'on y examinait quelque question intéressante. Pour en exclure la médisance et la calomnie, il avait fait écrire dans son réfectoire deux vers dont le sens était que ceux qui avaient l'habitude de parler mal des absents devaient regarder ce lieu comme leur étant interdit. Et il reprit plusieurs fois fort sérieusement ses amis, et même de grands personnages, qui, mangeant avec lui, ne se conformaient pas à la recommandation qu'il leur faisait par ce distique, leur disant qu'il fallait effacer ces deux vers, ou lui permettre de se lever de table.

Tous les prêtres, diacres et sous-diacres qui desservaient son Eglise, habitaient et vivaient en commun avec lui dans la maison épiscopale. Ils menaient ensemble la vie des premiers chrétiens. Nul d'entre eux n'avait ni ne devait avoir rien en propre. C'était la loi à laquelle devaient s'astreindre tous ceux qui entraient dans son clergé; et il n'ordonnait aucun clerc, à moins qu'il ne s'engageât d'abord à se conformer à cette règle. Et, s'il arrivait que l'un d'eux quittât cette vie, il le dégradait comme un déserteur de la sainte société où il était entré. Tous ses ecclésiastiques, et lui le premier, étaient donc pauvres, n'ayant d'autre ressource que ce qu'il plaisait à Dieu de leur envoyer par l'intermédiaire des fidèles, et par les offrandes qu'on leur distribuait à chacun selon ses besoins. Ceux qui, entrant dans son clergé, avaient quelque chose étaient obligés de le distribuer aux pauvres, ou de le mettre en commun, ou de s'en défaire de quelque autre manière; de sorte que tous ses clercs étaient égaux en biens ou plutôt par leur commune indigence. Il chargeait les plus capables d'entre eux de l'administration des biens de la communauté, chacun à son tour et pendant un an. Celui qui remplissait cette fonction portait le nom de prévôt (*præpositus*) : il avait droit de traiter avec des tiers au nom de la communauté, dont les clefs et le sceau étaient entre ses mains.

Il ne souffrait pas qu'aucune femme demeurât dans sa maison, et ne faisait pas même exception à cette règle en faveur de sa sœur. Il en donnait entre autres pour raison que, bien qu'il ne craignît point que l'on conçût de mauvais soupçons s'il avait chez lui sa sœur ou quelque très-proche parente, néanmoins, comme il ne pouvait se faire que celles-ci n'eussent avec elles d'autres femmes, ou n'en eussent du dehors, tout ce commerce de femmes pouvait être un sujet de scandale et de chute pour les faibles; une occasion de tentation et de péché pour ceux qui demeuraient avec l'évêque, ou au moins un aliment pour la médisance et les calomnies des méchants. Il pensait donc qu'il n'était pas bon que des femmes demeurassent dans la même maison que des hommes consacrés à Dieu, quelque chastes qu'ils pussent être.

Quand des femmes venaient pour le consulter, il ne se rendait jamais au parloir où il les recevait sans se faire accompagner de plusieurs ecclésiastiques, qui devaient toujours être témoins de la conversation, quelque secret qu'on eût à lui dire ou à lui demander.

Saint Augustin avait pour règle générale de n'accepter au nom de son Eglise aucune succession pour laquelle il n'y eût des héritiers naturels et légitimes, tels qu'un fils ou un frère. Lorsqu'il arrivait qu'un père, irrité contre son fils, le déshéritait au profit de l'Eglise d'Hippone, saint Augustin rendait la succession au fils. Et comme le peuple d'Hippone s'en plaignait, le Saint lui répondait : « Si le père vivait encore, ne serais-je pas obligé de l'apaiser? ne devrais-je pas réconcilier son fils avec lui? Cependant puis-je dire que je voudrais le voir vivre en paix avec son fils si je convoite sa succession? « Il poussait même ce désintéressement plus loin, et on le vit renoncer à une riche succession qui, en droit, eût dû revenir à l'Eglise d'Hippone, pour éviter le scandale auquel eût donné lieu un procès s'il eût voulu soutenir ses droits en justice. Il se serait fait un scrupule d'amasser aucune épargne. « Un évêque, disait-il, ne peut pas garder de l'or, et renvoyer le pauvre qui lui demande l'aumône. Il y a tant de personnes qui nous demandent, qui pleurent devant nous, qui nous pressent, que, n'ayant pas de quoi donner à tous, nous sommes obligés d'en renvoyer plusieurs tristes et affligés de n'avoir pas reçu de secours de nous (1). » Quand il était réduit à cette dernière extrémité, il avertissait le peuple qu'il n'avait plus de quoi donner aux pauvres. « Je suis mendiant pour les mendiants, disait-il, et je le suis avec plaisir, parce que je vous offre ainsi une occasion de plus d'entrer dans le nombre des enfants de Dieu. »

Il proposa à son peuple, qui l'admit avec acclamation, la coutume de vêtir tous les ans un certain nombre de pauvres. On y manqua une seule fois, pendant une absence qu'il avait faite ; mais il s'empressa d'écrire à ce sujet à son clergé et à son peuple.

Sa compassion alla maintes fois au point de lui faire fondre les vases sacrés de l'Eglise pour venir au secours des pauvres, ou pour racheter des captifs.

Une seule chose lui paraissait pénible quand il s'agissait de se rendre utile à ceux qui avaient besoin de lui : c'était d'aller solliciter pour eux chez les grands ; et il avoue (2) qu'il n'était pas insensible à toutes les humiliations qu'il faut endurer pour leur parler, au risque encore de se voir repousser. Il savait d'ailleurs et disait que qui reçoit une grâce d'un homme puissant s'en fait un maître.

Dans les premiers siècles de l'Eglise, les chrétiens, fuyant avec horreur les tribunaux païens, souillés par les images des dieux, s'adressaient à leurs prêtres et à leurs évêques pour faire juger les contestations qui s'élevaient entre eux. Saint Paul lui-même le leur avait

(1) Sermon 355.
(2) Sermon 302, 19.

prescrit. C'est ainsi que se forma, dans l'empire romain, une juridiction nouvelle, que, plus tard, les empereurs chrétiens confirmèrent et régularisèrent. Le jugement des procès devint une des plus grandes tâches des évêques, et saint Augustin se plaint souvent d'être obligé d'y consacrer un temps précieux. Il s'en acquittait d'ailleurs avec le même soin et la même conscience qu'il apportait dans toutes ses fonctions. Il cherchait surtout à amener des conciliations entre les parties plaidantes, et il exhortait ceux auxquels on suscitait des procès injustes à faire quelque sacrifice d'argent pour s'en délivrer. « Quelqu'un, dit-il dans un sermon, veut-il vous détourner de Dieu en vous suscitant un procès? vous n'avez plus ni la paix du cœur ni la tranquillité de l'esprit. Votre âme est dans le trouble. Ne vaudrait-il pas mieux perdre un écu, et gagner ce temps? Que si, lorsqu'on me fait juge de quelque procès, j'exhorte une personne qui fait profession du christianisme à perdre quelque partie de son bien pour ne pas perdre son temps, ne suis-je pas obligé de presser l'autre avec bien plus de force encore de rendre ce qui ne lui appartient point! Ce sont deux chrétiens que j'ai à juger. L'un entend avec un malheureux plaisir ce que dit l'Apôtre : Rachetez le temps, parce que les jours sont mauvais. Je m'en vais, dit-il en lui-même, faire un procès à ce chrétien; bon gré mal gré il me donnera au moins quelque chose pour racheter le temps, parce qu'il sait ce que dit l'Apôtre.

» Il est vrai que je conseillerai à celui qui sera poursuivi par un tel homme d'abandonner quelque chose pour acheter le loisir de Dieu. Mais celui qui l'attaque, n'aurai-je rien à lui dire? ne lui reprocherai-je pas d'être un voleur et un calomniateur, un homme perdu, un enfant du démon? Peut-être en rira-t-il, content d'emporter l'argent. Qu'il rie donc, qu'il rie tant qu'il lui plaira; qu'il se moque de ce que je lui dis; qu'il possède l'argent; mais il viendra un juge qui lui en demandera un terrible compte. »

Si saint Augustin tirait parti même des procès pour attirer les âmes à Dieu, on peut juger par là du soin avec lequel il s'appliquait à instruire son troupeau et à lui distribuer la parole divine. Presque tous ses moments libres, il les employait à préparer les sermons qu'il devait faire à son peuple. Dans les premiers temps, il apprenait les sermons par cœur; plus tard, quand la multiplicité des affaires ne lui en laissa plus le loisir, il se borna à des méditations sérieuses sur les sujets sur lesquels il voulait parler. Il prêcha même plusieurs fois sans s'y être aucunement préparé, des circonstances imprévues l'obligeant à monter en chaire alors qu'il ne s'y était point attendu. Une telle facilité paraissait extraordinaire en ce temps ; mais il faut observer qu'il n'y a rien de plus fréquent dans toutes les assemblées délibérantes un peu considérables. Saint Augustin prêcha plusieurs fois jusqu'à cinq jours de suite, et même deux fois par jour, sur des sujets différents.

La vieillesse et la maladie ne l'éloignèrent pas même de la chaire : il y montait encore lorsqu'il était si faible qu'il avait peine à parler : la prédication le ranimait, et l'ardeur qu'il éprouvait pour l'avancement spirituel de son peuple lui ôtait tout sentiment de fatigue.

Le prédicateur n'avait point alors, comme de nos jours, l'avantage de n'avoir point à craindre d'être interrompu : les populations ardentes de l'Afrique, habituées à aller entendre leurs sophistes et leurs orateurs, n'avaient point renoncé entièrement, en entrant dans l'Eglise, aux mœurs du forum et aux orages de la place publique. On ne faisait pas que prêcher dans l'église : on voit par les écrits de saint Augustin, que l'on y délibérait, que l'on y applaudissait, que l'on y murmurait. En certaines occasions, la basilique devenait le forum, et l'orateur sacré avait maintes fois à braver les orages de la tribune, comme s'il eût parlé au sein d'une assemblée profane ; et l'on a pu voir plus haut que tout l'amour et toute la vénération que les peuples professaient pour saint Augustin ne l'avaient pas toujours préservé de ces inconvénients : témoin l'ordination de Pinarius, que le peuple voulut lui imposer.

Cet amour de son peuple, saint Augustin l'avait conquis par un dédévouement sans bornes. « Si vous voulez être aimé, dit-il quelque part, aimez (1) ; » et il avait pratiqué ce précepte avec le plus grand succès. Mais aussi comment un peuple n'eût-il pas aimé un évêque qui lui disait, comme un autre Moïse ou un autre saint Paul : « Mais je ne veux point être sauvé sans vous. Que désiré-je ? pourquoi parlé-je ? pourquoi suis-je évêque ? pourquoi suis-je au monde ? sinon pour vivre à Jésus-Christ, et pour y vivre avec vous. C'est là ma passion, mon honneur, ma gloire, ma joie, mes richesses. »

(1) Si vis amari, ama.

Il ne bornait pas d'ailleurs ses soins et sa sollicitude à l'Eglise d'Hippone, à laquelle, selon son expression, Dieu l'avait donné pour serviteur : non qu'il s'ingérât dans l'administration des autres diocèses, mais il ne se refusait jamais non plus à leur rendre service lorsqu'ils l'en priaient ; et on le vit faire, dans ce but, de longs voyages, et aller, malgré l'extrême faiblesse de sa santé, jusqu'au fond de la Mauritanie, soit pour assister à des conciles ou à des ordinations, soit pour aider ses confrères dans leurs luttes contre les hérétiques.

Il travailla toute sa vie avec une ardeur qui ne se démentit ni ne s'affaiblit jamais, à la conversion des ennemis de l'Eglise, et le fit avec le plus grand succès.

Un des principaux habitants de Madaure fut député un jour à Hippone, par ses concitoyens, pour y traiter une affaire qui intéressait toute la ville. Les magistrats de Madaure lui remirent une lettre pour saint Augustin, dans laquelle ils priaient ce saint de l'assister. L'inscription de la lettre portait : « A Augustin, notre Père, salut éternel dans le Seigneur. » Ils terminaient ainsi : « Nous souhaitons, notre très-honoré seigneur, que Dieu et son Christ vous fassent jouir, au milieu de votre clergé, d'une longue et heureuse vie. » Les habitants de Madaure étaient demeurés païens, et, quoique leurs idoles fussent enfermées dans les temples que les lois défendaient d'ouvrir, ils ne leur en étaient pas moins toujours attachés. Saint Augustin en avait souvent gémi ; aussi fut-il fort surpris de la suscription et de la fin de leur lettre. Il crut ou qu'il s'étaient faits chrétiens, ou qu'ils désiraient le devenir par son ministère, et il en fut comblé de joie. Mais le contexte de la lettre et les réponses qu'il reçut de celui qui la lui avait apportée le tirèrent bientôt de cette illusion : les habitants de Madaure n'étaient point du tout chrétiens, et n'avaient nullement l'intention de le devenir ; ils n'avaient fait que s'en donner les apparences, dans l'espoir d'intéresser saint Augustin à leur cause.

Celui-ci en fut d'abord indigné, et ne put s'empêcher de se plaindre amèrement de cette supercherie à leur envoyé. Mais, après y avoir mûrement réfléchi, il pensa qu'il pouvait bien se faire que Dieu se fût servi de ce moyen pour lui offrir l'occasion d'annoncer sa loi aux habitants de Madaure. Il s'occupa donc de leur affaire, et la termina heureusement. Il leur écrivit alors, et, après s'être plaint, dans sa lettre, du procédé peu délicat dont ils s'étaient servis à son égard, il leur allégue quelques preuves de la divinité de la religion chrétienne pour les exhorter à l'embrasser. « Mais, dit-il, il ne le fait qu'en tremblant pour eux, sachant que, si, après ses instructions, ils persistaient dans leur erreur, elles n'auraient servi qu'à augmenter leur culpabilité. Les sentiments que j'ai pour vous dans le cœur, leur dit-il, et que je viens d'exprimer dans cette lettre, autant que j'en suis capable, vous seront un jour reprochés au jugement de celui qui confondra les incrédules, en même temps qu'il glorifiera ceux qui auront cru en lui. » Il leur rappelle, en finissant, qu'ils ne devaient point rougir d'embrasser la religion du vrai Dieu et de la préférer à leurs vaines idoles, et que les empereurs mêmes inclinaient leurs têtes couronnées pour prier avec humilité au tombeau d'un simple pêcheur (1).

L'histoire ni les œuvres de saint Augustin ne nous font point connaître quel fut le résultat de cette lettre ; mais on ne saurait douter qu'elle atteignit, au moins en partie, le but que s'était proposé le saint en l'écrivant, si l'on songe aux succès vraiment prodigieux qu'il obtint en fait de conversions.

Nous avons vu quelle guerre heureuse il fit au donatisme et au pélagianisme : plusieurs hérésies moins importantes, qui infestaient alors l'Afrique, furent entièrement éteintes par ses soins spirituels. C'est ainsi qu'il opéra la réunion des tertulianistes de Carthage, et qu'il les détermina à remettre cette basilique au primat de cette capitale.

Il eut le même succès avec les abéloniens. C'était une secte étrange, qui s'était établie dans le diocèse d'Hippone. Ils faisaient profession de se marier, mais de vivre néanmoins dans la continence, et de n'avoir point d'enfants. Dans chaque ménage, le mari et la femme adoptaient, l'un un petit garçon, et l'autre une petite fille, qu'ils élevaient, qui devaient leur succéder et continuer, en qualité de mari et de femme, le même genre de vie après la mort de leurs parents adoptifs. Ils ne manquaient point d'ailleurs d'enfants à adopter, les pauvres étant bien aises de leur donner les leurs, pour qu'ils leur succédassent. Cette secte fut entièrement abolie par les soins de saint Augustin.

Son ardeur pour l'instruction des hommes était extrême : l'âge même

(1) Epître 42.

ne put l'affaiblir. La fatigue l'obligeait quelquefois de cesser de parler, ce qui lui arriva entre autres un jour de Pâques. Le peuple d'ailleurs n'eût point souffert qu'il prît du repos : il lui faisait, pour ainsi dire, une violence respectueuse pour l'obliger de remonter en chaire; et, quand il y était, les assistants témoignaient l'attention et l'intérêt avec lequel ils l'écoutaient, tantôt en faisant signe qu'ils comprenaient les explications les plus difficiles, tantôt en prévenant ce qu'il avait à dire, tantôt enfin en l'interrompant par des applaudissements qu'il recevait avec plaisir, parce qu'ils témoignaient de l'amour de son peuple pour la vérité, mais qui n'en faisaient pas moins trembler son humilité. Dans les sujets pathétiques, il ne se contentait point des applaudissements des auditeurs; il continuait jusqu'à ce qu'il leur eût arraché des larmes; alors il cessait aussitôt, pour ne pas détruire ou affaiblir, par de plus longs développements, cette heureuse impression.

Il n'était presque jamais satisfait de ce qu'il disait aux autres, ne pouvant exprimer sa pensée d'une manière aussi claire et aussi vive qu'il la concevait. Il eût cependant voulu faire passer dans ses expressions la lumière qui brillait en lui : il cherchait des mots qui répondissent parfaitement à ses idées, mais il n'en trouvait point qui le fissent à son gré, et s'attristait alors de ce que sa langue ne pouvait suffire à son cœur et à son esprit.

Il avait adopté une prière par laquelle il terminait presque tous ses sermons : « Tournons-nous, disait-il, vers le Seigneur, notre Dieu, le Père tout-puissant, et rendons-lui avec un cœur pur d'aussi grandes et aussi abondantes actions de grâces que nous en sommes capables dans notre faiblesse. Implorons de toute la force de notre esprit sa miséricorde infinie, et supplions-le de daigner agréer favorablement notre prière; qu'il chasse, par sa puissance, notre ennemi commun, de peur que celui-ci n'inspire nos actions ou nos pensées; qu'il augmente en nous la foi; qu'il gouverne notre raison; qu'il nous donne de saintes pensées, et qu'il nous fasse arriver à la possession de la béatitude par Jésus-Christ son fils. Amen.

Saint Augustin a résumé dans le quatrième livre de sa *Doctrine chrétienne* une suite de règles pour les instructions publiques. On y trouve des détails historiques intéressants. On y voit qu'en Afrique le prédicateur était seul assis à l'église, tous les auditeurs se tenant debout; mais que, dans d'autres pays, le peuple était assis.

Aucun Père de l'Eglise d'Occident ne fut aussi fécond que saint Augustin ; il fut et est encore le principal docteur de cette Eglise. Aussi ne faut-il pas s'étonner de ce que ces ouvrages aient été conservés en si grand nombre : il dut cet heureux privilége à l'autorité dont il jouit près de ses contemporains, et encore près de la postérité.

Il est vrai que ses œuvres ne soutinrent pas ce rang dans une circonscription fort large : il n'y a que les œuvres d'art qui aient l'honneur d'être accueillies également dans tous les temps et d'être populaires. On n'en trouve pas moins dans ses écrits de larges compensations et une juste récompense pour le faible courage qu'il faut pour aborder un auteur aussi volumineux ; on y trouve une grande richesse de pensées profondes, une rare pénétration, une étonnante souplesse dans la dialectique, et une connaissance admirable du cœur humain, jusque dans ses replis les plus cachés. Quant aux longueurs de l'exposition et aux fautes qu'y relèverait un goût épuré, les hardiesses d'un cœur plein de son sujet, les témérités d'un génie puissant, confiant en Dieu, en dédommageront amplement, ou plutôt procureront les plus douces émotions.

« Dans la chrétienté latine, dit M. le docteur Henri Ritter, il ne s'est pas accompli, depuis l'époque de saint Augustin, un seul mouvement vers la recherche des premiers principes où saint Augustin n'ait pas joué un rôle considérable. Un écrivain d'une telle importance mérite bien d'être connu et lu. »

Au moment où ses doutes étaient les plus intenses, il fit connaissance avec les traductions latines de Platon, qui imprimèrent à son esprit un essor plus élevé, le purifièrent de ses représentations sensuelles, et déterminèrent sa foi en la Trinité (1). Avant d'embrasser la doctrine du Christ, il devait passer par le platonisme : Cette école prépara son esprit à s'élancer plus ardemment vers la vérité, et à rentrer plus profondément en lui-même ; il y apprit aussi qu'il chercherait en vain dans les écoles philosophiques ce calme et cette sécurité de l'âme que donne seule la possession sûre de la vérité. Au lieu de trouver la paix dans cette étude, il sentit le combat de son âme excité plus vivement : il

(1) De verâ Religione, 7.

aperçut la vérité; mais de chemin pour y parvenir, point. Il voulut paraître sage, mais non l'être. Il regardait enfin le Christ comme un sage, plus sage que tous les autres hommes, mais de même nature.

Tel fut pour saint Augustin le résultat de l'étude de Platon. Elle le conduisit aussi à celle de l'Ecriture sainte, surtout des écrits de saint Paul. C'est alors qu'il sentit plus vif et plus poignant que jamais le besoin de s'affranchir du joug des passions; mais il n'en trouva pas d'abord la force, parce qu'il la cherchait en lui. Sa philosophie grandit avec son âme au milieu de ses luttes intérieures, dont il nous a retracé le tableau émouvant. Enfin, à force de méditations, de combats internes, livrés contre des passions basses, que lui-même combattait et dont il rougissait, sa nature ardente, active, fut poussée à une résolution suprême, et son noble esprit se décida bravement pour une vie conforme au génie du christianisme, tel qu'il le comprenait.

Le christianisme agissait déjà sur lui depuis long-temps, et, de jour en jour, il lui apparaissait comme plus complet et plus vrai. Dépouillant donc ces anciennes habitudes, et rassemblant tout son courage, il brisa les entraves qu'il rencontrait en lui-même, et entra dans la voie pour laquelle il se sentait fort. C'est alors qu'il se convertit.

Son esprit, curieux de tout ce qui était digne d'occuper la pensée de l'homme, avait aussi pénétré dans les travaux des néoplatoniciens : il est vrai qu'il y fut amené par l'intermédiaire d'hommes dont les sentiments étaient tout chrétiens; ce qu'il prit du néoplatonisme fut donc profondément imprégné du génie du christianisme. Il évita ainsi les excès de la première de ces doctrines, tout en profitant largement de ce qu'il y avait de bon et de sérieux. L'influence du néoplatonisme fut manifeste non-seulement dans ses écrits, mais jusque dans sa vie pratique. La séquestration d'avec le monde, la retraite dans des méditations édifiantes, dans une vie contemplative, même dans des occupations scientifiques, retraite qui commençait alors à exercer ses séductions dans l'Occident, se rapprochait peut-être plus du genre de vie néoplatonicien que du genre de vie chrétien, qui, jusqu'alors du moins, était apparu en Occident plutôt comme pratique et actif que comme monacal. Ce qui le prouve avec la dernière évidence c'est que, long-temps avant sa conversion, saint Augustin avait déjà songé avec ses amis à une semblable vie de communauté, de contemplation et de science.

Si l'on demande maintenant quels motifs empêchèrent saint Augustin de mener rigoureusement la vie de retraite qu'il avait projetée, en société seulement avec quelques-uns de ses amis, on en trouvera deux principaux, dont le développement ne laisse pas de jeter un jour intéressant sur l'histoire de sa vie et sur son caractère.

Le premier de ces motifs fut son activité d'écrivain, qui commença du moment où il déposa ses fonctions de professeur de rhéthorique : l'amour de la gloire, l'ambition de former une école, le désir de mériter les louanges des hommes, percent dans ses premiers écrits, et lui-même l'avoua depuis ; il s'en excusa, et, en le faisant, il confessa encore qu'il craignait toujours de succomber aux séductions de l'honneur et de la renommée. Il craignait, dans son exquise délicatesse, dans l'excès de ses scrupules, que ces séductions n'eussent revêtu en lui les apparences et les prétextes de l'amour du prochain, du désir de l'éclairer.

Le second de ces motifs qui l'empêchèrent de mener une vie entièrement cénobitique se rattache intimement au premier. Ce qui l'avait surtout frappé dans son étude de l'Ecriture sainte, c'étaient les preuves manifestes qu'il y avait trouvées en foule de la divinité de la doctrine chrétienne. Il considérait dès-lors cette doctrine comme le fil conducteur qui devait diriger tous les pas de la raison humaine. Cette doctrine s'adressait à tous les hommes; elle était éminemment catholique, c'est-à-dire universelle : elle devait donc être la base de l'éducation intellectuelle et divine de toute l'humanité. De là cette conviction, pour saint Augustin, que l'individu ne peut se séparer entièrement de la communion à laquelle il appartient par nature ; qu'il ne peut s'isoler complètement des mouvements et des intérêts de cette communion, ni renoncer à tout rapport actif, pratique, avec le monde. Il ne pensait point qu'il lui fût permis de reculer devant le devoir d'éclairer ses semblables, en leur faisant part du fruit de ses veilles et de ses méditations, non plus que de leur refuser le secours de ses conseils, de sa parole ou de sa plume, quand leurs intérêts spirituels ou ceux de l'Eglise en général lui paraissaient l'exiger.

Aussi sa retraite du monde n'eut-elle jamais rien de comparable à celle des solitaires de la Thébaïde. Il quitta le monde, mais sans l'oublier, sans que son ardente charité lui permît jamais d'en considérer les événements avec indifférence. Il en fuit les dangers, les séductions et les passions; mais un ressort énergique ne le tenait pas moins en rapport constant avec les hommes : c'était le sentiment profond qu'il avait de sa connexion avec son siècle, de sa capacité et de sa puissance à en diriger les affaires. De là cette vie qu'il mena, vie intermédiaire entre le monde et la retraite; la solitude et ses austérités étaient réservées pour sa vie privée; l'application aux intérêts de l'Église, auxquels il consacrait toute son attention et toutes ses forces, était la part de sa vie publique.

DOCTRINE DE SAINT AUGUSTIN.

Saint Augustin est le premier Père qui ait exposé d'une manière complète et méthodique la doctrine chrétienne : il a consacré à ce travail plusieurs ouvrages spéciaux, aussi remarquables par l'ordre et l'enchaînement sévère des idées que par la clarté parfaite du style. Il n'a point encore été surpassé en ce genre d'ouvrages. Ce merveilleux et puissant génie a embrassé d'un seul regard, dans une seule et vaste synthèse, toute la doctrine de l'Eglise ; son esprit lumineux en a pénétré toutes les profondeurs, en a éclairci et développé toutes les parties, et les a classées et distribuées dans un ordre qui n'a point varié depuis. On ne saurait trouver une preuve plus frappante de l'identité de l'enseignement de l'Eglise, à travers tous les siècles, que celle qui résulte de la comparaison de cet enseignement tel qu'il est de nos jours, et tel qu'il est exposé dans les ouvrages de saint Augustin : cette identité est telle que, si l'on retranche de ces ouvrages les détails historiques ou de style, qui trahissent seuls l'époque où ils furent écrits, on ne saurait en rien les distinguer des ouvrages analogues publiés depuis et jusqu'à nos jours. La doctrine religieuse de saint Augustin se confond donc en tous points avec celle de l'Eglise; il n'y a pas lieu dès-lors d'en faire une exposition spéciale.

Mais il n'en est pas de même de la doctrine philosophique du Saint : ici, en effet, dans toutes les questions où l'Eglise laisse liberté à l'esprit humain, et même dans les autres questions, chaque fois que l'individualité de l'homme, c'est-à-dire le caractère de son génie, peut se révéler, soit par des opinions particulières, quand il y a lieu; soit, dans le cas contraire, par des procédés et des développements dignes d'intérêt, la doctrine philosophique de saint Augustin est en tous points digne d'un sérieux examen.

Parmi les nombreux ouvrages de saint Augustin, les uns appartiennent exclusivement à la théologie : nous n'avons plus à nous en occuper ici; d'autres appartiennent plutôt à la philosophie qu'à la théologie; d'autres enfin s'occupent à la fois de l'une et de l'autre science. C'est dans ces deux dernières classes que nous chercherons les points les plus intéressants de la doctrine philosophique de saint Augustin, pour les résumer ici, sinon avec des développements qui ne conviendraient point à la nature de cet ouvrage, du moins d'une manière assez complète pour que le lecteur puisse puiser dans ce chapitre les notions les plus importantes sur la philosophie de saint Augustin.

Les écrits de ce Père à peu près exclusivement consacrés à la philosophie sont : 1° les trois livres CONTRE LES ACADÉMICIENS; 2° le livre de la VIE HEUREUSE; 3° les deux livres de l'ORDRE; 4° le livre de l'IMMORTALITÉ DE L'AME; 5° celui de la QUANTITÉ DE L'AME; 6° ses quatorze premières lettres.

Ses écrits mêlés de philosophie et de théologie sont : 1° les SOLILOQUES; 2° le LIVRE DU MAITRE; 3° le TRAITÉ DU LIBRE ARBITRE; 4° celui DES MOEURS DE L'ÉGLISE; 5° celui DE LA VRAIE RELIGION; 6° RÉPONSE A QUATRE-VINGT-TROIS QUESTIONS; 7° CONFÉRENCES CONTRE FORTUNAT; 8° TRENTE-TROIS DISCUSSIONS CONTRE FAUSTE ET LES MANICHÉENS; 9° TRAITÉ DE LA CROYANCE AUX CHOSES QUE L'ON NE COMPREND PAS; 10° CONTRE LE

Mensonge; 11° De la Patience; 12° De la Cité de Dieu; 13° Les Confessions; 14° De la Trinité; 15° De la Nature contre les Manichéens.

Saint Augustin n'a point exposé ses vues sur la philosophie d'une manière systématique et dans un ouvrage spécial; ses vues ont d'ailleurs subi l'influence du développement de son esprit, et se sont modifiées au fur et à mesure. La lecture des ouvrages de quelques disciples de Platon exerça d'abord sur lui une grande influence, qui se manifesta, dans la suite, jusque dans les écrits de sa vieillesse. L'études des Ecritures saintes, et particulièrement celle de saint Paul, s'y substitua plus tard, sans pouvoir cependant en effacer complètement toutes les traces : du reste, il ne s'occupa guère de recherches philosophiques que pendant sa jeunesse; et, depuis qu'il eut été investi de l'épiscopat, il les négligea de jour en jour davantage : toutefois il ne prétendit pas les repousser absolument; il les tenait seulement pour peu conciliables avec sa position d'évêque. Il ne s'attacha donc plus dès-lors qu'aux questions qui lui parurent avoir une importance pratique et actuelle pour l'Eglise. Nous allons nous occuper de rechercher dans ses écrits, et d'exposer le plus clairement possible, ce qu'il y a de plus important dans sa philosophie. Nous distribuerons à cet effet ces développements sous les titres suivants : 1° Principes généraux de la Philosophie; 2° De Dieu; 3° Du Monde; 4° De l'Homme.

I.

PRINCIPES GÉNÉRAUX DE LA PHILOSOPHIE DE SAINT AUGUSTIN.

La foi doit être la règle de nos opinions; elle doit mettre un frein à la liberté du langage philosophique.

L'homme, privé de l'assistance divine, se trompe; mais l'erreur elle-même a ses limites dans la nature des choses : la vérité ne pouvait donc être pleinement connue ni pleinement ignorée des païens. De là les lumières et les ténèbres de leur philosophie. Celle-ci a découvert la Trinité, en considérant le but où l'homme devait aspirer (1); mais elle

(1) De Civitate Dei, X, 29.

n'est néanmoins pas le véritable chemin du salut : elle n'a pu persuader qu'un petit nombre d'individus, et encore faiblement ; elle veut parvenir à la connaissance de la vérité par les seules forces de la raison : or celle-ci est impuissante à nous y faire arrêter, non pas tant à cause de sa faiblesse qu'à cause de sa corruption morale, de son orgueil.

Le fondement de sa certitude philosophique, c'est la conscience de notre existence. « Je pense, donc je suis, *Cogito, ergo sum* (1), » a dit saint Augustin plus de mille ans avant Descartes. Concluant de sa pensée à son existence, il s'élève pour jamais au-dessus du doute. Quiconque doute, pense ; quiconque pense, est et vit. Nos sens peuvent nous induire en erreur, mais ce n'est point eux qui nous trompent, c'est notre jugement qui opère mal sur leurs données. Si donc on doute que les choses soient telles qu'elles nous paraissent, on ne saurait douter qu'elles nous apparaissent ; car ce serait douter de notre pensée, ce qui est absurde.

On ne saurait révoquer en doute le témoignage des sens, et par conséquent l'existence du monde physique ; mais il ne faut point chercher la science dans les sens.

Tous les hommes, même les sceptiques, sont possédés de l'amour de la vérité ; c'est là le principe suprême de notre raison. Celui qui aime la vérité doit la connaître, car on ne peut aimer ce qui est complètement inconnu. L'ignorant même sait ce que c'est que le savoir, puisqu'il sait qu'il ne sait pas.

Il est, d'autre part, des vérités éternelles que l'âme possède, qui sont la lumière qu'elle porte avec elle en ce monde, qui la dirigent dans toutes ses opérations, et contre lesquelles il lui est aussi impossible d'élever le moindre doute que contre sa pensée. C'est un bien commun, universel, qui diffère en cela des connaissances particulières.

La vérité ne peut pas plus périr que l'être et le savoir. Tous trois demeureraient tels qu'ils sont, quand même le monde périrait.

L'unité de ce que nos sens nous révèlent s'appelle le monde ; l'unité de toutes les vérités éternelles, c'est Dieu.

L'âme cherche partout et toujours l'unité.

(1) Soliloques, II, 1.

Dieu est la vérité ; si nous voulons le connaître, il faut nous détourner des scènes changeantes du monde vers la vérité éternelle, qui est connue par l'esprit, et qui est immuable.

Le corps est vu et observé par les sens ; l'âme est le sujet qui observe, voit, se représente et pense.

L'étendue du corps dans l'espace est telle, que chacune de ses parties y est moindre que le tout.

L'âme est simple, indivisible, une ; elle n'est donc pas de même nature que le corps.

L'âme connaît plus ou moins la vérité; mais celle-ci n'en souffre point : elle n'en est pas moins la vérité. Dieu seul possède la vérité tout entière.

L'âme qui a soif de savoir et de posséder les vérités se contemple d'abord d'elle-même ; mais elle est bientôt conduite à chercher son origine, et elle la trouve dans son Créateur; car il est la vérité qu'elle cherche et où elle puise toute connaissance.

Nous recevons toute instruction de Dieu, et nous la recevons dans la mesure de notre bonne volonté.

Dieu se manifeste à nous dans les choses sensibles, qui sont les signes de sa magnificence.

Nous aspirons tous au bien suprême, et nous y croyons fermement.

De là l'union intime de la foi et de l'espérance.

Cette espérance implique la foi en notre immortalité.

C'est par l'amour que la foi devient active ; la foi sans les œuvres est une foi morte. « *Fides sine operibus mortua est.* » De même que nous croyons à la vérité et devons espérer en elle afin de pouvoir l'atteindre, de même nous devons aussi la désirer et y vouer tout notre amour, pour la saisir un jour.

L'amour de Dieu doit en précéder la connaissance : car, pour connaître Dieu, il faut en avoir acquis le droit. La connaissance de Dieu ne peut être que le résultat de nos efforts, de notre amour, et ne saurait précéder cet amour. Sans le véritable amour, qui est uni à la foi véritable, il ne peut naître ni se former aucune véritable connaissance de Dieu.

II.

DE DIEU ET DE LA CONNAISSANCE DE DIEU.

L'idée de Dieu est indéfinissable : nous concevons Dieu avec une certitude plus grande que nous ne pouvons le définir. Il est douteux que nous puissions lui faire l'application de nos mots dans leur sens propre. La meilleure science que l'âme puisse avoir de Dieu, c'est de savoir combien elle est ignorante à cet égard.

Cependant nous possédons une certaine science de Dieu : nous l'expliquons et nous tentons de le définir en élevant aussi haut que nous pouvons notre pensée.

« Dieu est l'être au-dessus duquel, hors duquel et au-dessous duquel rien n'est de ce qui est véritablement. Dieu est donc la vie suprême et véritable, de laquelle toutes choses vivent d'une manière vraie et suprême ; il est en réalité la béatitude, la vérité, la bonté, la beauté suprêmes. Tous ces attributs ne doivent point être en Dieu considérés comme ils le seraient dans l'homme, c'est-à-dire comme des qualités qui revêtent une substance ; mais ils doivent être regardés comme sa substance et son essence. La bonté absolue et l'éternité sont Dieu lui-même. Il n'y a, dans la substance divine, rien qui ne soit être, et c'est de là que vient son immutabilité (1). »

Toutes ces notions dépassent notre intelligence, et, pour nous servir de l'expression de saint Augustin, « ne peuvent être comprises dans aucune catégorie ; » elles tendent moins à définir notre idée de Dieu qu'à la décrire.

Dieu est le souverain bien, de la vérité duquel nous ne pouvons douter, parce que tous nous aspirons à lui avec un désir inextinguible.

(1) Soliloques, 1, 3 et 4. — De la Trinité, VIII, 5. — De la vraie Religion, 49. — Dans le § 11-89 du livre II du Libre Arbitre, saint Augustin jette les bases de la célèbre preuve *à priori* de l'existence de Dieu, qui a été depuis développée pa saint Anselme, Descartes et Leibnitz.

Sans ce bien suprême, nul bien ne pourrait exister ; ce n'est qu'à la condition de participer au souverain bien, et dans la mesure dans laquelle il y participe, qu'un bien quelconque est un bien véritable. Le souverain bien n'est pas différent de la vérité, car il n'y a que l'être véritable qui puisse être aimé.

La création atteste avec une force invincible qu'il existe une cause primitive, sage et parfaite ; car la création est ordonnée selon la bonté, la sagesse et la beauté. Néanmoins toutes les créatures sont imparfaites, et reportent la pensée vers un objet plus élevé, parce que leur imperfection ne saurait nous satisfaire. La contemplation de la nature physique n'est qu'une simple préparation, après laquelle nous passons successivement à celle des profondeurs de l'âme, et de là à celui qui est au-dessus de l'âme, à Dieu. Dieu est le principe éternel de toutes formes ; il a concédé aux créatures leurs formes temporaires : il est la beauté suprême qui comprend en soi toute beauté, mais qui s'élève au-dessus de toute beauté corporelle.

La notion de Dieu est donc le but suprême de toute connaissance et le principe de toute science humaine. De même que toute vérité est en Dieu, de même nous reconnaissons Dieu dans toute vérité. Nous le connaissons dès le moment même que nous le savons incompréhensible. Nous devons chercher la vérité de Dieu dans la connaissance des créatures : car nulle créature n'existe sans que Dieu ne la connaisse ; si donc nous connaissons une créature de Dieu, nous connaissons aussi le savoir de Dieu en Dieu. Nous ne devons donc désespérer ni trembler devant la recherche de Dieu ; mais, avançant toujours dans la connaissance en général, nous avançons aussi dans la connaissance de Dieu. Nous ne pouvons exister sans la connaissance de Dieu. « Que personne, dit saint Augustin, ne dise : Je ne sais pas ce que je dois aimer. Qu'on aime son frère, et on aimera ce sentiment d'amour qui est en Dieu. Lorsque nous aimons notre frère, qu'aimons-nous en lui ? Quand nous aimons les morts, ne croyons-nous pas que ce que nous aimons en eux leur a survécu ? Ce que nous aimons, c'est ce qui est éternel, ce qui est indépendant des conditions de la vie temporaire, c'est-à-dire le bien, le juste. Or nous ne pouvons aimer quelque chose sans le connaître : le juste et le bien, c'est Dieu ; quand donc nous aimons le juste et le bien, c'est proprement Dieu que nous aimons. Dieu est l'amour lui-même, et tout ce qui sait ce qu'est l'amour sait ce qu'est Dieu. Dieu est cet amour qui associe tous les anges et tous ses serviteurs par le lien de la sainteté, qui se soumet toutes choses, qui est plus près de nous qu'aucun de nos frères, et qui, étant plus près, est mieux connu, plus certain et *plus intérieur* (*interiorem*, De Trinitate, VIII, 12). L'amour connaît la vérité, connaît l'éternité. Rentrons en nous-mêmes, nous y trouverons ce que nous cherchons, Dieu, qui est présent à tout cœur rempli d'un véritable amour. Tout ce qui peut aimer aime Dieu sciemment ou à son insu. (*Deus, quem amat omne quod potest amare, sive sciens, sive nesciens*, Soliloquia, I, 2).

Saint Augustin attachait une grande importance à la beauté de Dieu : il revient et insiste fréquemment sur cet attribut. Rien n'est plus beau que la vérité immuable. Dieu est le principe souverain de toute beauté, comme de toute vérité : il est la forme éternelle qui ne s'étend ni dans le temps ni dans l'espace, et qui configure cependant le temporaire et l'étendue (1). Dieu nous parle dans chaque objet par les traces de son esprit divin, qui sont empreintes sur ses œuvres ; au moyen même des formes corporelles, extérieures, dont nous ne sommes que trop enclins à nous éprendre ; Dieu nous rappelle à nous-mêmes et nous pousse à juger de la beauté par la loi éternelle : car toutes ces formes sont belles, et sont disposées avec mesure et selon un ordre de rapports numériques déterminés, de telle sorte que nous sommes invités à puiser à la source de cette beauté qui réjouit le cœur et attire à elle par l'amour.

Pour connaître Dieu et pour atteindre aux vérités de la foi, il est nécessaire que nous soyons bons ; or ce n'est point par leur science du bien, mais par l'amour que le bien leur inspire, que l'on peut juger de la bonté des hommes. De sorte qu'il y a deux connaissances du bien : l'une inféconde, morte, qui ne renferme pas en elle le bien réel et la véritable science du bien ; l'autre, plus élevée, qui ne peut se concevoir sans la présence et la véritable possession du bien. La première est la connaissance philosophique, qui est sans amour et remplie d'orgueil ; l'autre est la connaissance chrétienne, qui puise dans l'amour du bien une impulsion pratique pour nous élever vers le Dieu que nous aimons,

(1) De Libero Arbitrio, II, 44.

et pour nous porter à l'imiter dans sa bonté. Cette connaissance est pure de toute fierté, car elle n'est pleine que d'amour et de Dieu.

Les philosophes païens ont eu quelque notion de la Trinité divine, mais ils ne l'ont entrevue qu'à travers un nuage (1) : c'est la vérité chrétienne qui l'a mise en lumière.

On ne saurait attribuer à l'une des personnes de la sainte Trinité ce qui ne saurait convenir à l'autre. C'est le Fils qui a créé le monde, mais le Père et le Saint-Esprit y ont également contribué ; le pardon des péchés appartient en propre à l'Esprit saint, et cependant toute la Trinité coopère à les remettre. Les œuvres que l'on rapporte à l'une ou à l'autre des trois personnes constituent la forme, le caractère de cette personne, mais sont accomplies par toutes les autres concurremment. Les trois personnes en Dieu n'en font qu'une ; elles ne diffèrent entre elles que par leurs rapports l'une avec l'autre. Le Dieu unique s'appelle Père par rapport au Fils, Fils par rapport au Père, Saint-Esprit par rapport à la force spirituelle d'où émane le souffle divin.

Saint Augustin cherche ensuite à expliquer la Trinité par les analogies qu'il trouve avec elle dans la création et dans les rapports que les objets sensibles supportent entre eux. Il présuppose en toutes choses des vestiges de la sainte Trinité, par la raison que l'œuvre doit porter les marques du caractère de son auteur. C'est ainsi que dans l'âme il trouve l'intelligence, la volonté et l'amour ; ces trois éléments sont en Dieu, mais ils y sont plus uns qu'en nous, parce qu'ils y sont dans la vérité. La connaissance que Dieu a de lui-même est parfaite, et, par conséquent, tout-à-fait semblable à son esprit ; son amour embrasse la connaissance et l'esprit, et les confond en lui dans une parfaite unité. C'est ainsi que le Saint-Esprit procède du Père et du Fils, car le Saint-Esprit a son essence dans l'amour au moyen duquel se saisissent, s'embrassent l'entendement qui connaît et l'esprit qui est connu.

L'Esprit saint est le don que nous recevons de Dieu ; il nous éclaire et nous conduit à la vérité, c'est-à-dire au Fils de Dieu, dont le Père est la mesure. Ce don de Dieu est parfaite réalité, et Dieu se révèle à nous dans la plénitude de son être. La Trinité sainte est tout entière dans

(1) De Trinitate, XV, 44.

l'amour ou dans l'Esprit saint. Dans l'amour résident trois choses : le sujet aimant, l'objet aimé et l'amour, tous trois font un en Dieu. Le Saint-Esprit ne développe toute son activité que dans l'Eglise chrétienne : la vraie connaissance de Dieu ne se trouve point en dehors de la communion de l'Eglise.

III.

DU MONDE EN GÉNÉRAL.

Le monde est une création de Dieu : il a été créé de rien ; car hors de Dieu il n'y a rien dont le monde puisse être formé. Pourquoi Dieu l'a-t-il créé? Question qu'on ne doit point soulever, car ce serait rechercher une cause supérieure, dont la volonté de Dieu dépendrait. Il n'a pas créé le monde sans raison, car il n'accomplit rien sans raison ; mais nous ne pouvons pas plus pénétrer ses motifs qu'expliquer ses miracles, et le plus prodigieux c'est la création du monde. Le Dieu bon a fait le monde pour faire le bien. Il n'a point accompli la création dans le temps, car il n'y a point de temps pour lui, mais une éternité immuable. On ne peut donc pas demander ce que Dieu faisait avant qu'il n'eût créé le monde. Le monde n'est point éternel : il a eu un commencement, et le temps a été créé avec lui.

Dieu a départi au monde toute la perfection dont celui-ci était susceptible. Le monde est une unité ordonnée, qui se compose de genres, d'espèces, d'individus différents. L'ordre, c'est-à-dire la multiplicité et la diversité au sein de l'unité, y règne et y maintient la paix entre les diverses parties et la paix avec Dieu. Tout y est ordonné dans une proportion parfaite, et c'est ce qui en fait la beauté. Celle-ci nous en révèle le Créateur, et nous conduit ainsi au bien. Les êtres de la création sont classés hiérarchiquement sur des degrés différents : l'homme occupe le sommet de l'échelle des êtres du monde. Les anges, dont l'Ecriture nous révèle l'existence, sont élevés au-dessus des hommes.

IV

DE L'AME.

La nature de l'âme est simple. L'âme n'a rien en elle que la vie et la science, car elle est elle-même la science et la vie. Aussi ne peut-elle perdre la science et la vie, pas plus qu'elle ne peut se perdre elle-même, tant qu'elle est, ou se priver d'elle-même. Elle est tout entière présente dans chacune des parties du corps, sans être plus dans l'une, moins dans l'autre, encore qu'elle n'opère pas les mêmes choses partout et dans tous les membres. C'est pourquoi le corps est une chose, la vie et l'âme une autre. La nature de l'âme étant spirituelle, l'âme ne contient aucun mélange, rien de condensé, rien de terrestre, d'humide, d'aérien ou d'igné ; elle n'a point de couleur, n'est contenue dans aucun lieu, enfermée par aucun système d'organes, limitée par aucun espace ; mais on doit la concevoir et se la représenter comme la sagesse, la justice et les autres vertus créées par le Tout-Puissant. C'est une substance douée de raison, disposée pour gouverner le corps (1).

Pour arriver à la vie de contemplation et de perfection, l'âme parcourt sept degrés. Dans le premier, elle anime par sa présence un corps terrestre et mortel, elle en forme l'unité et le conserve, ne le laissant ni se dissoudre, ni se décomposer ; elle se sert des organes et des membres pour lui procurer les aliments dont il a besoin, et pour le défendre et le protéger. C'est là la vie animale.

Dans le second degré, la vie se manifeste par les organes de sens distincts, par les divers phénomènes de la sensibilité, dans la veille et dans le sommeil. Tout cela est encore commun à l'homme et aux animaux.

Le troisième degré comprend l'exercice de la mémoire, de l'imagination, de la raison ; l'homme devient l'unique objet de l'attention ; de là la diversité des langues, les arts, les sciences, les jeux, les institutions, les lois, les dignités, etc.

Le quatrième degré comprend l'exercice des facultés morales, la bonté, l'amour, le désir du bien : l'âme a conscience de sa dignité et de la fin pour laquelle elle a été créée.

Le cinquième degré est celui de la perfection morale :

« Lorsque, dit saint Augustin, l'âme s'est dégagée de toute corruption, lorsqu'elle s'est lavée de ses taches, alors enfin elle sent avec une joie infinie qu'elle se possède elle-même : elle ne craint plus rien pour elle ;

(1) Platon avait dit : « L'homme est une âme qui se sert d'un corps. »

elle n'a plus aucune anxiété. Elle s'est enfin purifiée. Elle comprend enfin toute sa valeur, et, avec une confiance merveilleuse, elle s'avance vers Dieu, c'est-à-dire vers la contemplation de la vérité.

Dans le sixième degré, l'âme dirige vers Dieu lui-même son intelligence, elle commence à le voir tel qu'il est.

Le septième degré n'est plus même un degré de cette ascension glorieuse, c'est une situation fixe et stable, dans laquelle l'âme jouit de Dieu, heureuse et éclairée de sa lumière : la langue de l'homme ne saurait parler dignement d'un tel état. De grandes et incomparables âmes en ont parlé pour l'avoir vu ; elles en ont célébré les joies, les perfections et le souffle de sérénité et d'éternité qu'on y respire (1).

L'âme a pour origine Dieu, qui l'a créée. L'âme du juste habite en Dieu, et, si elle n'est déjà et pour toujours dans l'éternité par son essence, on peut l'entrevoir sous l'élévation habituelle de sa pensée. L'âme est immortelle. Elle est douée d'un *sensorium* central, qui perçoit les impressions des sens, les transforme en idées, en images, qui, dès-lors, ne sent plus les objets eux-mêmes tombant immédiatement sous l'action de nos organes.

Saint Augustin s'occupa aussi activement de la question de l'accord de la liberté avec la grâce. Dans un premier ouvrage (*Du Libre Arbitre*), publié contre les manichéens, il s'efforça d'établir solidement, contre ces hérétiques, la doctrine du libre arbitre, se préoccupant exclusivement de défendre la liberté, dont ils attaquaient l'existence. Mais quand surgit le pélagianisme, et que ce ne fut plus la liberté humaine qui fut en question, mais la grâce divine, saint Augustin, se retournant contre les nouveaux adversaires de la doctrine orthodoxe, qui niaient la grâce, et exagéraient le rôle et la puissance de la liberté, prit en main contre eux la défense de la grâce, et la soutint victorieusement.

(1) De la Quantité de l'Ame, ch. 33.

BIBLIOGRAPHIE DE SAINT AUGUSTIN.

Presque tous les auteurs qui, directement ou non, se sont occupés sérieusement de saint Augustin ou de faits qui le concernent, ont été consultés pour la composition de cet ouvrage, et mis à contribution chaque fois que cela a paru utile. Cependant on a pensé que la nature de ce livre et sa destination exigeaient que l'on s'abstînt de hérisser outre mesure le bas des pages de citations et de pièces justificatives. On s'est donc borné aux indications les plus essentielles, en se réservant d'indiquer, une fois pour toutes, les auteurs auxquels on a fait le plus d'emprunts.

Ce sont : 1° Pour l'histoire même de saint Augustin :

Lenain de Tillemont : Mémoires pour servir à l'histoire ecclésiastique des six premiers siècles, tome 13, in-4° ; Paris, 1710.

(On ne saurait avoir un meilleur guide que ce consciencieux écrivain : c'est un puits de science, une mine inépuisable de textes et de faits.)

2° Pour l'analyse de ses ouvrages :

Histoire générale des Auteurs ecclésiastiques, par don Rémi Cellier, de la congrégation de Saint-Vannes (bénédictin (tome 11 et 12.

3° Pour l'histoire des hérésies :

Donatisme : Saint Optat, du Schisme des Donatistes ; Histoire de ce schisme, par Ellie Dupin, et Monuments anciens sur le même sujet ; 1 vol. in-f°.

Pélagianisme : Les OEuvres mêmes de saint Augustin, saint Jérôme; et, parmi les modernes, outre les traités de Théologie, une excellente leçon de M. Guizot, dans son Histoire de la Civilisation en France, tome 1.

Manichéisme : Histoire de la Philosophie Chrétienne, par le docteur Henri Ritter, tome 1 passim.

4° Pour la doctrine de saint Augustin :

Le tome 2 de l'ouvrage ci-dessus du docteur Henri Ritter.

CATALOGUE DES ŒUVRES DE SAINT AUGUSTIN.

Possidius, évêque de Calme et contemporain de saint Augustin, publia une biographie de ce Saint; il y joignit un catalogue complet de ses ouvrages, qui tous ensemble se montaient, dit-il, à mille trente écrits, sans parler de ceux qu'on ne pouvait compter, parce que saint Augustin n'en avait point laissé d'indication. Saint Augustin ne compte lui-même, dans son second livre des Rétractations (revue qu'il fit de tous ses ouvrages vers la fin de sa vie), que quatre-vingt-treize ouvrages, distribués en deux cent trente-deux livres; mais il ne comprend pas dans cette énumération ses discours et ses lettres.

Les OEuvres de saint Augustin ont été éditées à plusieurs reprises, et tout récemment, à Paris, par la maison Gaume frères, en 26 volumes grand in-8°, à deux colonnes. Ils ont réproduit la grande édition des Bénédictins, qui a paru à Paris, en 1689, en dix volumes in-f°.

Tome 1. Les deux livres des Rétractations.

Voici le Catalogue de ces Œuvres, dans l'ordre où les ont publiées les Bénédictins :

Les Confessions.

Contre les Académiciens.

De la Vie Bienheureuse.
De l'Ordre.
Soliloques.
De l'immortalité de l'Ame.
De la Grandeur de l'Ame.
De la Musique.
Du Maître.
Du Libre Arbitre.
De la Genèse, contre les Manichéens.
Des Mœurs de l'Eglise Catholique.
De la Vraie Religion.
Règle de saint Augustin.
TOME 2. Lettres, au nombre de 272.
TOME 3. De la Doctrine Chretienne.
(Livre imparfait) sur la Genèse.
Douze livres sur la Genèse à la lettre.
Des façons de parler des sept premiers livres de la Bible.
Questions sur ces sept livres.
Notes sur Job.
Miroir tiré de l'Écriture.
De l'Accord des Evangélistes.
Du Sermon sur la Montagne,
Questions sur quelques passages de l'Evangile.
Traités sur l'Evangile.
Explications sur l'Epître aux Romains et aux Galiléens.
TOME 4. Explication des Psaumes.
TOME 5. Sermons, au nombre de 363, sans compter ceux dont l'authenticité est douteuse.
TOME 6. De quatre-vingt-trois Questions.
Deux livres à Simplicien.
Questions à Dulcitus.
De la Croyance des choses qu'on ne voit point.
De la Foi et du Symbole.
De la Foi et des bonnes OEuvres.
Manuel du Chrétien.
De la Manière d'enseigner les principes de la Religion.
De la Continence.

Du Mariage.
De la Virginité.
De la Viduité.
Des Mariages adultères.
Du Mensonge.
Des Occupations des Religieux.
Des prédictions des Démons.
Du Soin qu'on doit avoir pour les Morts.
De la Patience.
Divers Sermons.
TOME 7. La Cité de Dieu.
TOME 8. Traité des Hérésies.
Contre les Juifs.
De l'Unité de la Foi.
Des deux Ames.
Contre Adimante.
Contre l'Epître du Fondement.
Contre Fauste le Manichéen.
Contre Félix le Manichéen.
De la nature du Bien.
Contre Secondin.
Contre l'Adversaire de la Loi et des Prophètes.
Contre les Priscillianistes et les Origénistes, à Orose.
Contre les Ariens.
Quinze livres sur la Trinité.
TOME 9. Psaume contre les Donatistes.
Contre Parménion.
Du Baptême.
Contre Pétilien.
De l'Unité de l'Eglise.
Contre Cresconius.
De l'Unité du Baptême.
Abrégé des Conférences contre les Donatistes.
Contre Gaudence.
TOME 10. Du Baptême des Enfants.
De l'Esprit et de la Lettre.
De la Grâce et de la Nature.

BIBLIOTHÈQUE IMPÉRIALE

Limoges. — Imprimerie de Barbou frères.

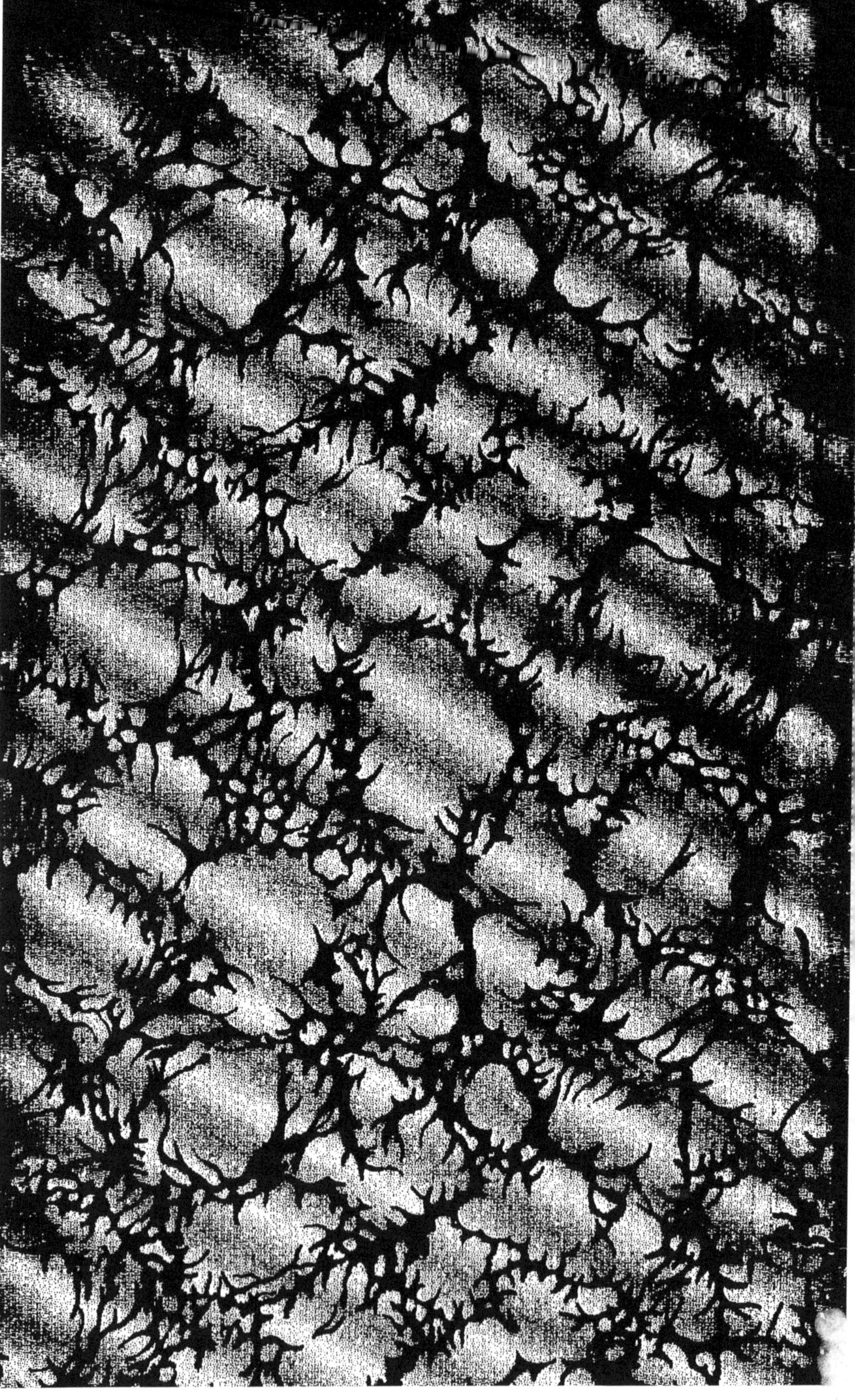

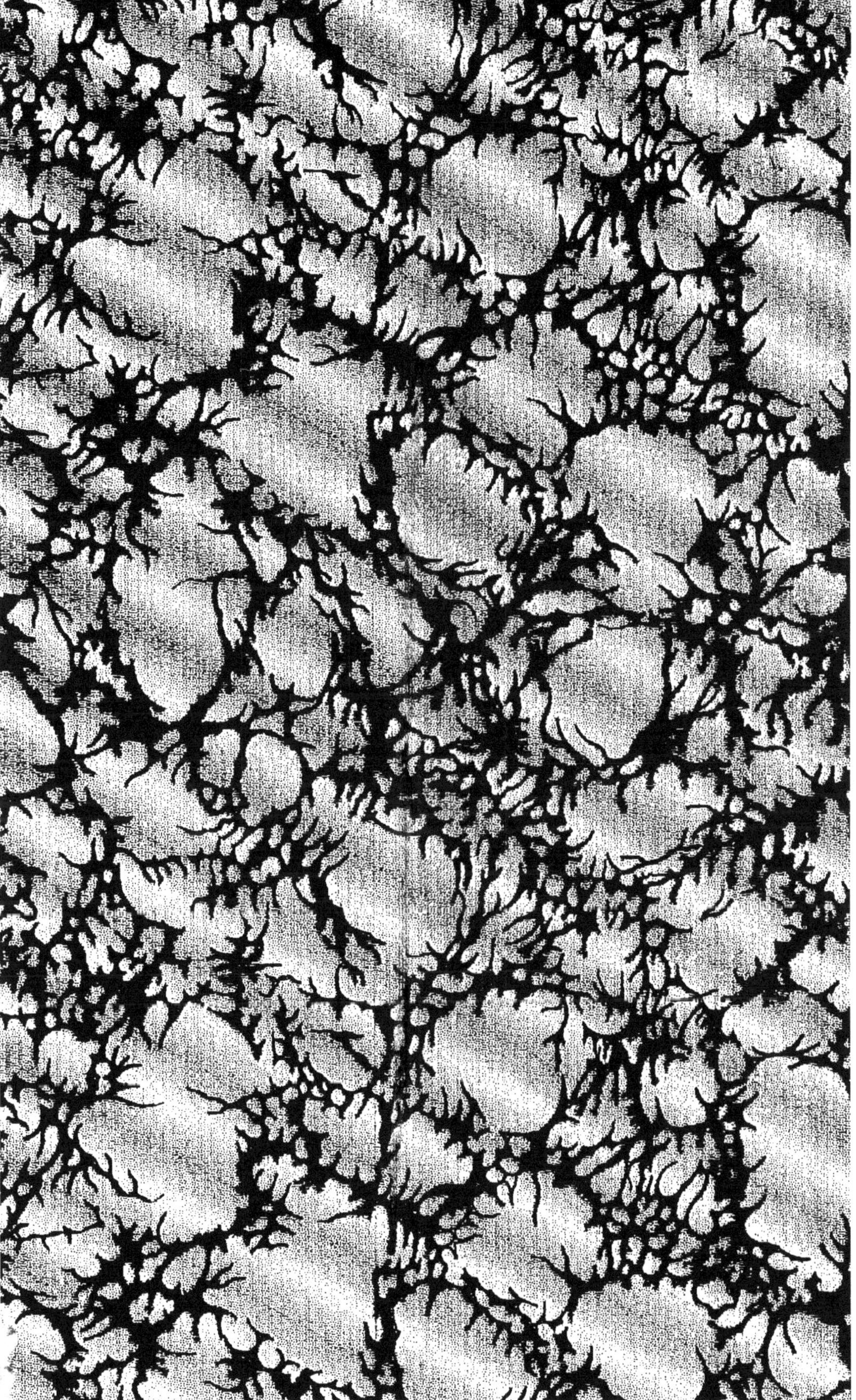

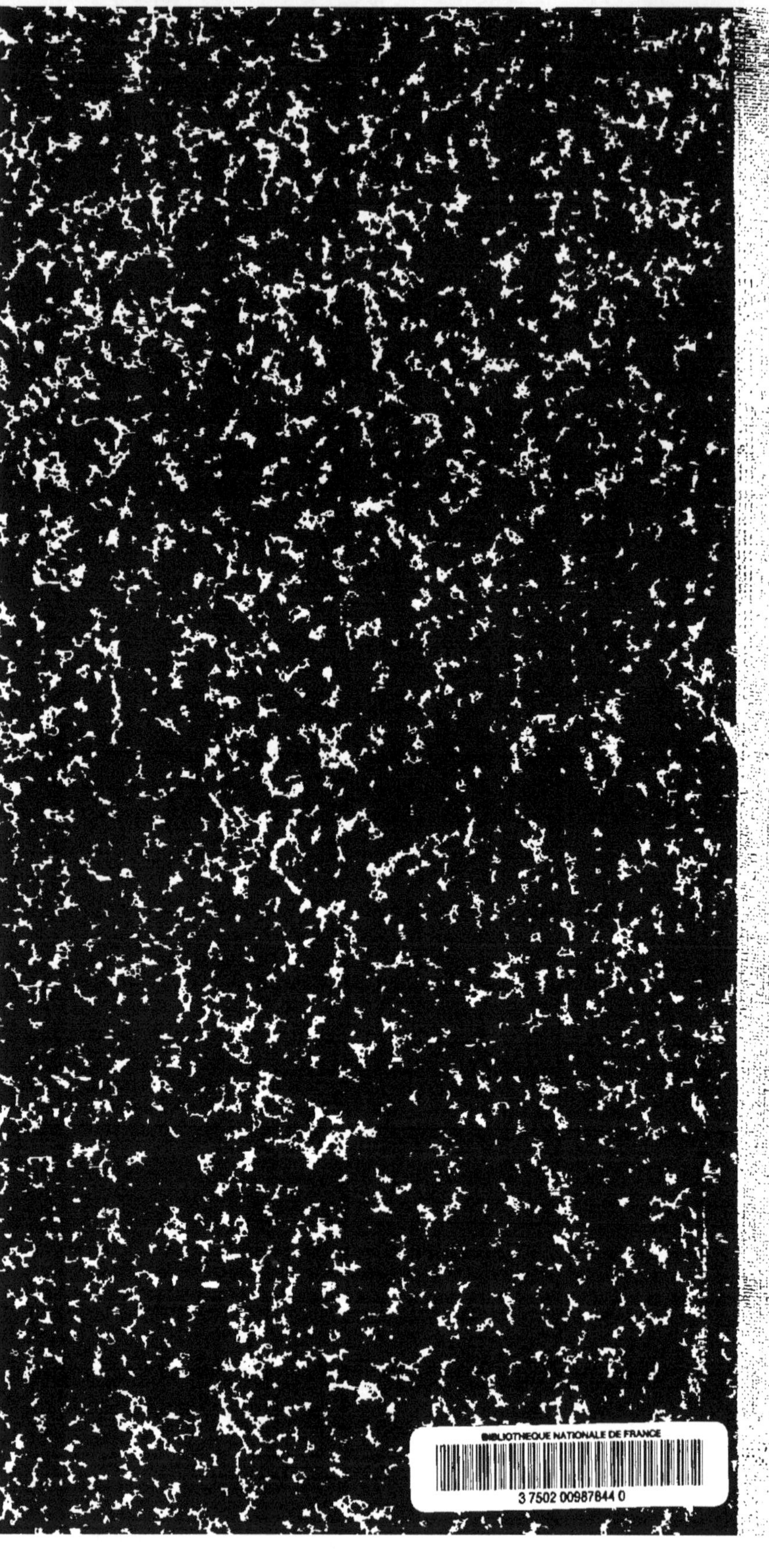
BIBLIOTHEQUE NATIONALE DE FRANCE
3 7502 00987644 0

www.ingramcontent.com/pod-product-compliance
Ingram Content Group UK Ltd.
Pitfield, Milton Keynes, MK11 3LW, UK
UKHW020115200726
13856UKWH00002B/556